언론계 거목들 4

격동기 언론사 재조명

대한언론인회 편저

도서
출판 정음서원

한국 언론의 초석 다진 고결한 기록

박 기 병
대한언론인회 회장

한국의 언론사는 일제 강점기 아래에서 지식 엘리트들이 민중을 계도하기 위한 목적으로 신문을 만들었다는 특수한 역사적 배경을 갖고 있습니다. 초기의 신문들은 일제에 대한 비판과 일제의 지배 체제에 항거하는 민간지 형태로 태동하였지만, 여론을 조성하거나 동원할 수 있는 매체로 발전하기까지는 상당한 난관과 고초를 겪었습니다.

일제의 탄압과 지배 속에서도 부단한 노력과 민중 계도에 충실하면서 미군정과 독재정권을 거치면서 한국 언론의 근간과 체질을 형성하게 되었으며, 지식인들의 주장과 사상을 전파하는 전송매체 신문으로서의 본질을 구축하고 오늘에 이르렀습니다. 언론은 늘 한국인 삶의 한복판을 차지해왔고, 그 명암(明暗)을 조명해왔습니다.

초기 한국 언론의 가장 중요한 기능은 '카타르시스(Katharsis)'적 성격을 보였다는 것입니다. 한마디로 개화기에서부터 건국 초기, 6·25전쟁과 휴전, 4·19와 5·16군사쿠데타, 산업화를 거쳐 오늘에 이르기까지 한국 언론의 가장 중요한 기능은 카타르시스 제공이었다고 해도 과언이 아닙니다.

이는 심리적으로 정화 작용으로서 마음속에 억압된 감정의 응어리를 언어나 행동을 통하여 외부에 표현함으로써 정신적, 정서적으로 안정을 되찾는 일을 가리킵니다.

오늘날 한국 언론은 '1인 미디어'가 번성한 '미디어 사회'로 변환하면서 미디어가 사회 진로와 대중의 일상적 삶에 큰 영향을 미치는 시대로 변하고 있습니다. 인터넷과 SNS, 스마트폰 등 새로운 미디어 기술이 초급속도로 발전하면서 휴대전화 대중화의 물결 아래 누구나 기자가 되고 언론이이 되며 미디어가 될 수 있는 시대를 맞았습니다.

한국 근현대사를 빛낸 언론인들의 발자취를 시리즈로 엮는 《언론계 거목들》 네 번째로 발간하는 이 책에 수록된 분들은 탁월한 박력, 독특한 언론관으로 한국 언론사의 초석을 다지고 언론의 위상과 품격을 높이고, 거룩한 발자취를 남기신 분들이셨습니다. 그 분들이 과감하게 쏟아낸 열정과 투철한 기자정신은 현직 언론인들은 물론, 언론인 되고자하는 언론학도들에게도 소중한 지침서이자, 모범적 교본이 되리라 믿습니다.

끝으로 이 책을 발간할 수 있도록 후원해 주신 한국언론진흥재단 표완수 이사장께 진심으로 감사를 드리는 동시에, 이 출판 사업이 계속 이어질 수 있도록 변함없이 지원해 주시기를 바랍니다. 아울러 선배 언론인들의 고결한 언론생애를 정리해 주신 필자와, 간행위원들에게도 진심으로 감사를 드립니다.

2022년 10월

대한언론인회 회장 박 기 병

차례

일제하 언론의 높은 봉우리

하몽(何夢) 이상협(李相協)

1893~1957년

신문 제작의 귀재
새 문화 건설의 장인

글 : 정진석(한국외국어대 명예교수, 런던대 정경대학 박사)

〈하몽 이상협 약력〉

서울 출생

보성중학 졸업

관립한성법어학교 수료

조선총독부 기관지 매일신보 입사

매일신보 발행인 겸 편집장

3·1운동 때 매일신보 퇴사

동아일보 편집국장 취임

조선일보 편집고문

중외일보 창간

이정섭의 《세계 일주 기행…》 필화사건으로 기소

매일신보 부사장 겸 이사 발행인

자유신문사 사장

《눈물》과 번안소설 《해왕성》 집필

하몽(何夢) 이상협(李相協) 행적

일제하 언론의 높은 봉우리
하몽(何夢) 이상협(李相協)

1. 유일한 한국어 신문 매일신보

1) 1913년 1월 매일신보 입사

하몽(何夢) 이상협(李相協 1893.6.11~1957.1.15)은 '신문 제작의 귀재'였다. 매일신보, 동아일보, 조선일보, 중외일보를 두루 거치면서 새로운 아이디어로 신문 발달을 이끌었던 '새 문화 건설의 장인'이었다. 1913년 1월 매일신보에서 언론 생활을 시작하여 동아일보 창간의 주역이었고 조선일보를 혁신시킨 주인공이었으며, 중외일보를 창간하고 다시 매일신보로 돌아가서 부사장을 역임했다. 신문의 편집과 경영에 관한 지식과 경험은 당대 최고였으며 언론계에선 드물게 자신의 인맥까지 형성했다. 휘하에 많은 기자를 키운 언론계의 높은 봉우리였다. 일제 강점기에 발행된 신문 전체가 그의 손을 거쳤다. 일제 강점기 언론은 그가 틀을 잡아놓았다고 말해도 지나치지 않을 정도이다.

동아일보에는 김성수와 송진우가 있었고, 1930년대의 조선일보에는 방응모를 비롯하여 여러 인물이 있었다. 하지만 이들은 한 신문에서 주로 경영인으로 활동했지만, 이상협은 한국어 일간지 전체를 무대로 제작 실무의 주역으로 군림했다는 차이가 있다. 언론 실무에 미친 영향력은 누구도 그를 따를 수 없다.

이상협은 근대문학 초기 작가로도 이름을 남겼다. 신소설 또는 번안소설 작품으로 『해왕성(海王星)』, 『재봉춘(再逢春)』, 『정부원(貞婦怨)』, 『눈물』, 『무궁화』 등이 있고, 연극으로도 상연되었다.

이상협은 서울에서 태어났다. 아버지는 구한말의 계리사(計理士)였다. 1906년 9월 5일 보성중학 입학, 1910년 3월 25일에 졸업했다. 같이 공부했던 동기 가운데는 『개벽』 잡지를 편집한 차상찬(車相瓚, 호 靑吾; 1887~1946)이 있었다. 일제 치하 이상협은 신문인, 차상찬은 잡지인으로 신문과 잡지 두 분야에 쌍벽을 이루었다.[1]

이상협은 보성중학 졸업하던 해 4월 10일 한성법어학교에 입학하여 1년간 공부한 후에 1911년 3월 도쿄 유학을 위해서 퇴학했다. 게이오대학(慶應大學) 입학시험을 쳤으나 학비 관계로 중단하고 귀국하여 1913년 1월 10일 매일신보에 입사했다. 당시에는 한국어 일간지가 매일신보 하나밖에 없던 시절이었다. 1910년 한일강제 합방 이후 초대 총독이 된 데라우치 마사다케(寺內正毅)는 조선의 언론계를 식민지 통치에 유리하도록 개편하기 위해 「신문통일정책」을 강행했다.[2]

조선인들이 발행하던 신문은 매일신보 하나만 남겨두고 모두 없애는

1) 정진석, 「식민지 조선의 항일 문화 운동과 개벽」, 『차상찬 연구』, 도서출판 모시는 사람들, 2020.7, pp.11~31.
2) 時事新報, 1910.10.2, 「寺內總督の新聞統一政策」, 『明治ニュース事典』, 제3권, 每日コミュニケーションズ, 1984. 정진석, 『언론 조선총독부』, 커뮤니케이션북스, 2005.

동시에 일본인들의 신문도 경성일보에 통합한다는 방침을 추진했다. 합방과 함께 대한제국이라는 국호를 없애고 '대한'이나 '황성' 등 조선의 독립을 상징하는 단어는 사용하지 못하도록 했기 때문에 신문의 제호도 수난을 겪었다. 통감부가 매수한 「대한매일신보」는 제호에서 '대한'이라는 단어를 없애고 매일신보(每日申報)로 이름을 바꾸어 어용지로 존속하도록 했다.[3]

▲ 대한매일신보 1904. 8. 4

황성신문(皇城新聞)은 한성신문(漢城新聞)으로, 대한민보(大韓民報)는 민보(民報)로 각각 바뀌었다. 친일지 대한신문(大韓新聞)은 한양신문(漢陽新聞)이 되었고, 일진회 기관지 국민신문(國民新聞)은 매일신보에 통합되었다. 황성신문은 한성신문으로 제호를 바꾸었지만 9월 14일자 지령 3470호로 문을 닫았다.

매일신보는 합방 이튿날인 1910년 8월 30일부터 대한매일신보의 지령을 승계하여 국한문판은 제1642호, 한글판은 제939호부터 발행했

---

3) 酒田正敏 외 편, 「德富蘇峰關係文書」, 근대일본사료총서, 7-2, 山川出版社, 1985, p.23.

다. 매일신보는 대한제국 정부의 기관지 격이었던 한양신문(전 대한신문)까지 합병했다. 이리하여 매신은 유일한 조선어 신문으로 남게 되었고, 1920년 초 조선일보, 동아일보가 창간될 때까지 매일신보의 독점 무대가 되었다.[4]

매일신보는 국민신문과 한양신문을 흡수하면서 총독부 일어 기관지 경성일보에 통합되어 경성일보 산하의 한 개 부서로 격하되었다. 합방 후에 남은 기자는 편집장 변 일(卞一)을 위시해서 선우일(鮮于日), 이해조(李海朝), 조중환(趙重桓)이 주축을 이루었다.

총독부는 일본 국민신문 사장 도쿠토미 소호(德富蘇峰: 본명 德富猪一郞, 1863~1957)에게 경성일보-매일신보의 경영을 위탁하였는데 도쿠토미는 매일신보 사장에 국민신문 부편집장과 정치부장이던 요시노 다자에몽(吉野太左衛門)을 임명했다. 그러므로 경일과 매신의 사장은 요시노였다. 이상협이 매일신보에 입사했던 때는 이처럼 한국어 신문은 하나밖에 없었고 경영상으로는 일본인 사장이 경일과 매신을 함께 운영하고 있었다.

1914년 8월 1일 요시노의 후임으로 아베 미쓰이에(阿部充家)가 2대 사장(창간 이래 4대 사장)에 취임했다.[5] 아베 역시 도쿠토미의 심복으로 국민신문 부사장으로 있다가 경일 사장으로 와서 근 4년간 경일과 매신을 경영했다.

---

4) 정진석, 『언론 조선총독부』, pp.63 이하 참고.
5) 매일신보, 1914.8.2, 社告 및 「予의 辭任에 對ㅎ야」

2) 언론계 입문 전 소설 출간

이상협은 매일신보 입사하기 전인 1912년 12월에 『재봉춘(再逢春)』(동양서원)을 출간했다. 일본 작가의 『소오후린(相夫燐)』을 번안한 소설인데, 이상협의 『재봉춘』은 연극화되어 무대에도 상연되었다. 천대받던 백정의 딸을 양반의 양녀로

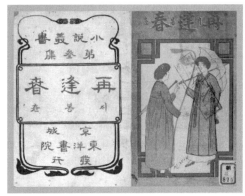

▲ 이상협 작 『재봉춘』

삼아 반가(班家)에 시집보낸 상황에서 생기는 갈등을 그렸는데 친족간의 혼인을 금기하고 반상의식(班常意識)의 타파를 부르짖은 작품이었다. 기자로 출발하기 전에 발표한 자신의 번안 소설에 관해서 이상협은 이렇게 썼다.

"편모 시하에 그저 놀기도 무엇하고 또는 공부 계속할 생각도 간절하야 엇더케든지 학비를 변출해 보려고 하다못해 서책비(書冊費)라도 어더 보랴고 각 방면으로 애를 써 보앗습니다. 그러나 아모 것도 할 것이 업섯습니다. 그런데 그때 엇더케 된 까닭인지 나는 소설 방면에 착미(着味)를 햇섯습니다. 그러나 책이 업서서 심려를 하든 차인데 한번은 진고개로 해서 신정(新町)을 갓섯습니다. 길ㅅ가에서 소설세(貰) 주는 집을 발견하얏습니다. 그래 드러가 몃 책씩 보기로 약정하고 3전을 주고 한 책 어더다 보앗습니다. 그 다음은 자미를 못

처서 날마다 어더다 보앗습니다. 여기서 소설 쓰기에 일종 흥미를 가지고 다소 노력을 해 보앗습니다. 마츰내 『재봉춘』이란 것을 내 손으로 썻습니다. 십일 동안에 한 사백페지 썻습니다. 대담한 즛이엿지으. 그래 그것을 써 가지고 어대 판권을 팔려고 주선해 보앗습니다. 그때 마츰 신문관(新文館)에 잇든 김상기(金相基)군이 이것을 보고 출판할 만하다고 한참 칭찬을 하더니 곳 동양서원 민준호(閔濬鎬)씨에게 소개하야 주엇습니다. 마츰내 사십원에 흥정을 해가지고 판권을 파럿습니다. 이것이 나의 첫 수입입니다."[6]

유학의 길은 막히고 편모를 모시고 살면서 학비나 책값이라도 벌어볼 생각으로 쓴 소설이 처녀작 『재봉춘』이라는 것이다. 이 작품은 1913년 혁신단에서 연극으로 각색 공연한 뒤, 1914년 문수성에서도 무대에 올리는 등 신파극의 인기 레퍼토리가 되었다. 1913년에는 자신이 기자로 근무 중인 매일신보에 장편소설 『눈물』(1913.7.16.~1914.1.11, 118회)을 연재하면서 작가의 위치도 확립하기 시작했다.

소설 연재에 앞서 매일신보는 1913년 7월 1일자 '사고'에서 이상협을 "현대 문예계의 중진 청년 문사 천외소사(天外小史) 이상협씨"로 소개했다. 바로 그때 매일신보는 윤전기를 증설하여 이를 대대적으로 선전하기 위해 7월 19일자 신문은 평소의 2배인 8면을 발행하였다. 당시 지면은 국한문 혼용의 어려운 기사로 제작되었는데, 소설은 한글전용으로

---

6) 李相協, 「세册보고 小說지여 午後 첫 收入 四十圓, 첫 收入밧든 째 이약이」, 『별건곤』, 제4호, 1927.2.

독자들이 쉽게 읽을 수 있도록 하였다.
『눈물』은 1917년 동아서관(東亞書館)
에서 상·하 2권의 단행본으로 출간되었
다. 1968년 을유문화사에서 펴낸 『한
국신소설전집』(권10)에도 수록되었다.

▲ 이상협 작 『눈물』

　창작 소설 『눈물』은 당시에 유행하
던 가정비극이 내용인데 부녀자를 중
심으로 많은 독자의 큰 인기를 끌었
고 연재가 끝나는 10월 25일에 임성
구(林聖九)가 단장이었던 신파연극 단
체 혁신단에서 3일 동안 연극으로 상연하였다.[7] 소설만이 아니라 연극
으로도 크게 성공하여 다음 해(1914) 정초에 두 번째로 상연할 정도로
호평이었다. 이상협의 『눈물』이 연재되는 같은 기간에 매일신보 경파
주임 조중환(趙重桓)은 조일재(趙一齋)라는 필명으로 「장한몽」(長恨夢,
1913.5.13.~10.1)을 연재 중이었다.

　이상협은 이어서 『정부원(貞婦怨)』(1914.10.29~1915.5.19; 일본의 『사
소단(捨小丹, 버려진 쪽배)』 번안),[8] 『무궁화』(1918.1.25~7.27)를 비롯해
서 알렉산더 듀마의 『몽테크리스토 백작』을 구로이와(黑岩淚香)가 번역
한 『암굴왕(岩窟王)』을 『해왕성』(海王星, 1916.2.10.~1917.3.3, 269회)으
로 중역 번안하여 1년 이상 연재하였고, 1920년에 단행본으로 출간되

---

7) 「혁신단의 눈물 연극」, 매일신보, 1913.10.25.
8) 매일신보는 『정부원』 연재 하루 전인 1914년 10월 28일자에 이 소설이 "천하에 유명
　한 서양소설을 근본으로 삼아 번역한 것"이라고 소개했다. 원작은 서양소설인데 일본
　에서 번역 출간된 『捨小丹(버려진 쪽배)』의 중역이었다.

었다.[9]

1910년대에 국내에서 거의 유일한 발표 매개체였던 매일신보 기자들은 대개 소설을 썼다.[10] 근대소설의 효시로 인정하는 이광수의 『무정』 (1917.1.1.~6.14, 126회)이 발표될 때까지는 창작 소설이 아니라 번안 소설과 신소설로 독자들의 인기를 끌었다. 유광렬은 한말 황성신문, 대한매일신보 때의 언론인은 기자인 동시에 평론가요 사학가였으나 매일신보 하나만 남아 있던 시기에는 신문기자가 소설가를 겸하는 경우가 많았는데 시대적으로 기이한 현상이었다고 말했다. 정치와 사회문제를 논할 수 없던 당시의 기자들은 소설 쓰기를 겸하여 그 야망을 발산시킨 것으로 볼 수도 있다.[11]

한말부터 1920년 이전에 매일신보에 소설을 발표한 언론인 겸 작가는 이인직, 이해조(李海朝), 조중환(趙重桓), 이상협(李相協), 이광수(李光洙), 민태원(閔泰瑗), 윤백남(尹白南)이 있었다. 기자가 쓴 신소설은 처음에는 작가의 이름을 밝히지 않은 무기명이거나, 기명이라도 대부분은 본명 아닌 필명을 사용했다.

3) 매일신보 연파주임 – 발행 겸 편집인

1915년판 『신문총람』(일본전보통신사)에 실린 매일신보 편집진용은 편집장 선우일, 경파주임(硬派主任) 조중환, 연파주임(軟派主任) 이상협

---

9) 정진석, 「근대문학 자료유산의 사료적 가치와 매일신보」, 국립중앙도서관·서울대학교 산학협력단 공동주최 심포지엄, 국립중앙도서관, 2016.11.5.
10) 이재선, 「한말의 신문소설」, 한국일보사, 1975, 서문.
11) 유광렬, 『기자 반세기』, 서문당, 1974, p.256.

이었다. 경파주임은 정치 경제 분야, 연파주임은 사회와 문화를 담당하는 직책이다. 경파주임은 조중환에서 김 환(金丸)으로 이어졌다. 선우일이 물러난 1918년 9월 1일 이상협은 매신 편집장이 되었는데, 판권에는 9월 18일부터 이상협이 발행인 겸 편집인으로 등재되어 있다. 이상협은 소설을 발표하여 이름이 알려졌고, 기자로서 뛰어난 편집 취재능력을 인정받아 언론계 입문 5년 9개월만에 25세 청년 편집장에 오른 것이다. 이때 모지(母紙) 경성일보에는 거물급 일본 언론인들이 자리 잡고 있었다.

▲ 미국 인류학자 시카고대학 스타 교수와. 이상협은 오른쪽 한복 차림. -매일신보, 1916.1.25.

"그 당년 매신의 경영 모체인 경성일보에는 소속 영문지 서울프레스까지 합처서 그 가운데는 당당한 인물이 많았다. 阿部充家니 德富

蘇峯이니 그 이하 이 신문인으로 정치가의 식견과 역량을 아울러 가진 강골(硬骨)의 인물이 많이 가고 오고 박귀었다. 그 뒤에 副島正道伯이니 丸山侃堂이니, 전 일본적 인물들이 많이 있었다. 비록 총독부의 기관지이었다고 하지만 관료의 턱밑에 있을 인물들이 아니었다. 오히려 식민 정책이란 무엇이냐고 웨 침측한 총독정치의 편달자이요, 그 협조, 고문류의 인물이었다. … 매신의 편집장으로 서기도 힘들고 앉기도 힘들든 그 신문의 그 위치, 그 지위에서 보기도 많이 보고 듣기도 많이 듣고 또 그들과 많이 사귀어 신(信)과 지(知)의 교의도 맺으며 신문 제작의 일개의 기술가의 존재가 뚜렷했다."[12]

이상협은 언제나 민태원(閔泰瑗, 호 牛步, 1894~1934.6.20)을 동반자로 데리고 다녔다. 민태원은 충청남도 서산군 음암면 출신으로 16살 무렵 상경하여 경성고등보통학교(현 경기중학교)를 졸업한 후 이상협의 주선으로 1914년에 매일신보에 입사하여 언론인으로서 첫발을 디뎠다.[13]

민태원은 입사 4년 후인 1918년에는 사회과장을 맡았다가 1920년 퇴사할 무렵에는 편집국 차석(次席)으로 승진했다. 민태원은 사회과장이었던 1918년에 번안 소설 「애사(哀史)」를 연재했다. 이상협의 「무궁화」가 122회로 끝난 다음 날부터 민태원의 소설 연재가 시작되었다. 「애사」는 빅토르 유고의 『레미제라블』을 번안한 소설인데 7월 28일부터는 이듬해 2월 8일까지 연재되었다. 민태원은 이 무렵에 최남선의

---

12) 白岳山人, 「覆面客의 人物評, 捲土再來의 李相協氏」, 『삼천리』, 1938.12.
13) 민태원의 경력은 이한용 『한국언론 인물지』(한국신문연구소, 1981)를 참고로 하였다. 이한용은 민태원의 매신 입사를 '1917년경'으로 썼지만, 민태원이 1925년 9월 12일에 경찰에 진술한 조서에는 매신 입사가 대정 3년(1914년)으로 되어 있다.

『청춘』에도 수필 「화단에 서서」(1917.7)와 「자연의 음악」(1918.6)을 발표했다. 장차 문인으로 소설, 수필, 평론 등 다양한 분야를 넘나들며 발표할 초기 단계의 작품이었다. 그의 글은 명문으로 유명했다. 1929년 잡지 『별건곤』에 발표한 수필 「청춘 예찬」은 나중에 교과서에도 실린 글로 그의 대표적인 명문이다.[14]

이상협은 덕수궁 출입을 맡아 1919년의 고종 승하와 국장(國葬) 기사를 썼다. 이상협이 취재한 기사를 민태원은 편집하였고, 이상협과 함께 신문사 차를 타고 고종의 능까지 따라가서 장례식을 취재했다. 민태원은 『삼천리』에 이때의 경험을 회고하는 글을 썼다.[15]

이상협은 매일신보 연파주임을 맡았다가 1918년 9월 1일에는 편집장으로 승진하여 발행 겸 편집인으로 승진을 거듭하였지만 3·1운동 직후 1919년 5월 30일에 퇴사했다. 하지만 퇴사 후 8월 28일까지는 판권에 이상협이 발행인 겸 편집인으로 기재 되어 있는데 이상협이 매일신보를 떠난 후에도 한동안 법적 발행인 겸 편집인이 바뀌지 않았기 때문이다. 1919년 7월 5일자 매일신보에는 백설원(白雪園; 白大鎭)의 「두 형님을 보냄, 이상협, 윤교중 양 형」이라는 글이 실려 있다. 이상협이 매신을 떠나게 되어 아쉽다는 내용인데 이상협은 이때 매신을 떠난 뒤였다.

이상협은 매일신보에 재직 중이던 1918년에 최남선과 함께 여성잡지를 창간하려는 계획을 추진한 일이 있었다. 최남선은 그가 경영하는

---

14) 민태원의 출생지인 충청남도 서산시는 1991년 1월 12일 음암면 상홍리에 '우보 민태원 선생 청춘예찬문비(牛步閔泰瑗先生青春禮讚文碑)'를 건립하여 그의 업적을 기리고 있다.
15) 「명기자의 그 시절 회상(1), 이태왕 국장(李太王 國葬) 당시」, 『삼천리』, 1934.5. pp.65~69.

출판사 신문관(新文館)에서 이미 여러 종류의 잡지와 많은 단행본을 발간한 경험이 있으므로 이상협과 함께 새로운 잡지 발행을 모색했지만 3·1운동 후에 총독부가 민간지를 허가하기로 방침을 정하자 이상협은 새로운 신문을 창간하는 일에 전념하게 되었다. 독립선언문을 집필하였던 최남선은 옥중에 있었다.

2. 동아일보 창간

1) 편집국장과 주요 부장 겸임

신문발행 계획을 추진하면서 이상협은 진학문(秦學文, 1894~1974)과 손을 잡았다. 이상협과 진학문은 같은 보성중학 출신이었다. 이상협(1893년생)이 한 살 위였고, 보성중학을 1910년에 졸업한 이상협보다 두 해 후배였다. 두 사람은 신문발행에 뜻을 같이했다. 진학문은 일본 「오사카 아사히(大阪朝日)」의 기자로 근무한 적도 있었다.[16]

이상협과 진학문은 신문 제작 경험은 있지만, 일간지를 발행할 재력은 없었다. 그래서 이상협, 진학문과 함께 장덕준이 김성수를 찾아가서 신문사업에 참여하도록 설득하여 창간 작업을 추진하게 되었다.[17]

김성수는 23세였던 1914년 7월에 일본 와세다(早稻田)대학 정경학부

---

16) 『순성 진학문 추모문집』, 순성추모문집발간위원회, 1975 참조.
17) 『동아일보 사사』, 동아일보사, 1975, p.68 이하 ; 『인촌 김성수전』, 재단법인 인촌기념회, 1976, p.174 이하 ; 『순성 진학문 추모문집』, pp.76~77. 창간 준비 과정은 기록에 따라 약간의 차이가 있지만 대체로 이상협을 중심으로 진학문과 장덕준이 함께 추진한 것으로 볼 수 있다.

를 졸업하고 이듬해 4월에는 중앙학교를, 1917년에는 경성직유주식회사(京城織紐株式會社)를 각각 인수 경영하고 있었다.[18]

이상협이 총독부 경무국에 동아일보 발행허가 신청서를 제출한 날은 1919년 10월 9일이었다. 이 무렵에 신문 발행허가 신청을 낸 사람은 동아일보 외에도 서울신보(張道斌) 등 10여 종에 이르렀다.[19]

총독부는 이 가운데 1920년 1월 6일자로 동아일보, 조선일보, 시사신문 세 개를 허가하였다. 이리하여 4월 1일에 동아일보가 창간되었다. 이상협은 초대 발행인 겸 편집인(1920.4~1921.11)으로 1924년 4월까지는 편집국장 겸 논설위원을 맡았다. 같은 기간인 1920년 4월부터 정리부장(1920.4~1921.10), 사회부장(1920.4~1920.8), 정경부장(1921.10~1923.5) 등 편집국 요직을 혼자 도맡았다. 진학문은 논설위원 겸 초대 정경부장 겸 학예부장을 맡았다가 창간 두 달 만인 6월에 퇴사했으므로 두 사람이 함께 재직한 기간은 짧다.

1921년 9월 15일에는 동아일보가 주식회사를 설립하면서 이상협은 상무취체역에 선임되었다. 1923년에는 처음으로 그의 주선으로 일본의 광고를 개척하는 등 경영에도 수완을 보였다. 창간부터 이상협이 집필한 단평 '횡설수설'은 인기가 높았다.

동아일보는 20대 청년들이 주축을 이룬 '청년 신문'이었다. 김성수가 29세였고, 주간 장덕수가 25세, 편집국장 이상협이 27세, 논설위원 겸 정치부장 진학문이 26세였다. 논설 기자 장덕준(28), 김명식(29)도 20대 후반이었다. 평기자 가운데는 김정진(32)만이 서른을 넘었고, 그 밖

---

18) 『인촌 김성수전』, 재단법인 인촌기념회, 1976, p.174 이하.
19) 『동아일보 사사』, 권1, p.74.

에는 김동성(30), 남상일(24), 염상섭(23), 한기악(22), 유광렬(21), 이서구(21), 김형원(20) 등으로 20대 초반이 많았다. 송진우가 1921년 9월에 사장에 취임했을 때는 32세였다.

이상협은 편집국장이면서도 위험지역을 직접 취재하는 기자정신을 발휘했다. 1922년 7월 말 일본 니가타(新潟)현 조선인 노동자 학살사건이 일어났을 때 이상협은 특파원으로 직접 현장에 달려갔다(「동아일보」 1922.8.6). 니가타현 시나노카와(信濃川)에 있는 신월전력 수력발전소 공사장에서 조선인 노동자들을 학살한 사건을 취재하기 위해서였다. 이상협은 8월 중순 "이번 사건의 문제를 일으킨 현장의 비밀을 탐험하여 가련한 동포와 위험을 같이하려 한다"는 것이었다. 현장을 찾은 언론인은 한국과 일본을 통틀어 이상협이 유일했다. 그러나 일본 경찰과 공사 관계자들의 교묘한 방해와 '조선인에게는 말할 수 없다'는 식의 일본 언론의 비협조에 맞닥뜨렸다(1922.8.17.; 1922.8.20.).

이상협은 갖은 어려움을 무릅쓰고 생생한 르포기사를 현지에서 우송해서 인간 이하의 조건에서 생활하고 있는 조선인 노동자 6백여 명의 참상을 전했다(1922.8.23.-9.4). 「신석(新潟, 니가타)의 살인경(殺人境) 혈등답사기(穴藤踏査記)」란 제목의 이 르포기사에서 이상협은 △인신매매나 다름없는 사기수법의 조선인 노동자 모집 과정 △포로수용소 같은 '지옥실' 안에서 '망중지어(網中之魚)'처럼 감시당하는 수용 실태 △탈주하다 잡혀 쇠갈고리로 찍히는 처형 모습을 생생하게 그렸다.

1년 뒤인 1923년 9월 간토(關東)대지진이 났을 때도 이상협이 특파원으로 나섰다. 대지진의 비보가 동아일보 편집국에 날아들었을 때 이상협은 "우리 심리를 지배한 것은 동경 천지가 불 속에 들었으니 거기 있는 백의 동포의 생사는 엇지 되었을고, 전조선 각지로부터 들어간 수만의 유학생들은 엇지 되고 부모처자를 내버리고 노동으로 들어간 고단한 노동자의 운명은 엇지 되었는고 함"이라고 회고했다(이상협, 『삼천리』, 1934.9). 당시 일본인 사망자가 9만3000여 명에 이르는 등 일본 역사상 최대의 지진 피해가 발생하자 '조선인이 폭동을 일으켰다'는 유언비어가 떠돌았고, 이 때문에 무차별 학살이 촉발됐다. 각지에 죽창과 몽둥이로 무장시킨 자경단(自警團)이 수많은 조선인과 일본인 사회주의자를 무차별 학살하는 상황이 벌어졌다. 일본 정부는 지진이 일어난 직후부터 육군에 정식으로 출병을 요청하고, 도

▲ 1923년 9월 간토(關東) 대지진이 났을 때도 이상협이 특파원으로 나섰다.
동아일보, 1923.9.11.

쿄 시내 일부와 그 주변의 5개 군(郡)에 부분 계엄령을 내렸다. 이런 상황에 동아일보는 호외를 발행하여 사태를 알리다가 편집국장 이상협은 직접 일본으로 가서 사태를 취재하기로 했다.[20]

이상협의 도쿄 출장은 취재만이 목적은 아니었다. "재외 교포 위문회의 사명을 겸한 특파원"이었다. 그가 부산과 오사카를 거쳐 도쿄의 관문인 요코하마에 도착한 날은 9월 10일. 구호 금품을 전달하고 유학생들과 재난지역 거주 동포의 안부를 알리는 명부를 입수하여 신문에 게재하는 활동을 하였다.

---

20) 이상협, 「名記者 그 時節 回想(2), 東京大震災 때 特派」, 『삼천리』, 1934.9, pp.80~83.

2) 이광수의 연속논설 '민족적 경륜'

이상협은 동아일보 창간부터 4년 동안 신문 제작을 주도하고 초기 신문의 기틀을 잡았지만, 동아를 떠나지 않을 수 없는 상황에 부닥치게 되었다. 발단은 논설기자 이광수의 집필로 1924년 1월 2일부터 6일까지 5회 연재된 논설 「민족적 경륜(民族的 經綸)」이 문제였다. 이광수는 앞으로 "우리는 조선 내에서 허하는 범위 내에서 일대 정치적 결사를 조직하여야 한다"는 논지를 폈다. 첫째는 우리 당면의 민족적 권리와 이익을 옹호하기 위하여, 둘째는 조선인을 정치적으로 훈련하고 단결하여 민족의 정치적 중심세력을 형성하여 장래 구원한 정치운동의 기초를 이루기 위함이라는 것이었다. 일본을 적대시하는 비밀결사 방식의 독립운동을 지양하고, 일본의 주권 아래 법률이 허용하는 범위 안에서 모든 문제를 해결해야 한다는 주장이었다. 합법적, 타협적 민족운동, 곧 자치운동으로의 전환을 제시한 것이다.

이광수는 조선의 산업을 발달시켜서 먹고사는 문제를 해결하고 조선의 경제가 부흥하여야만 독립을 쟁취할 수 있다고 보고 이를 달성하려면 물산장려운동을 벌일 필요가 있다는 2단계의 방안을 제시하였다. 첫째 소극적으로는 보호 관세의 애용효력을 얻기 위하여 조선 산품 사용 동맹자를 얻을 것, 둘째 적극적인 방법으로 일대 산업적 결사의 조직이 필요하다. 조선인의 일용품과 조선에서 제조 가능한 산업기관을 일으킬 자금의 출자자를 얻기 위함이다. 조선의 산업은 이처럼 대승적 대 결사의 힘이 아니고는 결단코 일어나지 못할 것이다. 이는 비록 완만하더라도 유일한 길이므로 그것을 취할 수밖에 없다고 결론지었다.

「민족적 경륜」은 큰 파장을 불러일으켰다. 강경파 민족주의자와 사회주의 성향의 청년 학생 등은 맹렬한 반감을 나타냈다. 이들은 양자 합세로 동아일보 비매동맹(非買同盟)을 형성하고 각지에 성토문을 내는 등 동아일보를 격렬히 공격했다. 특히 "조선 내에서 허하는 범위에서"라는 부분에 대해서는 "우리는 3·1운동 이래 무엇 때문에 와신상담(臥薪嘗膽)하고 있느냐"는 부르짖음도 일어났다. 조선일보와 천도교 구파에서도 이 논설에 반대하여 "일본 국체(國體)의 테두리 안에서의 어떠한 형태의 자치론도 반대한다."고 비판했다.[21]

3) 동아일보 사임

가장 강력하게 반발하고 나선 단체는 새로 발족한 노농총동맹이었다. 이 동맹은 이해 4월 20일 창립총회를 가진 단체였다. 이날 아침부터 정오까지 창립총회를 마친 노농총동맹은 오후 2시부터 제1차 임시총회를 열고 친일 연합체인 각파유지연맹(各派有志聯盟)과 동아일보 문제에 관한 토론을 벌였다.

총회는 우선 "각파유지연맹이라는 단체는 그 강령이나 행동을 볼 때 조금이라도 양심 있는 사람이면 도저히 용서할 수가 없는 일인즉, 그들을 박멸할 일을 잠시라도 지체할 수가 없다."고 결의한 후 동아일보에 대해서도 규탄하기로 했다.

---

21) 「고등경찰요사」, 민족운동사자료 I, 영인본, 고려대학교 민족문화연구소, 1969, p. 45, 이 자료의 번역본은 「국역 고등경찰요사」, 안동독립운동기념관 자료총서3, pp.102~105; 『조선일보 50년사』, 조선일보사, 1970, pp.284~286.

동아일보는 민원식(閔元植)이 경영하는 시사신문과 다르지 않으니 동아일보를 박멸키 위하여 현재 그 신문의 주요 간부와 그의 옹호파를 이 사회에서 매장하고 불매동맹을 여행(勵行)할 일과 오는 4월 28일에 조선 안 각지에서 성토 강연을 일제히 여는 동시에 전기 각파연맹도 성토하자고 결의하였다.[22]

이 사태와 맞물려서 이상협은 사장 송진우와의 의견충돌도 있었다. 1924년 3월 박춘금은 서울의 11개 친일 단체를 규합하여 이른바 '각파유지연맹(各派有志聯盟)'을 조직했다. 동아일보가 이 단체를 친일 폭력집단으로 비판하자 박춘금은 동아일보 사장 송진우와 취체역(이사) 김성수를 요리집 식도원으로 불러내어 권총을 들이대며 협박했다. 신변의 위협을 느낀 송진우는 '(각파유지연맹의) 주의 주장은 반대하나 인신공격은 부당한 줄 안다'는 메모를 써주었다. 총독부 기관지 매일신보가 이 메모를 공개했고, 동아일보 내에서는 사장 송진우가 회사의 위신을 추락시켰다며 기자들이 반발했다. 이상협과 송진우는 신문편집과 경영 문제에도 서로 부닥치는 경우가 많았다.

이런 와중에 동아일보는 사건수습을 위한 조처를 하지 않을 수 없었다. 1924년 4월 25일 임시 중역회의에서 간부진의 총사퇴를 결의했다. 사장 송진우, 전무 신구범, 상무 겸 편집국장 이상협, 취체역 김성수, 장두현이 물러났다. 다음날인 4월 26일 이광수도 동아일보를 떠났다.[23]

이리하여 이상협은 자신이 토대를 쌓은 동아일보에서 물러나고 말았다.

---

22) 「악덕신문을 매장하라」, 매일신보, 1924.4.22.
23) 이상은 정진석, 『언론인 춘원 이광수』, 기파랑, 2017, pp. 이하를 그대로 인용했음.

내분은 점점 심화되어 5월에는 홍증식 김동성 김형원 민태원, 9월에는 유광렬 박팔양 서승효 노수현 등이 사퇴했다. 이때 조선일보는 이상재 신석우 체제로 새로운 출발을 하게 되었는데 동아일보를 떠난 기자들은 조선일보로 옮겨갔고 이들의 영입에 이상협은 결정적인 역할을 했다.

3. 혁신 조선일보 주역

1) '편집고문'으로 제작 주도

이상협은 조선일보로 가서 '편집고문'을 맡아 동아일보 정치부장 민태원을 편집국장에 임명했다. 신석우가 1924년 9월 30세의 나이로 인수한 조선일보를 혁신하는 주역이 된 것이다. 신석우는 조선일보 경영권 인수에 8만5000원을 들였는데 당시 쌀 4300가마를 살 수 있는 큰돈이었다.

신석우는 부친으로부터 물려받은 전답과 재산을 모두 쏟아 부었다. 그는 '조선민중의 신문'이라는 기치 아래 경영진의 면모를 일신했다. 민족의 사표로 추앙받은 이상재(李商在)를 사장에 추대하고 자신은 부사장에 취임했다. 언론인 김동성(金東成)과 백관수(白寬洙), 개성의 부호 최선익(崔善益), 전남 영광의 대지주 조설현(曺楔鉉), 호남갑부 신구범(慎九範) 등으로 이사진을 구성했다.

편집진은 이상협을 중심으로 동아일보를 떠난 기자들이 새로운 진용을 짰다. 편집국장은 민태원을 영입했다. 민태원은 이상협의 주선으로 1914년 매일신보에 입사했는데 일본 유학 후 동아일보에 입사했었

다. 이상협은 매일신보에서 능력을 인정받았던 민태원을 새로 창간하는 동아일보에 중용하고 싶었으나 그는 일본 와세다대학 정치경제학과에 유학 중이었으므로 민태원을 도쿄 통신원에 임명했다. 민태원은 편집국장 이상협의 배려로 유학 중에 엑토르 말로의 『집 없는 아이』의 일본 번역소설 『오노가쓰미』(己が罪, 내가 죄)를 중역 번안하여 『부평초(浮萍草)』(1920.4.1.~9.4, 113회)라는 제목으로 동아일보 창간 첫 호부터 실었고, 이어서 「무쇠탈」(1922.1.1.~6.20, 165회)을 연재했다.

이상협은 1921년 여름방학에는 민태원을 동아일보 백두산 등반 특파원으로 파견했다. 함흥에서 북청을 거쳐 백두산에 오르는 우리 언론 사상 최초의 등반 취재였다. 등반 행사는 함경남도 도청이 주최했는데 이상협은 취재기자 민태원과 사진기자 야마하나 요시게쓰(山塙芳潔)[24]를 등반대에 동행케 하여 민족의 성산 백두산을 탐험 취재하도록 했다.[25]

민태원은 1923년에 와세다대학 졸업 직후인 5월 16일에 동아일보에 정식 입사하면서 사회부장을 맡았다. 유학 전 매일신보 사회과장이었던 경력과 유학 중인 창간호부터 소설 연재, 백두산 특파취재 등으로 동아일보 사회부장 발탁은 특혜라 할 인사는 아니지만, 편집국장 이상협과의 인연이 크게 작용했다. 입사 6개월 후인 12월 1일에는 정치부장이 되었지만, 1924년 5월 동아일보를 떠나 이상협이 주도하는 조선일

---

24) 야마하나는 일제강점기 사진기자로 활약했던 신문 사진의 개척자였다. 경성일보 사진기자로 출발하여 1920년 4월 동아일보 창간 때에 사진기자로 참여했다가 1924년 9월 동아일보 퇴사 후 조선일보, 중외일보 사진기자로 근무했다. 이상협과 진퇴를 같이한 것이다.

25) 정진석, 「언론인과 문인의 짧은 생애 민태원」, 『우보 민태원, 청년의 꿈이 무르익다』, 우보 민태원기념사업회, 2021.10, pp.133~177.

보로 가서 편집국장을 맡은 것이다.

편집고문 이상협 – 편집국장 민태원 콤비는 지면을 대폭 쇄신하고 석간 4면 체제에서 하루 두 번 6면을 발행하는 조석간제(朝夕刊制)를 실시했다. '혁신 조선일보' 시대의 막이 오른 것이다. 1924년 10월 3일자 조선일보는 제호(題號)부터 달라져 있었다. 필체는 힘 있게 바뀌었고 제호 주변에는 가로줄이 쳐져 중후한 느낌이 가미됐다. 혁신 조선일보의 첫 호였다. 전국적으로 10만 부를 무료로 배포했다. 서울에는 이후 5일 동안 나날이 새로워진 신문이 무료로 배달됐다.

이상협은 독자의 눈길을 끌 수 있는 기발한 기획 행사를 잇달아 내놓았다. 우선 부인견학단 모집이었다. 바깥나들이조차 어려운 부녀자들에게 매주 은행, 생명보험회사, 발전소, 전기회사 등을 견학시켰다. 민중 계몽과 함께 서민층 독자 확보를 위한 뜻이 담긴 행사였다.

1924년 10월 5일에는 여성기자 최은희(崔恩喜)가 입사했다. 국내 최초의 여성기자는 매일신보의 이각경이 있었지만, 민간지 여기자는 최은희가 처음이었다. 그는 입사 직후부터 '부인견학단'을 안내하고 변장기자로도 활동하여 독자의 이목을 끌었다.[26]

조선일보 기자들은 군밤 장수, 인력거꾼, 빵장수, 행랑어멈 등으로 변장하여 조선 민중의 어려운 삶의 현장을 직접 체험하고 생생한 기사를 썼다. 독자들의 관심을 끌기 위해 변장기자 출동 전에 미리 기자의 사진을 신문에 싣고 이를 찾아내는 사람에게 상금을 내걸었다. 변장 기자로는 이서구(李瑞求), 손영극(孫永極), 김달진(金達鎭), 최은희 등 4명이

---

26) 최은희의 조선일보 입사와 활동에 관해서는 정진석, 『한국의 여성기자 100년』, 나남출판, 2021, 참고.

나서 각자 1~3회의 르포기사를 연재했다. 변장기자의 출동이 예고된 지역과, 그들이 돌아오는 조선일보 정문 앞에는 사람들이 장사진을 이뤘다. 민간지 최초의 연재만화 '멍텅구리'의 인기도 폭발적이었다.

2) 좌파기자 해고 조선일보와 결별

1925년 10월 이상협은 조선일보를 떠났다. 조선일보가 세 번째로 발행정지[정간] 당한 직접적인 원인은 1925년 9월 8일자 논설 「조선과 노국(露國: 러시아)과의 정치적 관계」였다. 신일용(辛日鎔)이 집필한 이 논설은 러시아의 힘을 빌려 조선의 독립을 쟁취하자는 요지였다. 붉은 러시아(赤露)는 일 계급의 국가가 아니고 전 인민의 국가이며 또 그 입국정신은 침략적이 아니라 인도적이라면서 "(식민지) 조선의 현상을 타개하는 요체는 정치적인 제국주의와 경제적인 자본주의를 합리적인 다른 제도로 대체하는 데 있다."라면서 조선의 현상 타개는 반드시 "적(赤) 러의 세계 혁신운동과 그 보조가 일치되어야 할 것"이라고 주장했다.

서울에 소련 영사관이 부활한 시기에 게재된 이 논설에 대해서 총독부는 "조선통치에 대한 불평불만을 시사했을 뿐 아니라 제국[일본]의 국체(國體)와 사유재산 제도를 부인하고, 그 목적을 이루는 실행수단으로서 러시아[赤露]의 혁명운동 방법에 의해 현상을 타파할 것을 강조"한 글이므로 발행정지를 명했다고 말했다.

정간의 해결 과정은 순탄치 않았다. 조선일보에 포진해 있던 좌파기자와 우파기자 17명이 퇴사하는 몸살을 앓아야 했다. 총독부가 조선일보에 정간을 명한 데에는 다른 경우와 마찬가지로 이 논설 한 편만 아니라 여러 가지 원인이 복합되어 있었다. 주요 목표는 조선일보에 소속된 사회주의 성향 기자들의 숙청이었다. 동아일보에서 조선일보로 옮긴 기자들 가운데는 사회주의 성향 기자들이 다수 섞여 있었다.

논설진의 김준연(金俊淵), 신일용, 사회부의 박헌영(朴憲永), 임원근(林元根), 김단야(金丹冶), 지방부의 홍남표(洪南杓)가 그런 인물들이었다. 총독부는 조선일보에 발행정지를 명하는 동시에 1만 4,000원을 들여 구입한 지 약 반달밖에 안 된 윤전기까지 차압하는 한편, 편집 겸 발행인 김동성(金東成), 인쇄인 김형원(金炯元), 논설부장 안재홍, 기자 김준연, 정리부장 최영목(崔榮穆), 고문 이상협 등을 소환 심문하고 논설 집필자 신일용을 구속했다. 검사국은 구류 만료일인 9월 28일 신일용을 일시 석방하고 김동성과 김형원은 신문지법 위반, 신일용은 치안유지법 위반으로 기소했다.

조선일보의 발행정지는 10월 15일 경성신사(神社) 추계대제를 기해 해제되어 5일 후인 10월 20일부터 속간했다. 기소된 세 언론인은 이해 12월 16일 1심 판결에서 김동성 징역 4개월(편집인 2개월, 발행인 2개월), 김형원은 징역 3개월을 선고하고, 윤전기는 차압을 해제하여 돌려준다고 판결했다. 그러나 신일용은 조선일보의 정간이 해제되던 10월 15일 상하이로 탈출했으므로 공판을 열 수 없었다.

김동성과 김형원은 판결에 불복하여 공소를 제기했는데, 2심에서는 (1926년 5월 7일) 김동성 징역 4개월에 2년간 집행유예, 김형원 징역 3개월, 문제된 사설을 인쇄한 윤전기는 몰수한다는 최종 판결이 났다. 이에 따라 김형원은 1926년 8월 6일 서대문 형무소에 들어갔다가 11월 6일에 출감했다. 김형원은 명목상으로만 조선일보 인쇄인이었고, 필화 당시의 직책은 사회부장이었다.

조선일보의 정간은 일본에서 '치안유지법'이 제정된 직후였다. 1925년 5월 11일부터 시행된 이 법은 특히 일본이 '국체(國體)'를 보존한다는 목적을 가지고 제정되었으며, 천황제를 유지하고 공산주의와 무정부주의를 탄압하는 데 적용되었다. 총독부는 조선일보의 정간 해제를 조건으로 사회주의 성향 사원들을 해고하도록 했다. 해고된 기자는 논설반 신일용, 정치부 김송은, 사회부 김형원, 유광렬, 서범석, 김단야, 지방특파원 최국현, 임원근, 이종정, 지방부 박헌영, 교정부 손구극, 영업국 백남진, 최용균, 강우열, 피교설, 홍종열, 국채진 등이다.

기자의 해고와 함께 조선일보는 고문제도를 폐지하여 이상협, 장두현, 신구범이 퇴사했다. 집단 해고된 기자들 가운데는 사회주의자가 아닌 사람도 포함되어 있었다. 이들은 1925년 10월 27일자 동아일보 광고란에 해고의 부당함을 주장하는 성명을 게재하고 이날 오후 3시 수표정 조선교육협회에서 「조선일보 사건전말 보고회」를 여는 등 파장이 길었다.

4. 중외일보 창간과 필화

1) 시대일보의 후신 새 제호

조선일보에서 물러난 이상협은 또 하나의 새로운 신문을 창간했다. 총독부로부터 중외일보(中外日報)의 발행허가를 얻어 동아일보에 이어 자신의 손으로 두 번째 신문을 창간한 것이다. 중외일보는 법적으로는 새로운 신문이었으나 실상은 시대일보의 후신이었다. 시대일보는 육당 최남선(崔南善)이 1924년 3월 31일에 창간한 신문이었다.

최남선은 3·1운동 때 독립선언문 집필로 투옥되었다가 출옥한 뒤 1922년 9월 3일 타블로이드판 20페이지의 주간신문 『동명(東明)』을 창간하였다가 이듬해 6월 3일 통권 41호까지 발간한 후 주간신문의 발행은 중단하고 새로운 일간지 시대일보를 창간하였다.

시대일보는 편집과 내용이 기존 신문보다 신선하여 독자들의 반응이 좋았다. 그러나 최남선은 신문경영에 소요되는 막대한 자본을 계속해서 투입할만한 재정적인 능력이 없었다. 여러 사람으로부터 자본을 끌어들일 계획이었으나 투자를 약속했던 사람들이 이행하지 않았다. 신문은 구독료와 광고료를 수입원으로 운영하는 기업인데 구독자의 숫자도 제한되어 있었고, 빈약한 조선의 당시 경제 상황에서는 광고 유치도 여의치 않았다.

최남선은 경영난 타개를 위해 창간 2개월 후인 6월 2일, 사교(邪教)집단 보천교(普天教)에 발행권을 넘긴다는 조건 아래 경영 자금을 끌어들인다는 계약을 맺었다. 그러나 이 같은 사실이 알려지면서 최남선을 성토하는 일대 물의가 빚어지자 최남선은 신문경영에서 손을 떼고 물러났다.[27]

최남선의 후임으로는 홍명희(洪命憙)가 사장에 취임하였으나 경영난을 타개하지는 못하고 1926년 8월 중순부터는 발행을 중단하였다. 이

---

27) 정진석, 「시대-중외-조선중앙일보」, 『한국 언론사 연구』, 일조각, 1983, 221~241; 정진석, 「백산 안희제의 항일 언론활동」, 『백산 안희제의 생애와 민족운동』, 도서출판 선인, 2013, pp.197~242.

와 함께 무한책임사원 전원이 퇴사함에 따라 회사는 해산되었다. 시대일보는 이로써 발행허가도 소실되어 2년 5개월 정도의 짧은 수명으로 종간하고 말았다.

이상협은 시대일보의 편집진과 시설을 인수하여 11월 15일 중외일보를 창간하면서 지령을 1호부터 시작했다. 신문 제작과 경영은 다른 사람의 추종을 허락지 않을 정도였으나 자금을 감당할 능력이 없었던 그는 사장이 아니라 주간(主幹) 겸 부사장이었다. 법적인 편집 겸 발행인은 이상협, 편집국장은 민태원이었다. 혁신 조선일보를 주도할 때에 실무를 맡았던 편집국장 민태원은 1926년 11월 중외일보 편집국장으로 자리를 옮겼다. 이상협과 민태원은 일제 강점기 최고의 명콤비로 동아일보와 조선일보를 거치면서 진퇴를 같이 한 것이다.

2) '값싸고 좋은 신문' 표방

이상협-민태원 콤비는 참신한 아이디어로 중외일보를 만들었다. 중외일보는 "가장 값싸고 가장 좋은 신문"을 표방하면서 구독료도 파격적인 염가정책을 썼다. 동아와 조선은 하루 6면 발행에 1개월 구독료가 1원이었는데, 중외일보는 하루 4면으로 2면이 적었지만 1개월 60전으로 낮은 가격을 책정했다. 조선이 농업국이라는 사실에 비추어 농촌 독자를 배려하는 지면을 만들고, 바둑과 장기(將棋) 대전을 게재하였다. 장기 박보(博譜)는 1926년 12월 2일자에 처음 실렸다. 5일자에는 「기계(碁界) 대가의 현묘(玄妙)한 법수(法手)를 본보 지면에 계속 소개, 취미 진진한 전국 기보」라는 기사와 함께 「제1회 명가기전(名家碁戰) 신국(新局)」을 연재했다. 오락 취향이라는 일부의 비판도 있었지만 새로운 독자 개발을 시도한 것으로, 장차 모든 신문이 싣게 되는 오락물이다. 이처럼 중외일보는 사세(社勢)가 든든한 동아일보와 자신이 혁신했던 조선일보와의 차별화를 꾀하였다. 지령 9호부터는 심산 노수현의 네 컷 장편만화 「연애경쟁」을 연재했다.

중외일보는 창간 이후 여러 차례 압수를 당하였다. 그 가운데도 가장 큰 사건은 1927년 10월 8일부터 이정섭(李晶燮)이 집필 연재한 「세계 일주 기행, 조선에서 조선으로」 가운데 아일랜드 독립운동가 이몬 데 발레라(Éamon de Valera, 1882~1975) 인터뷰 기사와 연관된 필화와 뒤이은 정간이었다.[28]

세계일주 여행기의 필화는 중외일보 논설기자 이정섭이 천도교 종리사(綜理師) 최린(崔麟, 1878~1950 납북)을 수행하여 세계 일주 여행 기행문을 연재하는 특이한 기획이었다. 파리대학 문학부를 졸업한 이정섭은 1927년 7월 2일 세계 일주 여정에 올랐다. 프랑스 유학을 마치고 귀국한 지 1년이 지난 이정섭이 기미 33인이자 손병희 이후의 천도교 지도자 최린을 수행하여 여러 나라를 돌면서 현지에서 집필한 원고를 중외일보로 보내어 게재하는 방식이었다. 이상협이 중외일보를 창간한 지 아직 1년이 경과하지 않은 젊은 신문의 참신한 기획이었다. 세계 일주도 당시로는 대단한 관심과 호기심을 끄는 내용이었다.

중외일보는 이정섭이 출발하는 7월 2일자 1면 중앙에 「본보 기자의 세계 일주」라는 제목의 사고를 실었다. 기행문 「조선에서 조선으로」 첫

---

28) 정진석, 「중외일보 필화사건, 아일랜드 기행문 꼬투리/ 총독부, 기소·정간 탄압」, 『신문과 방송』, 2012.2, 80~87.

회가 중외일보 1면에 실린 날은 서울 출발 한 달 뒤인 1927년 8월 2일. 이정섭은 먼저 떠난 최린을 미국에서 만나기로 하고 뒤를 쫓아가면서 보낸 원고였다. 여행기 첫 회에서 4회까지는 서울에서 도쿄의 여정이다. 미국에 도착한 다음에는 태평양 연안 도시이며 한국 교포들이 많이 사는 샌프란시스코와 LA에 들렀다가 대륙횡단 열차를 타고 워싱턴과 뉴욕을 거쳐 대서양을 건너 영국 런던과 아일랜드 더블린에 닿았다. 기행문은 해를 넘겨 1928년 2월 27일자 제91회까지 실렸으나 검찰과 경찰은 기사를 압수하고 수사를 시작하여 연재는 중단되고 말았다. 수사진은 중외일보 편집국과 주간 이상협(발행인 겸 편집인)과 논설기자 이정섭의 가택도 수색하여 원고 등을 압수하고 이상협, 이정섭과 편집국장 민태원을 연행하여 오후 5시까지 조사한 후에 다시 소환하겠다면서 일단 돌려보냈다.[29]

3) 세계 일주 기행문 필화

검찰 수사의 초점은 아일랜드 독립운동 관련 부분이었다. 아일랜드의 독립 문제를 다루면서 은연중에 조선의 독립을 비유했기 때문이라는 이유였다.[30]

경찰의 강도 높은 수사를 받으면서 세계 일주 기행문은 3월 1일자 1면에 연재를 중단한다는 사고를 싣고, 2월 27일 제91회를 마지막으로

---

29) 「본보의 필화사건, 세계 일주 기행문이 문제되어, 본사의 3씨를 소환취조」, 중외일보, 1928.2.28.

30) 조선총독부 경무국, 『朝鮮に於ける出版物概要』, 1929년 발행, p.83,

중단하고 말았다. 이정섭의 세계 일주 기행 「조선에서 조선으로」는 다음 글에 상세히 고찰했다.[31]

검찰은 이상협과 이정섭을 불구속으로 수사하다가 3월 4일에 기소했다. 이정섭의 세계 일주 기행 「조선에서 조선으로」는 다음 글에 상세히 고찰했다.[32]

이상협은 신문지법 위반, 이정섭은 보안법 위반 혐의를 적용했는데 4월 4일 열린 재판에서 이상협은 금고 4개월(발행인 책임 2개월, 편집인 책임으로 2개월), 이정섭에게는 징역 6개월의 판결이 났다. 6월 6일에 열린 2심도 같은 판결이었다. 그러나 최종심인 고등법원은 이해 11월 1일 원심을 파기하고 이상협 벌금 200원, 이정섭 징역 6개월에 집행유예 2년으로 선고했다.[33]

▲ 전문 삭제된 《중외일보》 1928년 2월 25일자 세계 일주 기행.

31) 정진석, 「프랑스 유학 인텔리 이정섭」, 『언론계 거목들 2』, 대한언론인회 편, 미디어 365, 2020.11, pp.286~321.
32) 정진석, 「프랑스 유학 인텔리 이정섭」, 『언론계 거목들 2』, 대한언론인회 편, 미디어 365, 2020.11, pp.286~321.
33) 이정섭, 「'정치가 변절'과 '회견기', 최근 10년간 필화, 설화사(舌禍史)」, 『삼천리』, 1931.4, p.18.

총독부 기관지 매일신보는 이를 "관대한 언도"라고 보도했다.[34]

중외일보 필화는 조선인 발행 신문이 인도와 아일랜드의 독립운동에 깊은 관심을 가졌던 상황에서 식민지 치하 약소국의 독립운동을 조선의 독립운동과 결부하는 기사를 싣지 못하도록 했던 검열기준에 저촉되어 일어난 필화의 사례였다.

그러나 총독부의 탄압은 끝나지 않았다. 같은 해 12월 6일 마침내 중외일보에 정간을 명했다. 문제가 된 사설은 민태원이 집필한 「직업화와 추화(醜化)」로 중국의 배일 운동이 주제였다. 배일 운동이 직업화되면 그 순수함을 잃고 사회적 손실도 크다는 사실을 지적하면서도 중국의 배일이 "국권 회복의 시대사조에 의거한 애국심의 발로이니 그들의 행위는 그 결과의 여하를 별문제로 하고 경의를 표할 가치가 있는 것"이라고 결론지었다.

총독부는 이 사설을 정간의 이유로 내세웠지만, 실은 사설 한 편만이 아니라 이정섭의 아일랜드 기행문을 비롯하여 중외일보의 전반적인 편집 태도에 불만이 누적되어 있다가 이 사설을 문제 삼아 정간을 명한 것이다. 총독부는 중외일보가 시대일보를 인수하여 1926년 11월 15일에 창간한 이후 1928년 12월까지 2년 남짓한 짧은 기간에 행정처분 63회, 사법처분 1회의 처벌을 받았다고 말했다.

특히 문예란이나 사회 시사 보도를 통해서 학생은 학교 내에서 투쟁을 쌓아 나가라고 가르쳤을 뿐만 아니라 "일반적으로 그 논조는 총독의 시정을 비난·공격하고 세계 약소민족의 독립운동을 빙자하여 조선

---

34) 「중외일보 필화사건, 관대한 언도」, 매일신보, 1928.11.2,

의 독립을 풍자하고, 매사를 편견과 중상을 바탕으로 집필을 감행함으로써 멋모르는 민중으로 하여금 총독 정치를 오해하게 하였다"고 정간 이유를 설명했다.

총독부는 중외일보에 발행정지를 명하는 동시에 발행 겸 편집인 이상협과 편집국장 민태원을 신문지법 위반 혐의로 불구속 수사하여 1929년 1월 12일에 기소했다. 경성지방법원은 1월 31일 발행인 이상협에게 벌금 200원, 사설 집필자이자 편집국장인 민태원에게는 징역 3개월에 3년간 집행유예 판결했다. 이상협은 판결에 승복했으나, 민태원은 공소했는데 3월 27일 경성복심법원도 민태원에게 원심대로 징역 3개월에 3년간 집행유예를 판결했다. 총독부는 외국의 독립운동과 자치운동이 조선의 독립운동을 연상시키는 보도를 극력 경계하고 기사의 삭제, 정간과 같은 행정처분과 언론인을 구속기소 하는 사법처분까지 병행하여 탄압했다.

중외일보의 정간은 42일 만인 1929년 1월 18일에 해제되었으나 재정난으로 2월 10일에야 속간했다. 1929년 9월 1일에는 이상협이 물러나고 안희제가 사장에 취임했는데 경영권을 둘러싼 분쟁으로 지루한 법정 다툼과 재정난을 이겨내지 못하고 1930년 10월 자진 휴간에 들어갔다. 민태원도 이때 퇴사했다. 중외일보의 후신으로 1931년 11월 27일에 중앙일보가 창간되었다.[35]

---

35) 정진석, 「독립운동가 안희제, 여운형의 신문경영」, 『역사와 언론인』, 커뮤니케이션북스, 2001; 정진석, 「백산 안희제의 항일 언론활동」, 『백산 안희제의 생애와 민족운동』, 도서출판 선인, 2013.12.30, pp.197~242. 참고.

4) 돌고 돌아 첫 출발 매일신보로

이상협은 이제 갈 곳이 없는 처지가 되었다. 조용만은 말한다.

  "신문인으로서 이상협의 영광에 찬 시절은 이것으로 막을 내리고 말년에 치욕의 생애가 뒤를 이었으니 진실로 신문계의 귀재 이상협을 위하여 애석한 일이라고 하지 않을 수 없다. 그를 평하여 재승덕박(才勝德薄)이라고 하고 있지만, 이상협은 덕은 박한 편이 아니었고 말하자면 박복했다고나 할까? 하늘에서 타고난 복력(福力)이 좋지 않았기 때문이었다고 말할 수밖에 없다."[36]

  다시 새로운 신문을 만들 수도 없고, 그렇다고 다른 신문에 들어갈 데도 없고, 생활은 몹시 궁핍하여 드디어 이상협은 자폭의 심정으로 매일신보 부사장으로 전신하였다. 젊어서 총독부 기관지의 편집장이란 누명을 벗고 민족언론의 제일선에 서기 위하여 1919년에 분연히 매일신보를 떠났는데 그로부터 14년 후에 고소(古菓)로 치욕의 복귀를 한 것이다.[37]

  이상협의 매일신보 부사장 취임은 1933년 10월 20일이었다. 경성일보-매일신보-서울프레스가 하나로 통합되어 있던 시기였으므로 사장은 일본인 도키사네 아키호(時實秋穗)였다. 이상협은 매일신보-동아일

36) 조용만, 「하몽 이상협」, 『한국언론 인물사화』, 대한언론인회, 1992. 같은 글, 「신문평론」, No.55 1975.6, 「한국언론인물지」 1981. 『언론인물사화』③, 1992.
37) 조용만, 「하몽 이상협」

보-조선일보-중외일보로 한 바퀴를 돌아 다시 매일신보로 온 것이다. 감회가 깊을 수밖에 없었다.

"…뜻밖에 20년 전의 구소(舊巢)를 찾는 일을 생각하면 감개치 아니치 못할 것이다. (중략) 인생의 행위는 본래부터 변화의 많은 것이오 또 그렇기 때문에 뜻도 있는 것이다. 그 중에 마음먹어 이완(弛緩)치 못할 것은 열리는 길을 정직히 걷고 받아가진 임무 충실히 힘쓰는 노력일 것이다. 나는 진실로 불초무상(不肖無狀)하며 족(足)한 것이 없고 핍(乏)만 있으되 다만 한가지 앞에 당한 그때 그 일에 전능을 다하는 성심만은 스스로 남에 뒤지지 아니함을 믿는다."[38]

▲ 매일신보 부사장 취임. - 매일신보 1933.10.24.

5년 뒤, 1938년 4월 15일 매일신보는 주식회사를 설립하면서 경성일보에서 분리하여 독립된 신문사로 출발했다. 사장은 최린(崔麟)이 취임하고 부사장은 이상협이 그대로 남았다.[39]

---

38) 이상협, 「입사의 感을 말한다」, 매일신보, 1933.10.24.
39) 매일신보의 독립에 관해서는 정진석, 『언론 조선총독부』, pp.156 이하에 상세히 고찰

이상협은 1940년 9월 23일에 부사장을 내려놓고 10월 9일부터는 일제가 패망한 1945년 8월까지는 감사역으로 남았다. 해방 후에는 일본 강점기에 매일신보 부사장이었다는 경력 때문에 불우한 말년을 보냈다.

생활이 곤궁하여 호구(糊口)할 방도가 없기 때문이었을 것으로 추측할 수 있지만, 민족의 정기 위에서 생각할 때에 일제를 비판하는 언론 지도자이었던 인물이 적진에 투항하여 그 앞잡이 된다는 것은 물론 용서할 수 없는 일이다. 하필은 종생(終生)에 씻을 수 없는 큰 과오를 범한 것이다. 해방 후 여러 번 언론계의 상위에 설 기회가 있었지만, 전력이 화근이 되어 혁혁했던 민간신문 창시의 공적에도 불구하고 늘 냉대 되었다. 설상가상으로 악의를 가진 사람들이 터무니없는 낭설을 내서 그를 더욱 괴롭혔던 것은 그를 위하여 못내 동정을 금할 수 없다.[40]

1954년에는 自由新聞 부사장을 맡았지만, 그의 전성기는 끝이 난 후였다.

5. 운영과 제작 전념 순수 신문인

이상협의 첫인상은 호감을 주는 편은 아니었지만 대면할수록 인간미를 느끼게 하는 잔정이 있었다. 그 시절 기자들이 대부분 그랬듯이 이상협은 술을 좋아했다. 본업이 신문, 부업이 술이었다. 그래서 아침에

했다.
40) 조용만, 「하몽 이상협」

입고 나간 양복저고리를 외상 술값으로 술집에 맡기고 돌아오는 일도 많았다.[41]

이서구는 그에 대해 "처음 보면 대리석 위에 냉수를 붓는 듯한 느낌을 준다. 그러나 차차 알수록 그 대리석에는 온기가 있는 것을 알게 되며 그 흐르는 물에는 단맛이 있다는 것을 알게 된다"고 했다. 평소에는 몹시 근엄한 모습이었지만 술을 즐기면서 주기가 무르녹으면 파안대소 두 손을 들고 좌중을 웃기는 때도 있었다.

조용만은 말한다.[42]

"많은 사람이 이상협을 온정 하나 없는 냉혈인으로 알고 있지만,
사실은 그렇지 않다. 사내에서도 부하들이 잘못하면 혹독하게 꾸짖
지만 돌보아 줄 일이 있으면 뒷구멍으로 너무 지나칠 만큼 세심하게
잘 보아 주었다. 냉정한 것 같이 보이지만, 사실은 풀솜 같은 따뜻한
온정을 가지고 있었다."

일제 강점기 4개 일간지의 제작을 두루 총괄하였기 때문에 휘하에 직접 거느리고 훈련 시키지는 않았더라도 그 시기 기자들이 그의 영향을 받을 수밖에 없었다.

"何夢은 每申 이래 많은 신문기자를 양성해 냈다. 그중에는 편집

---

41) 최독견, 「'눈물'로 익힌 이상협 선생」, 『현대문학』, 1963.1, pp. 226~229.
42) 이서구, 「신문인 평전, 하몽 이상협, 그는 취재·편집·경영에 뛰어난 만능 신문인이었다.」, 『신문평론』, 1965.7~8, pp.70~72.

국장급으로도 몇 사람 있고 부장도 여러 사람 그의 훈도를 받았다. 오늘의 신진기자라는 기자도 어느 점으로던 이상협의 기자적 지도 계류가 간접적으로나마 물들은 이가 많으리라고 보아 큰 틀림이 없을 것이다. 즉 취재란 것은 편집이란 것은 어떤 것이냐 하는 기자적 활동의 체재를 갖추기에 그 훈련이 맹렬하였다. 그 당시 사람들의 말이 何夢의 칭찬을 받기 힘들었든 것을 누구나 말한다. 또 어떤 명령이 내리는가 하는 것이 항상 염려되어 방심치를 못하였다고 한다. 그만큼 일에 대해서 엄격하고 착실함이 何夢의 성격이었든 것이다. 어디까지나 빈틈없는 활동을 다하야 독자의 생각에 못 믿는 요구에까지 충실하려는 친절한 직무의식이 강하였다."[43]

이상협을 긍정적으로 평가했던 조용만은 말한다.[44]

"이상협은 대기자 대논객은 아니었다. 간간악악(侃侃諤諤, 성격이 곧아 거리낌 없이 바른말을 함)의 논진(論陣)을 펴서 시시비비를 가리고 이른바 연대(椽大, '서까래만 한 큰 붓'이라는 뜻으로, 뛰어난 大文章·大論文을 이르는 말)의 직필을 휘두르는 논객은 아니었다. 그는 신문사를 만들고 진용을 짜고 지면을 안배하고 사원을 통솔해 나가고 수지를 맞추도록 경영을 합리화하는데 더 머리를 쓰는 순수한 신문인이었다. 신문사를 세울 때에는 물론 사시를 결정하고 건립의 대방침을 책정하는 최고기획에는 참여하지만 논설은 주필에게 일임하였다.

---

43) 白岳山人, 앞의 글.
44) 조용만, 「인물론, 하몽 이상협」.

편집도 큰 방침은 간섭하지만 대부분 편집국장한테 맡기고 신문사 전체의 운영에만 전력을 쏟았다."

이상협은 자본이 없이 신문을 만드는 실무가였기 때문에 사장의 직을 맡아보지 못했고, 천품으로서 신문인이었다. 그는 일제 강점기 언론의 틀을 형성하는 역할을 앞장서서 수행했지만, 일반인들에게는 "표면의 인물이라기보다 이면(?) 인물"로 활동했다는 평가를 받는다. 일선기자나 논객으로 독자들에게 이름을 알리기보다는 집단적 생산의 산물인 신문의 편집과 운영 책임을 맡고 있었기 때문이다.

필자 정 진 석

前 한국기자협회 편집실장
前 관훈클럽 초대 사무국장
前 한국외대 사회과학대학장
한국외대 명예교수
런던대학 정경대학(LSE) 박사

세월 조명한 '변신의 귀재'

종석(種石) 유광렬(柳光烈)

1889~1981년

탁월한 문장 역사 평론가
언론 정가 학계서 큰 활동

글 : 이규섭(대한언론인회 편집위원장, 前 국민일보 논설위원)

종석(種石) 유광렬(柳光烈) 행적

2

세월 조명한 '변신의 귀재'
종석(種石) 유광렬(柳光烈)

1. 언론인이자 정치인으로 활약

한국 근현대사의 격동기를 살았던 유광렬은 일본 침략기에 언론인으로 시작하여 해방 후 언론인과 정치인으로 활동한 사람이다. 그는 1898년 음력 6월 27일 경기도 파주군 탄현면 낙하리에서 시골 선비 유인환(柳寅煥)의 장남으로 출생하였다. 가정 형편이 좋지 않아 학교교육은 제대로 받지 못하였으나 독학으로 신학문은 물론 일어, 영어, 중국어, 러시아어 등 5개 국어를 익혔다. 특히 영어사전의 단어들을 외워 타임지 등을 해독할 정도였다.

1919년 언론계에 입문한 후부터 사망할 때까지 한국언론사에 큰 영향을 미쳤으며, 해방 이후에는 언론인으로서 정치 활동도 하였다. 그는 두 번에 걸친 낙선의 고배 끝에 1960년에 국회의원으로 당선되었다.

유광렬은 10개 이상의 신문사를 넘나든 '변신의 귀재'였으며, 해방 이후 언론계와 정치계를 풍미한 지식인이었다. 그는 선비 집안에서 태어났다. 조선왕조 선조 때의 공신이라 하여 12대 조부인 유사원(柳思瑗)에게 나라에서 사패(賜牌)한 땅이 지금의 경기도 고양시 풍동이다. 그 후 특별히 벼슬길에 오른 선조들은 없었고, 10여 대를 풍동에서 살았다. 아버지가 20세 때에 고양시 풍동을 떠나 파주 탄현면으로 이주하였다. 아버지는 과거를 포기하고 여러 곳을 옮겨 다니면서 훈장 노릇으로 살림을 이끌었으므로, 집안의 경제 형편은 그다지 좋지 못하였다. 따라서 집에는 거의 없었으며 어려운 가정형편 속에서 어머니와 누이들과 함께 유년 시절을 지냈다.

유광렬은 7세 때부터 맹자, 논어를 공부하기 시작하였다. 당시 시골에서는 신식 교육 기관에서 교육받는 경우가 드물었다. 그는 제도권의 신식 교육을 받지 못했으나, 16세 때 열 살 안팎의 아이들을 모아 놓고 천자문을 가르치기도 했다. 신학문을 배우기를 열망하여 '일한통화(日韓通話)' '일한회화사전' '일어대해(日語大海)' '일어정칙(日語正則)' 등의 일본어 회화책과 '산학통편(算學通編)' '유년필독(幼年必讀)' '동국역사' '신정산술(新訂算術)' 등과 같은 신학문 책을 탐독하였다. 그런 탓에 그의 사상적 배경에는 친일의식이 스며들고 그 영향이 있었던 것으로 풀이된다.

이웃의 지주 집에서 보고 있던 총독부 기관지 매일신보를 얻어다가 보았고, 매일신보에 투고하는 등 열렬한 애독자가 되었다. 그는 총독부 기관지인 매일신보에 대해 "매일신보가 비록 총독부 기관지가 되어 경성일보(총독부의 일본어판 기관지)의 부록같이 나왔으나 대한매일신보의 기자로 있던 변일(卞一)이 편집인이 되고 발행인은 이창(李蒼)이었다"라고 회고하였다.

▲ 종석(種石) 유광렬(柳光烈)

이는 매일신보가 한국인에 의해 제작됨으로써 한국 민중의 입장에서 보도했던 측면도 있었다. 유광렬은 이러한 환경을 '기자반세기'에 밝혔다. 대한매일신보는 1910년 합병 후 총독부가 인수하여 기관지로 만들었다. 총독부는 대한매일신보의 '대한'자를 떼어 내고 매일신보로 발행한 것인데, 항일 성향을 지닌 기자는 모두 해임 혹은 구속되었고, 친일 성향의 기자들만 근무하고 있었다.

2. 방정환과 유광렬의 만남

유광렬은 16세에 신학문을 배우기 위해 무작정 상경하여 보성법률상업학교에 입학하였으나, 학비와 생활비가 없어 경제적으로 곤란을 겪었다. 이때 학비를 벌기 위하여 토지조사국의 사자생(寫字生, 조사업무 보조)으로 들어갔다. 토지조사국은 일본이 한국을 합병한 후 우리 민족을 경제적으로 약탈하기 위한 방법의 하나로 만들어 낸 침략 기관이었다. 여기서는 지세나 조세의 기초 자료를 얻기 위해 전국적으로 토지조사를 실시하였다. 이때 유광렬은 역시 토지조사국의 사자생이었던 방정환(方定煥)과 만나게 되었다.

그는 방정환과 함께 비밀결사 단체인 '청년구락부(靑年俱樂部)'를 1917년에 조직하고, 동인지 '신청년(新靑年)' 잡지 '녹성' 발간에도 참여하였다고 '기자반세기'에 남겼다. 청년구락부의 중심인물은 방정환이었으나, 실질적인 행동대원은 이복원, 이중각 등이었다. 1919년 3·1운동이 일어나자 이복원, 이중각 등은 일경에 잡혀 옥사하였으나, 청년구락부의 핵심 인물이었던 방정환과 유광렬은 아무 피해도 입지 않았다. 어린이 문화운동의 아이콘 소파 방정환과의 동행은 천도교에서 더욱 깊어졌다.

소파 생애의 일대 전기는 결혼이었다. 소파는 1917년 5월 28일 천도교 교주 손병희의 셋째 딸 손용화와 결혼하면서 활동 반경이 달라졌다. 그가 손병희의 셋째 사위가 된 것은 권병덕의 역할이 컸다. 손병희의 제자인 권병덕은 소파 방정환의 아버지와도 친분이 있었다. '청년구락부'는 방정환을 비롯해 천도교 청년과 일반인으로 조직, 민족운동을 지향하는 청년운동의 색채를 띤 일종의 비밀결사였다. 소파는 1918년 12월 봉래동 소의소학교에서 열린 '청년구락부' 송년회에서 첫 자작 각본인 소인극 '동원령'을 연출·주연하였다.

이는 소파가 어린 시절부터 꿈꾸었던 일을 실행한 것이다. 이러한 그의 역량은 천도교소년회와 어린이 문화운동을 통해 꽃을 피워냈다. 이 모임은 약 200명의 회원이 문예, 체육, 음악부를 두었다. 방정환은 천도교의 정신적, 물질적 지원 속에서 어린이 문화운동과 청년운동을 함께 전개하였다.

언론인, 정치인, 대학 교수 등 폭넓은 활동을 한 유광렬은 1980년 새싹회로부터 소파상을 수상하였다.

3. 매일신보서 언론 활동 시작

유광렬이 언론인으로 처음 발을 들여놓은 것은 1919년 8월 총독부 기관지인 매일신보에 입사하면서부터였다. 그는 매일신보에 입사한 것을 시작으로, 일본 침략기 중에 만주일보, 동아일보, 조선일보, 시대일보, 중외일보를 거쳐 다시 조선일보, 중앙일보, 매일신보 등 여러 신문사를 오가면서 현실과 타협하는 '변신의 귀재'로서의 역량을 보였다.

그가 매일신보에 들어간 것은 최남선(崔南善)의 주선과 방정환의 권유였다. 그 때 시국 관계로 많은 사람들이 매일신보를 그만두게 됨에 따라 부족한 인원을 충원할 때였다. 유광렬은 처음에는 편집을 돕거나 교정보는 정도의 일을 하였다. 입사한지 한 달도 안 되어 매일신보를 그만두고, 친일지인 만주일보 서울지국에 입사하였다. 일제는 3·1운동 후이른바 '문화정책'의 일환으로 1920년 동아일보, 조선일보, 시대일보 등 세 개의 민간지 간행을 허가하였다.

그가 만주일보 서울특파원으로 있으면서 첫 번째 취재한 것은 1919

▲ 무학(無學) 시절의 유광렬

년 9월 19일 새로 부임하는 사이토(齊藤) 총독의 환영 행사였다. 당시 삼엄한 일경의 경계로 일반인의 통제가 불가능했던 상황에서 만주일보 기자로 쉽게 행사장으로 들어갈 수 있었다. 그는 뒷날 '신문연구'와의 인터뷰를 통해 그 때의 상황을 회고했다.

"총 끝에 칼을 꽂아 늘어서서 한 사람씩 들여보내더군요. 나는 만 주일보 기자라서 들어갔어요. 들어가니까 친일파들은 전부 나오고, 각국 영사도 다 나오고, 총독부의 고관이라고 하는 고관은 다 나오 고, 여간 복잡하지 않아요."

만주일보가 경영난으로 문을 닫게 된 후 그는 1920년 2월 동아일보 창간 사원으로 참여하였다. 동아일보에 근무하던 1922년 3월 사회주

▲ 특파원 유광렬의 기사

의 계열의 항일 운동가인 김익상에 대한 특종 보도로 김익상이 일경에 체포되는 일이 발생하였다. 이에 대해 유광렬은 "이러한 특종 보도를 수많은 독자들에게 전달한 일을 자랑으로 여긴다"고 '기자반세기'에서 회상하였다.

일본의 문화정책 일환으로 창간된 동아일보는 민족지를 내걸었지만, 당시의 사회적인 상황에 비추어 볼 때 민족지로 기량을 펴기에는 스스로 한계를 지닐 수밖에 없었다. 일제가 민족지의 발행을 허가한 것은 우선 한국 민중들에게 환심을 사기 위함과 동시에 무단정치에 대한 민중들을 달래주기 위한 방편이었으며, 다소의 언론의 자유를 허용함으로써 한국 민중의 사상을 통제·파악하고 여론을 조작하려는 의도가 깔려 있었다.

그가 매일신보 편집국장으로 취임한 직후의 일이다. 매일신보는 그를 중국 남경 특파원으로 보냈다. 중국 국민당의 한 사람인 왕조명(汪兆銘)의 개조환도식전(改組還都式典) 행사를 취재하도록 한 것이다. 그때 200여 명의 일본인 기자를 포함한 외국기자들 중에서 유광렬은 유일한 한국인이었다.

그는 사전에 중국 국민당에 대한 충분한 연구와 왕조명 개인에 대한 연구까지 하고 기자회견에 임하였다. 왕조명은 유광렬의 박식한 질문에 대하여 다른 외국 기자들에게보다 성의 있는 답변을 해주었다.

매일신보는 유광렬 특파원의 기사를 1940년 4월 3일 1면의 상단과 하단 두 곳에 '重慶 측의 迷夢타개 전면적 평화에 邁進' - 柳 본사 특파원과 汪씨와 회견, '米도 장래에 追從, 신정부를 승인할 터-首相 기자단과 일문일답'이라는 제하로 대서특필하였다.

뿐만 아니라 '전참관 보고대회(典參觀報告大會)에서 국민정부 환도식전 참관'에 관한 연설문도 실었다. 그의 참관기는 4월 19일, 20일 2회에 걸쳐 게재되기도 하였다. 이 때문에 그는 "다른 일본 기자들의 시기를 샀으며, 불온한 인터뷰 내용으로 요시찰 인물이 되었다"고 '기자반세기'에서 주장하였다. 이 사건으로 그는 귀국 후 매일신보에서 '의원(依願) 해임' 이라는 짤막한 인사란에 등장, 강제 해임 당했다.

4. 광복 이후 보수우익 언론계의 거두

1945년 8월 15일 광복 이후 좌익과 보수우익 간의 첨예한 대립 상황에서 유광렬은 총독부 기관지 매일신보에서 쌓아 놓은 경력을 바탕으로 1945년 10월에 창간된 자유신문 논설위원이 되어 언론계에 복귀하였다.

당시 앞 다투어 신문을 발간하여 자신들의 주의 주장을 선전하려는 상황에서 일제 시기부터 언론계에서 풍부한 경력을 쌓은 그는 언론계의 간부직으로 새롭게 나타났던 것이다. 그러나 어떤 특정 신문사에만 전속되기보다는 전문 논설자로 변신하여 요청이 있는 대로 여러 신문사를 오가면서 논설을 집필하였다.

대표적인 사례가 자유신문 논설위원이면서 조선일보에도 논설을 실었다. 1951년에는 한국일보의 전신인 태양신문과 동아일보 창간 멤버로 참여하여 논설을 썼다. 이렇게 하면서 그의 명성은 날로 드높아졌다.

1948년 8월 대한민국 정부가 수립된 뒤 그 동안 계속 미루어 왔던 친일파나 부일협력자들의 처단 문제가 본격적으로 제기되었다. 대한민국의 정통성을 찾기 위한 기본적인 선결 문제로 등장한 것이다. 1948년 9월 친일파와 부일협력자를 처벌하기 위한 국회의 '반민족행위자 특별조사위원회(이하 반민특위)'가 결성되어 활동에 들어갔다. 이 과정에서 유광렬에게도 새로운 변화의 계기가 다가왔다. 그건 논설을 집필하던 자유신문 사장이며 국회의장인 해공 신익희(申翼熙)와의 만남이었다. 정치가로서 변신할 수 있는 좋은 발판이 되었다.

그는 고향인 고양군에서 1950년 제2대 국회의원에 출마하였으나, 충분한 지지 기반을 마련하지 못한 탓에 낙선의 고배를 마셨다. 1954년 국회의원 선거에 다시 출마했으나 또 낙선한 그는 정치에 미련을 버리지 못하고 1960년 7월 29일 제2공화국 5대 국회의원 선거에 세 번째로 고향에서 출마하여 당선의 영광을 안았다. 국회의원 재직 중에 한국일보의 '지평선' 칼럼에 주 2회씩 기고할 정도로 정력적인 언론 활동을 하였다

그러나 5·16군사쿠데타가 일어난 뒤 그의 정치 활동도 일단 끝났다. 자유신문, 한국일보, 조선일보, 동아일보 등 여러 신문에 논설을 게재하면서 언론 활동을 재개하였다.

광복 이후 우익계열의 신문에 논설을 기고하여 한국 언론의 보수우익 이데올로기를 전파하였고, 1950년부터 정치계에 발을 들여놓은 경력을 이용하여 1978년 한국일보에서 논설위원으로 정년퇴임할 때까지 논설을 계속 집필하였다. 1981년 그가 사망할 때까지 한국일보의 사빈(社賓)으로 있으면서 해방 이후부터 당시까지 보수우익 언론계의 거두로서 자리를 굳혔다.

5. 면 서기로 출발, 언론인~국회 진출

종석 유광렬(種石 柳光烈)은 일제 강점기인 1913년 경기도 고양군 중면 면사무소 서기로 일했다. 1919년 동인지 '신청년'과 잡지 '녹성' 발간에 참여하였고, 매일신보에 입사하였다가 한 달 만에 그만두고 만주일보 서울지국에 입사하였다. 그 이듬 해 동아일보 사원으로 전직한 뒤 1923년까지 사회부 기자·상해 특파원·사회부장 등을 지냈다.

1924년 조선일보로 옮겨 사회부장, 1926년 시대일보 사회부장, 중외일보 편집국 차장이 되었다. 1927년 다시 조선일보로 옮겨 1931년까

지 사회부장·편집인·정리부장을 지냈으며, 1931년 12월부터 중앙일보 지방부장으로 근무하다가 이듬 해 4월 퇴직하였다.

1930년 조선농민사에 반대하는 일부 비천도교인 이사와 천도교 청년들이 임시대회를 소집하고자 결성한 준비위원회 위원으로 선정되었으며, 조선물산장려회 이사로도 피선된 후 선전위원 등 임원으로 활동하였다.

1932년 박일형 이몽과 함께 문필가협회 발기인이 되었으며, 1934년 과학의 날 실행위원이 되었다. 같은 해 매일신보로 옮겨가서 1940년까지 편집국장, 동경특파원을 지냈다. 일제 말기인 1941년부터 신문과 잡지에 일제의 식민통치에 협력하고 침략전쟁을 선전·선동하는 글을 지속적으로 발표하였다.

1941년 임전대책협력회에 가담하였고, '황도정신의 선양'과 '전시체제하 국민생활의 쇄신'을 강령으로 삼고 설립된 조선임전보국단의 발기인과 평의원을 맡았다. 1944년 국민동원총진회 상무이사, 1945년 6월 친일단체인 조선언론보국회 이사를 맡았다. 이런저런 사연으로 친일파로 분류되었다.

광복 이후 사망할 때까지 동아일보·조선일보·한국일보 등에서 논설위원을 맡았다. 1946년 대한독립신문이 속간될 때 편집국장이 되었다. 1924년 조선일보 사회부장이 되었으나, 1925년 조선일보의 사회주의 기자 대량 해고사건 때 같이 파면되었다. 1926년 시대일보 사회부장, 중외일보 편집국 차장을 거쳐 1927년 다시 조선일보 편집국장을 거쳐 논설부장을 지냈다.

언론인 유광렬은 회고록에 "박헌영이 일제 감옥에서 정신병이라 속여 보석되어 나왔을 때에 그의 처 주세죽(朱世竹)과 함께 와서 필자 앞에 우두커니 앉았기로, 필자는 분주히 원고를 정리하다가 원고지에 '나를 아시겠소?'하고 써서 물으니, 픽 웃으면서 '유광렬이를 모를까' 하던 것이 인상에 남았고, 18년 동안 지하에서 '김춘보'라는 가명으로 있다가 8·15 후 다시 대명천지에서 만났을 때는 감개무량하였다"고 기록했다.

6. 회고록 '기자반세기'로 세월 조명

종석 유광렬은 3·1운동이 일어나던 해인 1919년 기자생활을 시작, 1969년에 기자 50주년을 맞아, 그 격동의 세월을 '기자반세기'로 정리, 언론인으로서 보고 겪어온 민족반세기의 정치·사회·문화의 투쟁과 전열을 소상하게 밝혀놓았다.

'기자반세기'는 "우리 역사의 재료로서, 사회 변천과 연구의 자료로서, 주위의 출판 요청에 따라 펴냈다"는 종석은 책의 구성을 '제1부 기자반세기', '제2부 한국의 기자상'. '제3부 아내에게의 편지' 3부로 나누어 기술했다.

1부 '기자반세기'는 3·1운동 이후 우리나라가 민주·사회 두 진영으로 갈려 격동의 물결이 높던 때까지 그가 냉엄한 눈으로 보아온 가록이다. 2부 '한국의 기자상'은 언론 초창기에 민권투쟁, 외적에 대한 항쟁, 민족의 자유를 위한 투쟁으로 일생을 희생하던 사람들의 성격과 사적을 생생하게 엮었다. 그러나 3부 '아내에게의 편지'는 가난한 기자의 반려자가 되어 일생동안 겪어야 했던 인간적인 희생을 담담하게 펼쳐냈다.

▲ 기자 시절의 야유회

종석은 기자반세기'를 통해 격변기의 한국 언론과 시대상을 통렬하게 비평했다. "우리 언론이 일제에 의해 억압당할 때 기자로서 출발한나로서는 불의를 보고도 어쩔 수 없었던 기자로서의 고민, 기자이기 전에 나라를 잃은 식민지 인간으로 겪어야 했던 인간적인 고민을 털어놨다"며 그 실상을 낱낱이 드러냈다. 그래서 '기자반세기'는 언론인으로서의 회고록 차원을 넘어 역사적이며 민족사적 사료로서 그 의미가 깊고가치가 있다는 평가를 받았다.

7. 간도 잃은 통분 다룬 '간도소사'

유광렬은 '간도소사'에서 "뿌리 깊은 나무와 샘 깊은 물은 바람에 흔들리지 않고 가뭄에 마르지 않는다…"는 용비어천가를 인용했다. 학문과 지식 경륜을 국가와 민족의 번영과 발전에 진력해야 한다는 것을 은연중에 강조한 말이었다. 문중의 후손 유제군(한국산업기술대학교 전자공학과) 교수는 '간도소사'를 이렇게 근찬했다.

> "우리 선조의 국가와 역사 민족에 대한 사랑은 남달랐다. 일찍이 유득공(柳得恭)이 '발해고'를 썼고, 이후 유광렬은 '간도소사'를 쓴 것들이 결코 우연한 일은 아니다.
>
> 우리 민족이 한반도에 삶의 터전을 잡은 이래 필연적으로 거쳐 온 곳이 백두산 동북쪽 광막한 지역으로 넓혀 나갔는데, 이른바 간도 지역의 연길, 화룡, 왕청 세 지역이 바로 그 곳이다. 소수 부락시대를 거쳐서 고구려 발해 고려 조선을 거치면서 간도 지역에는 우리 선조들이 다른 민족보다 다섯 배나 많은 사람들이 삶의 뿌리를 내렸던 지역이기도하다. 그럼에도 선조들이 피와 땀으로 지키려 했던 옛 영토를 잃고 한반도 안으로 국한된 현실을 통탄해 하며 나라가 있음에도 군주의 힘이 없어 타 민족의 압제 앞에 울면서 떠나가신 간도의 애국영령들의 호소가 들리는 듯하다."

'간도소사'는 고구려에서 시작한 간도의 유래, 1930년 8월 민중운동까지 시기별로 간도에서 일어난 사건을 중심으로 기술하고 있는데 대략

3개 부분으로 구분해 볼 수 있다.

첫째 부분은 우리 민족이 간도에 뿌리내리기 시작한 고구려 이후 발해~고려~조선 초기까지 우리 영토로 자리 잡게 된 배경 등을 밝혀놓았다.

둘째 부분은 청나라와의 영토 분쟁과 마찰이 일어나는 조선왕조 중~후반기로, 여기서는 간도의 영토 분쟁이 시작된 청나라의 발흥과 목극 등의 정계비 사건, 간도의 봉금령 등을 중점적으로 조명하고, 그 이후에 발생한 조선인의 이주 문제 조선·청국 간의 국경 분쟁 등을 구체적으로 다루었다. 여기서 관심을 보인 것은 정계비 사건인데, 조선왕조의 실책을 밝혀 기술한 대목이다. 사건 기록은 이러하다.

『…부찰 목극등(富察 穆克登 : 1664~1735년)은 만주출신이다. 1712년, 국경이 불명확하던 장백산(長白山, 만주어) 지구를 조사하여 장군봉(2750m)과 대연지봉(2360m) 사이로, 천지에서 남동쪽으로 약 4km 떨어져 있는 해발 2150m 고지에 백두산정계비를 세웠다.

1710년 조선인 이만지 일행이 월경하여 청나라 국민을 살해하고 재물을 갈취했는데, 1711년 강희제는 국경을 넘어온 청나라 사람을 살해하고 재물을 강취했다 하여 사건 조사단에 목극등을 포함시켰다. 목극등은 봉황성으로 가서 이 사건을 조사하지 않고, 북경으로 갔다가 그 뒤에 북경으로부터 성경(盛京)을 거쳐 다시 봉황성으로 갔다.

그의 이러한 행보는 전적으로 북경으로 가서 강희제로부터 밀지를 받고, 장백산 지구의 측회작업을 순조롭게 진행하기 위해서 마테오 리파(Matteo Ripa, 馬國賢) 신부에게 서양의 측회기술을 훈련받은 것으로 알려졌다. 하지만 조선 정부는 목극등에게 조선 경내로 들어오는 것을 불허했는데, 그가 황제의 밀지를 내보이자 입국을 허가했다.

조선 숙종은 암암리에 관원에게 지시하여 목극등 일행을 길이 험한 폐사군으로 안내하여, 그들이 만포 일대에 이르렀을 때, 그들은 더 이상 나아갈 수 없게 되어 북경에 연락을 취하자, 강희제는 이를 중단시킴으로써 목극등 일행은 자신들이 거쳐 갔던 강산만을 도면으로 그렸다.

1712년, 강희제는 예부에 명하여 조선 정부에 공문을 보내어 합동으로 장백산 지구의 변계를 조사하자는 내용으로 정식 자문을 보내어 협조를 당부했고, 이에 따라 목극등은 접반사 박권 및 함경감사 이선부 등과 혜산진에서 회동한 뒤, 접반사 군관 이의복, 순찰사 군관 조태상, 거산찰방 허량, 나난만호 박도상, 역관 김응헌·김경문 등과 함께 백두산을 조사하였다.

조사 이후 백두산 천지 동남쪽 4㎞, 해발 2200m 지점에 백두산 정계비를 세웠다. 정계비의 비면(碑面)에는 위쪽으로 대청(大淸)이라 적고 그 밑에 "오라총관 목극등이 황제의 뜻을 받들어 변경을 답사해 이곳에 와서 살펴보니, 서쪽은 압록이 되고, 동쪽은 토문이 되므로 분수령 위에 돌에 새겨 기록한다. 강희 51년 5월 15일"이라 명기하고, 또 수행원의 성명도 함께 기록한 뒤, 이후 두만강을 계속 따라 내려가면서 28일 경원부(慶源府)에서 외교문서인 자문(咨文)을 조선 측에 전달하였고, 다시 두만강을 따라 내려가면서 30일 경흥부(慶興府)에서 유숙한 후, 6월 1일 두리산 정상에 올라 두만강이 바다에 들어가는 것을 확인하였다. 곧 아산진에서 유숙하였고, 6월 2일 경원부에서 외교문서인 정문(呈文)을 수령하고, 3일 두만강을 건너 청 제국으로 귀환했다.』

이렇게 밝히면서 부연 설명을 추가하였다.

"오라총관 목극등이 정계(定界)할 때 조선의 접반사 박권과 관찰사 이선부가 노병을 구실로 답사에 참석 못한데 대하여 후일 평사 김선은 천절봉비각기(天節奉碑閣記)에서 '불함산 꼭대기에 올라서서 선춘과 오라의 경계와 운·훤 양계(兩界)의 전야(前野)를 바라보니 거의 주위가 천리이다. 아! 시전(詩傳)에 말하기를 주나라 소공이 하루에 나라를 넓히기를 백리씩 하였다 하더니 지금 우리 조선은 나라를 물리기를 하루에 백리씩 하였도다. 나는 하늘을 우러러 탄식하고 한숨을 쉬었다. 이 어찌 사람을 죽여 들을 메운 뒤 국토를 잃은 것에 비교하랴. 앞서서 국토를 상실하되 상실한 소이를 알지 못하니 족히 나라를 물리면서도 논란 할 수 없는 일이다. 비분강개하여 혀를 차고 탄식하니 노한 머리카락이 갓을 찌를 듯하구나.'

후세 식견 있는 김노수는 이를 비판하여 '아, 슬프다! 우리나라 중신(重臣)이 늙고 겁약하여 자신은 눌러앉고 하급 관원에게 떠넘겨 방관하고 한마디도 애써 논쟁치 아니하여 앞서서 동방천년 선춘령의 옛 경계를 잃었으니 지사(志士)의 공분을 어찌 금할 수 있으랴?' 하였다."

조선왕조 말 고종시대에 이르러 간도 문제가 제기되어 관리를 파견하는 등 적극적인 조치를 취하여 조선인의 입지가 회생의 기미를 보였으나 일본이 우리나라 주권을 차지하면서 간도가 일·청간 분쟁의 희생물이 되는 갖가지 사건을 기록하였다.

더구나 일본, 청나라, 러시아의 각축전과 조선의 독립운동 공산당 창립 등 시대적 혼란 속에 겪는 고초와 함께 이러한 와중에도 간도를 지키려는 민중운동 자치운동을 밝혀 기록한 것이다. 유광렬은 이 책에서 정계비, 감계담판, 간도협약, 만몽협약 등 역사적 사건 기술과 함께 관련된 각종 문서 협약 조문을 원문 그대로 실어서 간도의 역사는 물론 조선왕조부터 근대어 이르는 우리나라 북방영토문제 및 국내외 정세에 관련된 다양한 자료를 수록해 놓았다.

다시 요약하면 첫 번째 백두산 동편의 광막한 땅인 간도지역이 고구려 옛 영토이고 발해가 건국한 땅이며 거주민의 인구도 조선인이 중국인보다 5배 이상 많이 살았다는 사실, 두 번째 1712년 세운 백두산정계비를 답사한 내용 속에서 우리나라의 국경은 서쪽으로는 압록강이고 동쪽으로는 토문강을 지나 송화강이 경계가 된다는 것, 세 번째 외교권을 빼앗아간 일본이 청나라와 우리 땅 간도에 만주국을 세운다는 미명 아래 만주의 안봉선 철도 개축권과 교환하는 만행을 저질렀다는 고발이다.

그는 책 마무리에서 선조는 고구려와 발해가 융성할 때 간도는 고구려와 발해가 주인이었고 고려 때는 윤관 장군이 간도 평야에 조선인의 정기를 드높였고 천리 땅을 개척하였다. 그러나 조선왕조는 아침엔 한족에게 머리를 숙이고 저녁에는 여진족에게 무릎을 꿇는 굴욕의 역사를 이어갔다. 200년 전 목극등이 정계할 때에 국명을 받은 중신이 노질로서 입회를 사양하고 저들의 자의로 세운 정계비 비문에 '동쪽으로 토문강이 된다'라는 명백한 글을 남겼음에도 중국은 간도를 자기들의 영토라 고집하고, 조선은 국경을 스스로 축소한 것이라고 지적했다. 그러면서 참담함을 이렇게 드러냈다.

"이러한지 수십 년에 풍전고원의 고국의 변동과 함께 무한한 비애를 가슴속에 안고 아침에 마적의 총소리에 놀란 가슴을 진정하기 전에 저녁에 여윈 얼굴에는 관군의 토벌에 우는 눈물이 흘렀다. 사람 없는 한밤중에 파란 하늘을 우러러보고 비탄하기 몇 번이며, 고단한 몽혼이 고국을 방황하기 몇 번이던고. 막북 호지에서 불어오는 바람도 이변으로 추웠으리라. 영하 수십 도의 한천에서 내리는 눈이 멀리 지평선을 덮고 막막한 간도 평야가 한없이 황량 할 때에 그 광야에 서있는 조선인의 심정도 한없이 황량하였으리라. 잿빛에 쌓인 간도의 천지는 조선인 에게 실로 정한이 면면한 산하(山河)였노라!

고구려의 간도, 발해의 간도, 고려의 간도, 이조의 간도통감부 출장소의 간도, 장작림의 간도, 장학량의 간도 이것은 수많은 피비린내 나는 기록을 남기면서 세계의 간도로 걸어간다. 이것은 우주의 진화법칙이 명하는 것이요 세계 역사가 명하는 것이다.

이중하도 울었고, 이범윤도 울었고, 조선의 수많은 애국지사도 울었으며, 통감부 출장소 관원으로 갔던 일본인까지도 상제에게 따라 우는 곡쟁이 같이 울었다. 혹 이글을 쓰는 노둔한 기자도 우는지 모르겠지.…울면서 한탄하고 있을 때가 아님을 강조하며 경계를 가지고 싸우는 세대는 인류 전사(前史)로 감추어질지 모른다."

그렇게 통분한 그는 우리들이 나아갈 길을 제시하고 희망의 불씨를 불어넣으면서 대미를 장식했다.

"세계의 표류아인 조선인아!
모든 역사의 페이지 위에서 울고 있는 불행아들아! 대지는 공평하다.
경계를 가지고 싸우던 세대는 인류 전사로써 지구상에서 감추어질지 모른다.
동방의 새벽을 알리는 닭울음소리는 조선인도 세계의 새 주인으로 부른다.
그 부르는 소리는 전 지구에 찼다. 세계의 간도! 세계의 조선인! 위대하여라!
영웅적 걸음을 힘 있게 걸어라!"

8. 국회의장 신익희 비서실장이 되다

제헌국회는 1948년 5·10총선을 통해 300명 정원에서 제주 4·3항쟁으로 2석, 북한의 불참으로 100석을 남겨놓은 채 198명의 의원으로 출범하였다. 당선자 중 최연장자인 이승만이 임시의장으로 사회봉을 잡았다가 의장 선거에서 다시 선출되고, 대통령으로 당선되면서 국회는 8월 4일 새 의장단을 뽑았다.

국회의장 선거에서 신익희는 재석 176인 중 103표를 얻어 56표를 얻은 김동원을 크게 눌렀다. 부의장은 결선 투표까지 이어져 김약수가

87표, 김준연이 74표를 얻어 의장단이 구성되었다. 신익희는 언론인 출신 유광렬을 비서실장으로, 신창현과 유치송으로 비서진을 짰다.

신익희는 25세이던 1919년 임시의정원 의원으로 임시정부의 헌법 제정을 주도한 이래 31년 만에 56세로 '임시'를 뺀 대한민국 입법부의 수장이 되었다. 비서실장이 써준 감회와 결의가 담긴 명문장으로 취임사를 하였다.

"이 불초 무능한 사람을 의원 동인 여러분께서는 버리시지 않고 의장으로 선출하신 데에 대해서는 무한한 감사를 드리며, 한편으로 한량없이 송구한 생각을 갖습니다. 우리 국회가 성립된 이래로 다 같이 크게 어려운 짐을 같이 지고 오늘날까지 같이 투쟁해 내려오는 것입니다. 우선 중요한 몇 가지 일을 우리로서 다 같이 지내 내려왔지만, 앞으로는 모든 가지의 큰 짐도 여간 많지가 않을 처지입니다. 이와 같이 우리 국회로서 전 임무가 큰 가운데에 더욱이 의장이라는 책임을 지워주신, 큰 짐을 진 여러분 가운데에도 좀 더 큰 짐을 지워주신 이 점에 대해서는 앞길을 전망하면서 착오나 혹은 은월(隱越)이 없을까 하는 것을 생각해 볼 때에 비상히 송구하다는 말씀입니다.

그러나 오늘날 우리의 일은 한 사람 두 사람의 개인의 노력으로 되는 일이 아니고, 우리 전체가 다 같이 공동하게 노력하는 데에서만 우리 일은 성취되는 것입니다. 이것은 지나간 시대와 이 시대가 다르다는 것을 말씀하는 것인 줄 압니다. 이런 점에 우리 의원 동인 동지 여러분께서는 변함없이 같이 노력을 하시며, 다 같이 노력을 하시며, 다 같이 분투하시는 가운데에 여러분 뒤를 따를 때도 있을 것이고, 여러분 앞에 있을 때도 있을 것이고, 여러분 옆에 있을 때도 있을 것이고, 여러분과 같이 사명을 달성하고 임무를 수행하려고 합니다. 간단한 몇 마디 말씀으로 인사를 드리는 바입니다."(하략)

신익희는 현실론을 들어 5·10총선에 참여하고 국회의장이 되었으나, 남북총선거를 주창하며 분단정부에 불참한 임시정부의 김구 주석과 김규식 부주석이 해공의 마음 한 구석을 짓눌렀다. 해공은 우남 이승만 대통령이 조각을 준비 중인 이화장으로 찾아갔다.

"우남장! 김구 주석과 김규식 박사도 함께 건국의 기초를 마련함이 대의명분이 아니겠습니까?"

그 말에 李 박사는 못마땅한 표정으로 답변했다.

"해공! 정치의 세계란 냉정한 것이오. 그 사람들이 정작 나와 함께 일을 한다면 좋으나, 그 뜻이 다른데 어떻게 될지 해공은 몰라서 하는 말입네까?"

李 박사는 끝내 반목을 풀지 않았다. 더 이상 이야기해 보았자, 진전이 없음을 느낀 신익희 국회의장은 실현가능한 문제로 화두를 돌렸다.

"우리 정부가 언제까지 남한에만 머물러야 되겠습니까? 삼천만이 한 민족 한 동포요, 삼천리금수강산이 다 한 덩어리인데, 이북까지도 고려해야 하지 않겠습니까? 통일의 그 날에 대비하여 이북 각도인 5도청을 서울에 두고 지방관을 임명해야 합니다. 국민들에게 통일의 의지를 보여줘야 합니다."

李 박사는 해공의 제안을 즉석에서 쾌히 승낙하고, 그 인선을 부탁하였다.

한편으로는 李 대통령은 첫 조각 과정에서부터 고민이 컸다. 거국적인 내각을 구성해야 하는데 각 당이 당리당략을 내세워 비협조하자, 측근 중용에 무게를 두었다. 국무총리 후보에 무명의 이윤영을 지명했으나 국회에서 비토하고 국회 무소속 의원들이 중심이 되어 국회의원 100여 명의 서명을 받아 국무총리에 조소앙을 천거하였다. 신익희도 이에 동참하였다. 상해 임시정부가 출범할 때 3인 기초위원으로서 헌법과 각종 법규를 제정하면, 이후 그는 「건국강령」 기초 등 독립운동에 큰 역할을 했다. 정부수립 과정에서는 김구·김규식과 노선을 함께 하였다. 그러나 이승만은 그를 거부하고 이범석을 초대국무총리 겸 국방장관에 임명했다.

9. 혁신계로 4월 혁명 후 국회 입성

"보수는 부패로 망하고, 진보는 분열로 망한다."는 세평(世評)은 1960년 4월 혁명 이후 진보혁신계의 분열상에서 비롯되었다. 고질적인 파벌현상이 재발한 것이다. 사회대중당은 원내 진출정당을 지향하면서 7·29총선에 뛰어들었다. 김성숙을 비롯해 장건상·정화암 등 혁신계의 거물들 11명이 입후보했지만, 혁신계 인사들이 난립하면서 패배의 쓴 잔을 들었다. 그러나 일제강점기 시대 언론인으로 활약해 지명도가 높았던 유광렬은 당선되었다.

그 뒤 5대 선거에서 혁신 진영은 또다시 무참하게 패배했다. 정원 233명의 민의원 선거에서 사회대중당은 대구 을구의 서상일, 원성지구의 윤길중, 밀양 을구의 박권희, 남원 갑구의 박환생이 당선되었을 뿐이고, 한국사회당의 김성숙이 남제주에서 당선된 정도였다.

정원 58명의 참의원 선거에서는 사회대중당의 이훈구가 충남에서, 한국사회당의 최달선이 경북에서, 혁신동지총연맹의 정상구가 경남에서 당선되었을 뿐이다.

민주당의 민의원 당선자 175명, 참의원 당선자 31명에 비하면 사회대중당은 민의원에서 44분의 1, 참의원에서 31분의 1밖에 차지하지 못하였으니 참패한 것이다. 그럴수록 혁신 진영은 더욱 굳게 단합하여 새로운 각오로써 그 체제정비를 기했어야 했는데도 여전히 종전과 다름없는 분열현상에 빠져 군웅할거 심리에 도취되어 참으로 한심한 노릇이었다.

7·29총선에서 압승한 민주당은 내각책임제의 실권자인 국무총리 자리를 놓고 신구파가 갈려 이전투구를 벌였다. 결국 민주당과 신민당으로 분당되고 말았으니, 혁신계의 분열만 탓할 바는 아니었다. 그럼에도 불구하고 민주당에 비해 혁신계는 훨씬 가혹한 탄압을 받았고, '이념형 정당'이라는 이유에서 비판이 따랐다.

혁신계는 자성과 논란 끝에 1961년 1월 20일 통일사회당으로 통합하면서 안정 기미를 보였다. 7·29총선의 패배로 혁신계는 이합집산을 거듭해 한동안 표류했지만 큰 줄기는 통일사회당으로 다시 하나가 된 셈이다. 김성숙은 정치위원으로서 정화암·서상일·박기출 등 원로급 인사들과 나란히 통일사회당에 참여하였다.

이동화·송남헌·윤길중·고정훈 등 4~50대의 중견층이 실권을 장악한 통일사회당에서 김성숙은 혁신계의 원로로서 대접받았다. 그는 또

한 혁신적인 제 정당·사회단체가 참여해 1961년 2월에 결성된 민자통 중앙협의회(약칭 민자통) 의장단의 한사람으로서 혁신계를 이끌었다. 사회대중당·한국사회당·혁신동지총동맹·천도교·유교회·민주민족청년동맹·4월혁명학생연합회 등 혁신계 정당과 진보적 사회단체가 연합하여 결성하였다.

민자통은 자주·평화·민주의 3대 원칙 아래 남북통일을 실현하기 위한 국민운동을 전개할 것을 결의하고, 구체적인 실현방안으로 △즉각적인 남북정치협상 △남북민족대표들에 의한 민족통일건국최고위원회 구성 △외세배격 △통일협의를 위한 남북대표자회담 개최 △통일 후 오스트리아 식의 중립 또는 영세중립이나 다른 형태의 선택여부 결정 등의 중립화통일안을 내세웠다.

이와 함께 학생들의 남북학생회담 제의도 적극 지지하면서 5월 13일 '남북학생회담 환영 및 통일촉진 궐기대회'를 개최했다. 1만여 명의 시민·학생들이 참석한 이날 대회는 △남북학생회담 전폭적지지 △남북정치협상 준비 등 6개항의 결의문을 채택했다.

10. YMCA와의 인연

유광렬은 12살 어린나이 때 YMCA에 들어가 70년 가까이 청년 운동을 했고, 언론인으로 YMCA의 역사편찬위원으로 활동했다. 그는 YMCA의 사업을 위해 써달라고 소유하고 있던 경기 고양시 일산의 대지, 밭, 임야 등 4만 9296평을 1977년 6월 25일 기증하였다.

이 땅에 1980년 3월 일산청소년수련원을 세웠고, 그 뒤를 이어 골프연습장, 눈썰매장, 야외수영장, 청소년골프아카데미, 고양국제청소년문화센터(유스센터) 등을 만들고, 청소년이 행복한 세상, 행복한 청소년이 꿈꾸는 세상, 행복한 청소년이 만들어가는 세상을 꿈꾸며 열린 교육의 장이 되도록 노력한다는 슬로건을 내걸었다.

이 곳에선 꿈꾸는 청소년, 행복을 그리는 청소년, 미래의 주역이 되는 청소년을 그리며 다 함께 성장하고 함께 만들어가는 행복공동체를 만들어가고 있다. 지덕체의 균형 잡힌 성장을 도모하여 완전한 인격체 형성을 지향한다는 YMCA 운동이념을 바탕으로 세상의 빛과 소금을 역할을 감당하는 일꾼으로서의 성장하도록 이끌어 간다. 아울러 지역주민들에게도 건강한 삶을 구축하고 정진하도록 힘쓴다.

일제 강점기 시대 서울YMCA 운동이 이루어 낸 찬연한 성과중의 하나로 1920년대 농촌운동을 빼 놓을 수 없다. 당시 일본은 산미(産米)증산계획을 내세워 경제적인 면에서 우리나라의 쌀을 일본으로 빼돌리는 등 가혹한 착취를 했다. 우리나라의 경제상태는 말이 아니었으며 농촌의 피폐와 굶주림은 극에 달했다. 전인구의 8할 이상이 거주하던 농촌을 중심으로 '정신적 소생·사회적 단결·경제적 향상'이라는 3대강령을 바탕으로, 농촌강습회를 통하여 농사기술을 가르치고, 각종 종자를 들여와 보급하였으며, 협동조합을 기반으로 자립자조를 이루어 갔다. 또한 투전, 음주, 미신 등 농촌사회의 병폐를 몰아내는 운동을 맹렬히 전개하였다.

이때 종석은 일제의 경제적 침탈을 개벽사 잡지 '별건곤'(1929. 1월호)에 고발했다.

▲ YMCA 고양국제청소년문화센터 내의 종석 유광렬 선생 흉상 – 유광렬 선생은 1977년 임야와
밭 등 4만 9천여평을 YMCA 사업을 위해 기증하였다.

『1908년 서울에서는 사람들의 주목을 끄는 한 재판이 열렸다. 영국인 판사, 일본인 원고 미우라, 영국인 피고 베델, 한국인을 증인으로 한 우리나라 최초의 국제재판이다. 런던 데일리 뉴스 서울 특파원 베델은 1904년 서울로 와서 양기탁과 함께 대한매일신문을 창간, 을사늑약 무효를 주장하고 일본침략 행위를 폭로했다. 일본 통감부는 베델을 추방하기 위해 대한매일신문 기사와 논설을 트집, 재판에 넘겼다. 3일간의 재판에서 유죄판결을 받고 3주간 구금되었다가 석방되었다. 당시 정부의 잘못과 시국 변동을 여지없이 폭로했다. 갓 쓴 노인도 사방에서 신문을 보면서 효를 툭툭 찼고, 각 학교 학생들은 주먹을 치며 통론(痛論)하였다.』

서울YMCA 초기 활동에서 두드러졌던 공헌 중에 하나는 농공상교육과 체육활동의 시작과 보급이다. 당시 사농공상의 엄격한 신분체계와 육체를 천시하던 시대사조에서 벗어나 농공상교육 및 체육활동을 장려 보급함으로써 시대적 패러다임을 변화시킨 근대화의 시위를 당겼다. 이와 더불어 우리나라의 근대화가 시작되었다고 하여도 과언이 아니며, 이 모든 노력은 개화자강과 인재양성을 통해 자주에 기반하는 민족의 번영을 꾀하고자 하는 일념이라 할 수 있다.

서울YMCA는 우리나라 최초의 근대적 평생교육기관이라는 의미에서 평생교육사적 의의가 있다. 창립총회 의장 헐버트(Hulbert)는 선교사이자 교육전문가였으며, 창립초기 이상재 교육위원장을 중심으로 윤치호, 이승만, 김규식, 신흥우 등 YMCA 지도자들이 모여 일제의 억압에도 불구하고 신앙운동에 바탕을 두면서 교양, 계몽, 학술 강좌, 뜨개질, 도자기, 비누 만들기, 염색 등 실업교육을 비롯한 직업교육, 일본어, 영어 등 외국어 교육을 펼쳐갔다. 국사와 지리 등을 가르쳐 애국정신을 함양하는데 큰 힘이 되었다. 이러한 교육은 1907년 학관을 개관하면서 더욱 체계화 되었다.

특히 1920년대는 농촌운동 뿐만 아니라 체육운동에서도 민족을 하나로 아우르는 구심점의 역할을 서울YMCA가 감당하였다. 창립 초기 서구 스포츠의 도입과 보급을 넘어 전국적인 체육대전을 개최함으로써 민족단결의 활력을 제공하였던 것이다. 1927년 YMCA 전국농구연맹전을 시작으로 1928년에 유도승단대회, 전조선 탁구대회, 조선배구선수권대회 등이 개최되기 시작하였으며 이를 통하여 협동과 독립의 기틀을 다져나갔다.

유광렬은 광무(光武) 1년(1879) 6월 경기도 파주에서 출생하여 1981년11월 사망하였다. 그의 본관(本貫)은 문화(文化), 대한민국 제5대 국회의원을 지냈으며 고양시 일산동 풍1리에 '종석 유광렬' 묘비가 있다. 부인 유인(孺人) 김해김씨(金海金氏)와 합장, 유택에 잠들어 있다.

⟨참고 문헌⟩

- '제헌국회 속기록', 1948년 8월 4일.
- 유광렬 '기자반세기'
- '간도소사(間島小史)'
- '별곤건' 잡지 1929년 1월호
- '유엔조선위원단보고서' 임명삼 번역,162쪽
- 한국일보 20년사
- 한국기자협회 30년사, 1994년
- 인물한국언론사 정진석 나남 146P
- 한국언론인사화(韓國言論人史話) 대한언론인회 1992년
- 한국기자협회, 2014년 창립 60주년 기념호

필자 이규섭

現 대한언론인회 편집위원장
前 대한언론인회 사무총장
前 경향신문 기자
前 국민일보 편집부국장~논설위원
칼럼니스트, 시인

파사현정, 정론직필의 언론인

나절로 우승규(禹昇圭)

1903~1985년

신문에 대한 무한애정으로
언론 외길을 걸어온 논객

글: 김영희(前 서울대학교 언론정보학과 객원교수, 언론학박사)

〈나절로 우승규 약력〉

서울 출생
상해 혜령영어전문학교 졸업
상해 임시정부 청년단원

중앙일보 사회부 기자
조선일보 사회부, 지방부 기자
매일신보 사회부, 지방부 기자
조선통신 편집부장
조선일보 편집부장
시사신문 주필 겸 편집국장
경향신문 편집국 차장, 편집국장
서울신문 편집국장
동아일보 논설위원, 편집국장, 논설위원 실장
동아일보 이사, 편집인 겸 편집고문
동아일보 객원

〈상훈〉
독립유공자 대통령 표창

〈저서〉
《신문독본》
《나절로만필》

나절로 우승규(禹昇圭) 행적

3

파사현정, 정론직필의 언론인
나절로 우승규(禹昇圭)

1. 나절로 우승규의 언론인생

언론인 나절로 우승규는 민족적 의식이 철저했고, 환경감시와 비판이라는 언론인의 역할에 충실하고자 한 올곧은 인물이었다. 그는 또한 신문에 대한 무한 애정으로 신문이론과 신문편집 실무에 대해 끊임없이 공부한 언론인이었다.

이와 함께 그는 대통령에게 직언하고, 비판하는 칼럼으로 신문사에서 쫓겨날 정도의 기백을 보여주었다. 1954년 동아일보 논설위원이 된 이후에는 편집국장, 논설위원, 논설위원실장 등을 거쳐 1966년 현직에서 물러날 때까지 명 사설, 칼럼, 만평 등으로 나절로 하면 동아일보를 연상하게 한 대표적인 논객이었다.

그가 일제 말기 총독부 기관지 매일신보에 5년간 근무한 것은 아쉬움이 없지 않다. 그렇지만 나절로 우승규는 권력과 정당이나 정치사회단체에 한 번도 휩쓸리거나 야합하지 않고 언론인이라는 자신의 직업에 대한 자부심을 끝까지 지킨 평생 언론인으로서 높이 평가할 수 있다.

일제 강점기부터 1970년대까지 활동한 대표적인 언론인 가운데 한 사람이었음에도 그에 대한 논의나 평가는 매우 드물다. 이 글은 가능한 자료를 바탕으로 언론인 나절로 우승규를 살펴보기로 한다.

2. 식민지 시기 중앙일보 기자로 활동 시작

1903년 서울에서 태어난 우승규는 만 16세 되던 1919년, 3·1운동이 일어난 지 얼마 되지 않은 어느 날 중국 봉천을 거쳐 북경에 갔다. 봉천에서 정미소를 하는 큰 형이 북경 유학을 시켜주겠다고 권유한 때문이었다.[1]

북경의 큰 형 친구가 우승규를 맞았는데, 그는 우승규를 군인으로 만들려고 육군사관학교 입학 준비를 시켰다. 하지만 그는 군인이 되고 싶지 않아 친구와 함께 상해로 갔다. 상해에서 그는 백암 박은식 선생을 만났고, 이후 혜령영어전문학교를 다니며 상해임시정부의 청년단원으로 활동했다.

기록에 남아 있는 그의 활동은 임시사료편찬회의 조역 일이었다.[2] 임시사료편찬회는 임시정부 산하의 사료편찬기구로 1919년 7월 11일 경 설치해 그해 9월 23일까지 활동한 조직이었다. 국무총리 대리 겸 내무총장인 안창호가 총재, 이광수가 주임을 맡고, 위원 8명, 조역 22명 등

---

1) 우승규(1958). 상해와 나. 『자유문학』 3권 8호, 79쪽.
2) 한국민족문화대백과;『獨立新聞』 1919. 9. 30. 사료편찬 종료.

이 참여해 우리 민족의 독립을 요구하기 위해 국제연맹에 제출할 『조일관계사료집(朝日關係史料集)』 전 4권을 간행했다. 이 사업에 우승규는 조역으로 참여했고, 그 활동으로 1977년 '독립유공자 대통령 표창'을 받았다. 언론인이 생전에 독립유공자로 인정된 매우 드문 사례였다.

1923년 6월 아버지가 별세했다는 소식을 듣고 귀국할 때, 가까이 모신 박은식 선생이 신문 기자를 하는 게 어떠냐고 권유하며 써 준 소개장을 갖고 왔다.[3]

당시 동아일보 사장 남강 이승훈 선생에게 우승규를 추천하는 내용이었다. 남강 선생을 방문해 기다리라는 답변을 들었으나, 얼마 후 남강 선생이 그 자리에서 물러나면서 허사가 되었다. 그 후에도 그는 신문 기자가 되겠다는 생각을 포기하지 않고 조선일보, 중외일보에 계속 시도했으나 번번이 인연이 닿지 않았다. 하지만 그는 '뜻이 있으면 반드시 이룰 수 있다.'는 유지경성(有志竟成)의 금언을 굳게 믿었다.

그러다가 1931년 11월 노정일이 중앙일보를 창간한 후, "모든 것은 실력이 해결한다."고 생각하고 중앙일보 1주일치 전 지면에 대해 "오자·오식은 물론이고, 어휘의 잘못된 것, 문법과 문장의 서투른 것, 또는 표제의 졸렬한 것까지 고쳐 가지고 지면 여기저기다가 마치 부적 모양으로 조각·조각을 달아서" 전후 28항을 소포우편으로 당시 편집국장 강매에게 보냈다. "나는 이처럼 신문에 열의를 가졌으니 써주겠소?" 하는 내용의 편지도 동봉했다. 곧 회신이 와서 그 이튿날부터 우승규는 중앙일보 사회부 기자가 되었다.

---

3) 이 부분은 우승규(1956). 『신문독본』. 서울: 한국일보사, 323–329쪽 내용을 기본으로 보완함.

오랜 기간 바라던 기자가 되자 우승규는 온 정열을 바쳐 혼신 몰두, 고군분투했다고 한다. 하지만 중앙일보에서 그의 기자 생활은 얼마 가지 않아 중단되었다. 1932년 4월 그가 취재한 기사 가운데 만주에서 잠입한 독립단원 이름을 빼라는 조선총독부 도서과의 지시를 사동이 실수로 편집국에 전하지 않아, 삭제하지 않은 채 인쇄한 때문이었다.[4]

총독부 도서과에서 편집국장과 사장을 호출해 명령불복종으로 폐간 처분하겠다고 하고, 경찰서에서 그를 불러 호통을 쳤다. 그날치 중앙일보는 전부 압수되고 우승규는 시말서를 썼으나, 그를 파면시키라는 당국 지시에 따라 쫓겨난 것이다. 중앙일보도 그 직후인 5월 4일 재정난과 임금 체불로 인한 파업으로 휴간하게 되었다.[5]

3. 조선일보 사회부·지방부 기자로 활약

실직자가 된 우승규에게 경찰서는 색안경을 쓰고 전과자 다루듯이 오라가라 호출을 일삼았다고 한다. 고등계 형사들의 등쌀을 면해보려고 조그만 책사를 내기도 했다. 그러면서 조선일보에 입사하기 위해 애를 썼다. 그러다가 1933년 방응모가 임경래로부터 경영권을 인수한 조선일보에 사회부장 이상호의 추천으로 사회부 기자가 되었다.[6]

짧은 기간이었지만 중앙일보에서의 그의 활동이 인정을 받은 것이

---

4) 우승규(1978). 『나절로 만필』. 서울: 탐구당, 일제의 언론탄압, 101–102쪽.
5) 박용규(2015). 『식민지 시기 언론과 언론인』. 서울: 소명출판, 205쪽.
6) 우승규(1978). 앞의 책, 드러난 총독 암살 계획. 104–105쪽; 조선일보 90년사 편찬실(2010). 『조선일보 90년사(화보·인물·자료)』. 서울: 조선일보사, 309쪽.

▲ 조선일보 사회부 기자 시절(1936) 우승규 (앞줄 가운데)

다. 그때부터 그는 조선일보 사회부 기자로서 "어찌하면 특종을 얻어
내며, 또 어떻게 하면 기사를 규격 있고 흥미 있게 쓰나?"라는 문제의
식으로 고민하고, 공부했다. 이를 위해 자신이 어떻게 노력했는지 그는
다음과 같이 설명했다.[7]

> 매일같이 편집자가 첨삭한 원고를 교정부에서 가서 추려 빼내 가
> 지고 집에 돌아가, "어떤 구절·어떤 문자를 고쳤나?" 일일이 검토하
> 고, 비판하고, 또 자문·자답하였다. 이렇게 하기를 2년 남아, 해서 안
> 되는 것은 결코 없는 것이다. 어제 쓴 것을 오늘 보면 유치하고, 부루
> (腐陋)하며, 오늘 취재한 것은 내일 생각하면 미숙하고 졸렬해서 언
> 제고 회한하며 괴탄(愧嘆) 아니 할 때가 없이 지냈다. 그러나 그 가운

---

7) 우승규(1956), 앞의 책, 326쪽.

데 은연중 배운 것, 얻은 것이 차차로 늘어서 성숙·능란하다고는 못
하더라도 제법 한 사람 몫의 일을 하게끔 되었다.

당시 조선일보에는 편집국장 김형원, 차장 함상훈, 정치부장 한보섭,
외신부장 홍양명, 사회부장 이상호, 지방부장 서승효 등 뛰어난 인재들
이 활동했다.[8] 우승규는 이 선배들에게서 많이 배웠다고 한다. 외근 기
자로 2년 반을 지내며 그는 편집에 관심을 갖게 되었다. 특히 지방부장
서승효가 우승규의 능력을 인정해 지방면 편집자로 일하면서 온 정력
을 기울여, 편집을 시작한 지 1주일 만에 지방면 한 판을 혼자 편집할
정도가 되었다.

그는 편집에 재미가 나고 열의가 생겨 자신이 표제를 단 것만을 추려
서 스크랩북에 붙이기 시작해 50권 가까이 되었다. 지방면 편집 1년 반
만에 그는 사회면 편집자로 발탁, 중용되었다. 그러나 칭찬도 받은 한편
정판공에게 까다롭다고 악담과 욕설도 들었고, 너무 모양내느라 신문
발송이 늦어져 사장·편집국장·편집부장에게도 자주 지적을 받기도 했
다고 한다.

하지만 우승규는 조선일보 근무 5년 만에 사내 모씨가 자신의 편집
격을 무시한다고 판단하고 여러 선배들의 만류에도 불구하고 1938년
조선일보를 그만두었다. 1938년 8월 1일 현재는 『조선일보』 편집부 기
자였으므로 아마도 9월 이후 그만둔 것으로 보인다.[9]

오랜 기간 기자가 되고 싶어 했고, 기자되기도 쉽지 않던 시절, 동아

---

8) 조선일보 90년사 편찬실(2010). 앞의 책, 308쪽.
9) 위의 책, 311쪽.

일보와 함께 당시의 대표적인 신문 조선일보를 그만둔 것을 보면 그가 자존심이 매우 강한 성격이었던 듯하다.

4. 매일신보 편집기자로 전직

다행인지 조선일보 편집국장으로 있던 김형원이 주필 서춘과의 갈등으로 1937년 11월 조선일보를 퇴사했는데, 1938년 5월 매일신보 편집국장으로 부임했다. 그의 편집기술을 알고 있던 김형원이 1938년 11월 그를 매일신보 사회면 편집자로 부른 것이다. 매일신보로 갈 때는 취직운동이 아니고 대우를 받으며 갔다고 한다.[10] 그 무렵엔 편집기자가 귀해서 우대를 받았고, 그는 편집기자로서 한동안 이름을 날렸다.

1939년 10월 현재 매일신보 사장은 최린, 부사장 이상협, 편집국장 김형원이었고, 사회부장 김기진 아래 사회부 기자로 우승규 외에 이태운, 최문국, 이정순, 서정억, 배은수, 최금동, 김중원, 박중화, 한상직 등이 활동했다.[11]

그는 사회부에서 활동하다가 1941년 자진해서 지방부 편집자로 자리를 옮겼다. 1941년 5월 현재 지방부는 김영보 부장, 성인기 차장, 기자로 우승규, 이문희, 진종혁, 장현익이 근무했다.[12]

바쁜 사회부에서 지방부로 옮겨 비교적 여유가 생기면서 우승규는

---

10) 우승규(1978). 동아입사 위해 30년 동안 "右向 붓방아". 한국신문연구소. 『언론비화 50편』. 한국신문연구소, 701~702쪽.
11) 정진석(2005). 『언론 조선총독부』. 서울: 커뮤니케이션북스, 167쪽.
12) 위의 책, 374쪽.

신문에 관한 서적 탐독과 문헌수집에 몰두했는데, 당시 수집한 신문 관련 서적이 300 여 권이었고, 관련 문헌·자료들도 다수 수집했다. 그는 지방부에서 2년여 기간 활동하다가 해방 2년 전인 1943년 매일신보를 그만두었다. 사내의 친일파 사장 김성천이 자신의 상해시절 활동을 불온하게 보고, 당시 지방부장으로 있던 K와[13] 편집국장 정인익이 매일 조회 시간에 이른바 '동방요배'를 하지 않고, '일황 만세'를 부르지 않는다고 그에게 시말서를 쓰라 했다. 못쓰겠다고 버티던 그는 파면 조치가 있을 거라는 정보를 듣고 1943년 엽서에 사표를 써서 우송했다는 것이다.

1930년대 이후 민간 신문에서 매일신보로 옮기는 사람들이 늘어났고, 일제 말기 많은 조선인들이 매일신보에 근무했다. 이들 가운데 친일파인 사람들을 제외하면 대부분 생계유지나 징병과 징용을 피하기 위한 선택이었겠지만, 어떤 이유로든 조선총독부 기관지 활동이 결코 떳떳할 수는 없는 일이었다.[14]

당시에도 매일신보에서 활동하는 사람들을 매신(每新)에 매신(賣身)한다는 말이 나올 정도였다. 더구나 그는 상해에서 귀국한 이후 일본 경찰들의 요시찰 인물로 괴롭힘을 당했었고, 기자 활동을 통해 일제 만행의 실상에 더 자주 접했는데, 어떻게 매일신보에 5년여 기간 근무했는지 아쉬운 일이다.

다만 1943년 매일신보를 그만둔 것으로 보아 그가 친일 의식을 형성

13) K로 표시했는데, 기간을 고려할 때 『조선일보』 사회부 기자 출신인 김달진인 듯하다. 위의 책, 169쪽 참조.
14) 박용규(2021). 『언론과 친일: 친일 언론의 역사와 잔재』. 서울: 선인, 127쪽.

했던 것은 아니라는 사실을 시사한다.[15]

광복 이후 우승규는 매일신보에 대해 "총독정치의 편애를 받으며 기관지라는 추한 탈을 뒤집어쓰고, 대변(代辨)이라는 악취를 풍기며 3천만을 조롱"했고, "일급 친일배의 손으로 운영되어 선량한 단민(檀民)의 마음속을 부비고 끌어가 죄악의 씨를 뿌리기에 갖은 짓을 다 하였던 것이다."고 평가한 바 있다.[16]

그 후에도 그는 일본이 자중 근신할 줄 모른 채 자신들이 저지른 온갖 악행을 오히려 미화하고 있다면서, 일본 정치인들에게 여전히 군국주의적 잔재가 잠재해 있는지도 모른다고 지적했다.[17] 그러면서 우리나라 사람들이 식민지 시기 일본의 행태를 잊은 듯 지나치게 저자세라는 점을 기회 있을 때마다 경계한 것도 같은 맥락에서 이해할 수 있다.

매일신보를 그만둔 후 그는 서울 창의문 밖에서 과수원을 경영하면서 농업요원증을 얻어 다행히 징용을 면했다. 농원 생활 2년여 동안 우승규는 기자 출신인 현진건, 장종건, 박찬희, 양재하 등 이웃들과 일제의 만행을 비판하는 술타령을 하면서 한편으로 스스로 천직으로 생각한 신문에 관한 공부를 계속했다.

---

15) 박용규는 우승규가 "편집국장 정인익을 친일행위를 강요한 인물로 규정하고, 자신은 이에 맞선 '요시찰인'이었다는 식으로 대립 구도를 만들어내며 『매일신보』에 근무했을 망정 자신은 마치 민족운동을 했던 것처럼 주장하고 있다."고 설명했다.(위의 책, 274–275쪽)

16) 우승규(1947). 조선 신문계의 전망. 『백민』. 4·5월호 합본호, 우승규(1956), 앞의 책, 71–72쪽.

17) 우승규(1978). 앞의 책, 쿠보다의 망언, 387–390쪽.

5. 광복 이후 통신사·신문사에서 활동 재개

1945년 8월 15일 광복이 되면서 우승규는 전용채, 이종모 등과 조선통신 창간에 참여했다.[18]

그런데 조선통신 경영주는 우익이었지만 편집진은 대부분 좌익계가 차지했다. 그는 편집부장으로서 좌익 기자들과 충돌이 잦았다. 결국 그는 "통신을 적색비라화 시키려 할진대 그만 문을 닫는 게 좋겠다"는 입장을 밝히고, 석 달 남짓 만에 조선통신을 그만두었다.[19]

그 후 쏟아져 나오는 신문·통신 등 여러 곳에서 함께 일하자고 권했으나, 그는 "무법천지로 날뛰던 좌익분자들과의 투사가 필요했다. 나도 그 가운데서 말석의 한 사람이었기에 붓의 반공전선"[20]에 나섰다. "평생을 하루같이 우익일관, 나는 소시 때부터 민족주의자"[21]라고 밝힌 바와 같이, 이때부터 우승규는 사상적으로 공산주의에 거부감을 갖는 반공민족주의자였다.

조선통신을 나온 그는 대공일보 창간에 참여해 편집부 차장으로 두어 달 근무했으나,[22] 바로 그만두고 1946년 1월 조선일보 편집부장이 되어 그해 9월까지 활동했다.[23] 미군정 시기 조선일보는 김구 노선을 지지한 중도 우익지였다.

---

18) 우승규(1978). 앞의 글, 703쪽.
19) 우승규(1978). 앞의 책, 폭력화한 좌익 기자. 221쪽.
20) 위의 책, 「5·10 선거」 전후. 241쪽.
21) 위의 책, 사람 잡는 투서모해(投書謀害). 313쪽.
22) 『조선일보』. 1945. 11. 27. 1면. 인사.
23) 조선일보 90년사 편찬실(2010). 앞의 책, 281쪽.

6. 경향신문 편집국장 시절 필화로 물러나

우승규는 그 후 한성일보에 잠시 있다가, 1947년 가을 경향신문 편집부장 겸 편집국 차장으로 입사해, 얼마 후 편집국장이 되었다. 1946년 10월 6일 가톨릭계 신문으로 창간한 경향신문은 중도적인 논조에서 점차 우익 성향의 논조를 보였는데, 창간 1년 만에 오랜 전통의 동아일보, 조선일보보다 많은 부수를 발행했다. 신문 용지난으로 어려움을 겪던 당시 좋은 품질의 신문용지를 다량 확보하고, 가톨릭계 조직을 통해 보급망을 쉽게 확장할 수 있었기 때문이었다.[24]

이 무렵 경향신문의 발행부수는 7만 1,000부, 동아일보는 6만 부, 조선일보는 5만 8,000부로, 정부수립 당시 7만 6,000부를 발행했던 서울신문과 함께 당시의 대표적인 신문이었다.[25]

경향신문 편집국장 시절 우승규는 "직접 편집도 하고 논설도 쓰고 어떤 때는 취재로 돌아다니"며 애정을 기울여, 신문 발행부수가 매일 늘어 8만 5,000부까지 발행했다고 한다.[26]

그러나 그는 경향신문에서 오래 활동하지는 못했다. 대통령에 대한 건의와 내각 각료 인선을 비판하는 그의 칼럼이 빌미가 되어 물러나게 된 것이다.

1948년 5·10 선거를 치르고 나서 이승만 대통령이 임명한 초대 내각의 면면을 살펴본 우승규는 「이 대통령에 역이(逆耳)의 일언」이라는 제

---

24) 경향신문 사사편찬위원회(1986). 『경향신문 40년사』. 서울: 경향신문사, 97−98쪽.
25) 김영희(2009). 「한국사회의 미디어 출현과 수용: 1880 ~ 1980」. 서울: 커뮤니케이션북스. 159−160쪽.
26) 우승규(1961). 대공 투쟁의 기록. 『경향신문』. 10. 6.(조간). 3면.

▲ 『경향신문』 사설, 「이대통령에 역이의 일언」
1948년 7월 29일 1면

목의 칼럼을 발표했다. 먼저 '국무총리 임명과 조각을 중심으로'라는 주제로 독선과 편견의 졸렬한 인사를 비판하면서 민주국가의 원수로서 유력한 국내 지도급 인사들을 외면한 것은 큰 실책이라고 지적했다.[27]

이어 '친일·역도와 모리배 문제에 대하여'라는 주제로 친일·역도와 모리배들에 대해 쾌도난마의 부월(斧鉞)을 내리라고 권고했다.[28] 일제시기 관리들 가운데 기술직은 그대로 쓰되, 그밖엔 악질과 선질을 잘 골라서 적재적소에 기용하라고 하면서, 선악 뒤범벅으로 정실인사를 했다간 뒷날에 우환을 남길 것이라고 주장한 것이다.

5회 동안 계속된 이 장문의 칼럼에 이어 우승규는 「초대 이범석 내각의 해부」라는 제목으로 각료들의 면면을 살펴보면서 각부의 앞날을 전망하는 인물평을 발표했다.[29]

---

27) 나절로(1948). 이 대통령에 역이(逆耳)의 一言-국무총리 임명과 조각을 중심으로. (상)『경향신문』 7. 29. 1면, (하) 7. 30. 1면.
28) 나절로(1948). 이 대통령에 역이(逆耳)의 一言-친일·역도와 모리배 문제에 대하여. ① 『경향신문』 8. 1. 1면, ② 8. 3. 1면, ③ 8. 4. 1면.
29) 나절로(1948). 초대 이범석 내각의 해부-각료들의 인물로 본 전도의 전망. ① 『경향신문』 8. 7. 1면, ② 8. 8. 1면, ③ 8. 10. 1면.

4회째 임영신 편을 써서 원고 교정까지 했는데, 막판에 그 글이 빠지고 그 지면이 외신 기사로 채워져 발행되었다. 편집국 차장과 정경부 차장 모두 묵묵부답, 정판 부장도 벙어리 행세였다.[30] 당국이 경향신문을 발행하는 가톨릭 재단에 그의 글을 중단시키라는 압력을 행사한 탓이었다.[31]

우승규는 당국의 부당한 압력과 이를 그대로 수용한 재단 고위층의 처사에 저항하며 얼마간 버티다가 결국 경향신문 편집국장직에서 물러났다. 1946년 경향신문 창간 이후 처음 발생한 필화였다. 사퇴 형식으로 쫓겨났지만 그는 독자들로부터 격려와 지지의 투서를 100여 통 받았고, 경향신문의 인기는 적지 않게 올라갔다.[32]

후에 그는 당시 상황에 대해 "나로선 애국충정에서 우리 대한민국의 앞날을 걱정한 나머지 안하무인으로 독주하는 이 박사, 그리고 그 배하 사람들에게 경종을 울리려는 춘추필법으로 썼던 것"이라고 회고했다.[33] 1948년 제1공화국 수립 초기 신문 대부분이 이승만 대통령을 우상화, 영웅화해 대통령은 비판의 대상이 아니었는데, 그는 오로지 환경 감시와 비판이라는 언론인의 역할에 충실했던 것이다.

---

30) 우승규(1978). 앞의 책. 이 박사의 病的 人事. 255쪽, 『동아일보』. 1975. 3, 18. 5면.
31) 위의 책. 등신된 편집국장. 256쪽, 『동아일보』. 1975. 3, 21. 5면.
32) 『경향신문』 1966. 10. 6. 4면. 20세기 전반사와 한국. 『경향신문』 창간이래 20년간 신문에 실렸던 주요 기사를 기획으로 소개.
33) 우승규(1978). 앞의 책. 이 박사의 病的 人事. 254쪽, 『동아일보』. 1975. 3, 18. 5면.

7. 서울신문 편집국장으로 애쓰다 또 물러나

본의 아니게 경향신문을 그만두어야 했던 우승규는 1949년 3월 26일 일간 시사신문(時事新聞) 창간에 편집국장으로 참여했다.[34]

그러나 시사신문도 얼마 발행하지 못하고 휴간된 후 1949년 6월 서울신문 편집국장에 초빙되었다. 대통령과 정부를 비판하는 글이 문제가 되어 경향신문에서 물러난 우승규를 서울신문에서 초빙한 것은 뜻밖의 일이었다. 그가 우익 성향이라는 사실을 우선적으로 고려했던 것으로 생각된다.

이승만 정부는 1949년 5월 4일, 미군정기 시절 중립적 논조였고, 제1공화국 수립 이후에도 정부에 비판적인 논조를 유지하던 서울신문에 대해 발행정지 처분을 내렸다. 정부가 강경한 입장으로 좌익계열의 간부진을 퇴진시키고, 우익진영 인사들로 바꾸려는 조치였다. 이에 따라 서울신문은 1949년 6월 새 경영진으로 개편되었다. 성균관대학교 교수였던 소설가 박종화를 사장으로, 전무 겸 주필에 오종식을 위촉하고, 편집국장에 우승규를 초빙한 것이다.[35] 이때부터 서울신문은 반공이념을 바탕으로 한 정부 기관지로서의 성격을 띠게 되었다.

이렇게 서울신문을 정부 기관지라고 할 수 있었으나, 우승규는 "지면에 나타난 논조는 상상 밖으로 강했었다. 그 지상에 내가 쓴 사설로 1952년 3월 22일자로 「광무신문지법의 폐기」를 쌍수를 들어 환영했고, 또 그달 26일 자로는 소위 「새 출판물법안」을 단연 배격한다고 여

---

34) 『동아일보』 1949. 3. 22. 2면. 시사신문 발간.
35) 서울신문사사편찬위원회(1985). 「서울신문 사십년사」. 서울신문사. 207-210쪽.

지없이 공격했다. 만약 투철한 「정부기관지」였다면 그런 필봉을 들 수 있었을까"라고 말하기도 했다.[36] 자신의 입장을 설명하기 위한 것이었지만, 그 당시는 서울신문이 무조건적으로 정부 입장을 대변하는 역할만 한 것은 아니라고 판단한 듯하다.

그러나 그는 서울신문에서도 "정치에 관한 것은 일절로 촉수(觸手) 말아 달라"는 압력을 받다가 다시 그만두었다고 한다. 6·25전쟁 발발로 피난과 서울 복귀를 거듭하는 매우 어려운 형편 속에서 신문 발행을 위해 애쓰다가 3년여 만에 그만둔 것이다.[37]

편집국장 해임 사령(辭令)이 게시되고 이어 '임 편집고문 단 출근하지 않아도 무방함'이라는 사령지가 붙은 것을 보고 물러났다는 것이다.[38] 뒤에서 살펴보는 이시영 부통령 사임서를 그가 썼다는 사실이 알려져 정부의 감시 대상이었고, 양곡수급 문제 등 그가 쓴 정부 비판 사설이 영향을 미친 것으로 생각된다.

8. 동아일보 시절, 언론인 나절로 황금기

우승규는 서울신문을 사퇴한 후 조선일보 논설위원으로 1952년 4월 28일부터 한 달 남짓 근무했다.[39] 조선일보가 경영난에 빠져 한국은행 부총재 출신 장기영이 위탁경영을 맡게 되었는데, 장기영의 권고로

---

36) 우승규(1978). 앞의 책, 피호봉랑(避虎逢狼). 271쪽.
37) 서울신문100년사편찬위원회(2004). 「서울신문100년사」. 서울신문사. 630쪽.
38) 이상로(1965). 한국의 얼굴(언론계) 우승규.『세대』 6월호, 216쪽.
39) 조선일보 90년사 편찬실(2010). 앞의 책, 273쪽.

논설위원으로 잠시 활동한 것이다. 그 후 평화신문, 비판신문, 태양신문, 국도신문 등 여러 신문의 논설위원으로 근무했다. 그러나 한두 달 정도 일하다 그만두고 실직자로 지내, 이 무렵 그는 갖고 있던 땅을 팔아 생활할 정도로 경제적으로 어려웠다고 한다.

그러다가 우승규는 1954년 3월 동아일보 논설위원이 되었다. 광복 이후 통신사, 신문사 여러 곳을 옮겨 활동하다가 동아일보 논설위원이 되면서 비로소 직장이 안정된 것이다. 당시 동아일보는 이승만 대통령이 제1공화국 정부 초대 내각에 이승만을 지원한 한민당을 소외시키면서 정부에 비판적인 경향을 보였다. 그가 입사한 이듬해 1955년 3월 15일자 동아일보에 대통령을 지칭하는 고위층 앞에 괴뢰라는 단어가 들어간 오식(誤植)사건이 발생했다. 이 사건으로 동아일보는 해방이후 첫 번째 무기정간 처분을 당했다. 편집국 정리부장과 공무국원 2명이 구속되고, 주필 겸 편집국장 고재욱은 편집 고문으로 물러났다.[40]

1955년 4월 공석 중이던 편집국장에 우승규가 부임했다. 1950년대 후반 이승만 정권은 정·부통령 선거를 앞두고 자유당 강경파를 중심으로 언론을 더욱 통제했다. 특히 이른바 야당지의 대표적 신문이었던 동아일보 구독 방해 사건이 다수 발생하고, 신문 배급을 방해하기도 했다. 그런 상황이었지만 동아일보에 대한 독자의 신뢰는 오히려 더 높아져 1956년 제3대 대통령 선거를 전후해서『동아일보』는 30만 부를 돌파했다고 한다.[41] 30만 부는 그 무렵 국내에서 가장 많은 발행부수였다.

---

40) 동아일보사(1978).『동아일보사사 권2』, 서울: 동아일보사, 208–210쪽.
41) 위의 책, 231–232쪽.

이렇게 동아일보가 이승만 정부에 대항하는 반독재투쟁의 선봉에서 신문의 주가를 올리던 시절 우승규가 편집국장으로 활동한 것이다. 이때부터 1966년 그가 퇴직할 때까지의 기간이 그의 언론활동에서 가장 빛나는 시기였다. 동아일보 편집국장 재직 중인 1957년 그는 비판신문사가 제정한 제1회 신문인상에서 편집 부문상을 받기도 했다.[42] 논설 부문

▲ 편집인 시절의 우승규 (1966)

에는 이관구, 취재 성인기, 사진 최희연이 수상했다. 그는 2년 반 동안 편집국장으로 활동하다가 1958년 11월 논설위원 실장으로 전임하고, 고재욱이 편집국장직을 다시 겸임했다.[43]

당시 논설위원으로는 우승규 이외에 이동욱, 신상초, 이종극, 백광하, 김성한 등 당대의 내로라하는 논객들이 활동했다.[44]

이 무렵 그가 쓴 글 가운데 유명한 것이 1960년 4·19 직후인 4월 21일 자 사설이다. 그는 다음과 같이 주장했다.[45] 3·15 선거와 4·19 민주화운동에 대한 그의 분명한 판단을 읽을 수 있다.

그 직접적인 원인을 따질 때엔, 두말할 것도 없이 부정·불법투성

42) 『경향신문』 1957. 3. 8. 3면. 신문인상 수상식..
43) 동아일보사(1978). 앞의 책, 231-232쪽.
44) 위의 책, 336쪽.
45) 『동아일보』 1960. 4. 21. 석간 1면. 사설 「국가 초난국의 타개와 긴박한 민심의 진정을 위하여」.

이인 3·15 선거의 「무효 선언」과 함께 공명 자유의 재선거로서 대담·솔직한 아량을 보이지 못한 데 있다는 것을 부인할 도리가 없다. 그러나 집권당이나 행정부는 거기에 귀를 기울일 척을 않고 3·15 선거는 「기성사실」로써 「합리화」나 「합법화」를 끝내 주장·고집해 왔다. 이것이 곧 오늘에 주권을 침해 박탈당한 민중 – 특히 청년학도들의 불만과 불평을 유발시킨 것이라는 것을 부정할 수도 없다.

당시 우승규는 '나절로'라는 필명으로 이승만 정부에 비판적인 강직한 사설과 칼럼을 쓰는 논객으로서 점차 알려지고, 널리 인정받았다. 특히 젊은이들이 신뢰하는 언론인이었던 것 같다. 그 한 사례가 중앙일보 파리특파원·국제문제 대기자로 활동한 주섭일의 기록이다.[46]

주섭일은 4·19 당시 서울대 불문과 학생이었는데, 1960년 초부터 동아일보 나절로 주필 요청으로 '대학생논단'에 시국 칼럼을 썼다고 한다. 그는 1960년 4월 26일 이승만 대통령이 하야 성명을 발표하던 날 '우리는 드디어 이겼다! 이승만 하야'라는 제목의 기사를 썼다. 그날 저녁 동아일보 나절로 주필을 모신 술자리에서 "나절로는 고생했어요! 무엇보다 민주주의 승리를 위해 한잔하세!" 하며 막걸리 축배를 들었다는 것이다. 우승규가 젊은이들로부터 인정받았으며, 그들과 술자리를 함께할 정도의 교류가 있었음을 알 수 있다.

1961년 5·16쿠데타를 거쳐 1963년 성립한 제3공화국 박정희 정부는 언론의 사회적 책임과 언론인의 자질 향상을 강조하면서, 언론이 기

---

46) [주섭일 칼럼] 4.19혁명의 민주주의 정신과 586전대협 세력(1), 2022. 4. 10.
   http://www.whytimes.kr/news/view.php?idx=11256

업으로서 독립할 수 있도록 지원했다. 이런 정책으로 정부를 견제하고 환경을 감시하는 언론 본연의 역할은 점차 힘을 잃기 시작했다. 특히 1964년 9월 언론윤리위원회법 시행이 유보된 이후 중앙정보부 기관원들이 주요 신문사에 상주하고, 비판적인 기사를 쓴 언론인들을 연행하는 공포 분위기로 취재보도 활동을 크게 위축시켰다.[47] 비위에 거슬리면 우선 잡아넣거나 테러라는 폭력적인 방법으로 언론인들을 위협하기도 했다.

바로 그런 시절 우승규는 1964년 7월 동아일보사 이사로 선임되고, 논설위원 실장에 위촉되었는데,[48] 여전히 비판적인 논조를 보였다. 이 무렵 그의 대표적인 글이 그해 11월 신동아에 "병든 조국은 어디로"라는 제목으로 발표한 장문의 논설이다.[49] 신동아는 동아일보사가 식민지시기 발행하다가 중단했는데, 1964년 9월 복간한 월간지였다. 이 논설에서 그는 조국이 병들어간다면서, 이런 상황을 만드는 정치인들의 행태, 언론 파동의 문제점, 행정부 공무원의 청렴한 자세 정립의 필요성, 국민의 생활 태도 등을 날카롭게 진단했다. 기자 구금과 테러 같은 폭력이 행해지던 당시 언론환경에서는 상당한 용기가 필요한 내용이었다. 이 글은 예리한 사회 동향 분석으로 주목받았고,[50] 독자들의 갈채를 받았으나, 신동아 일부가 서점에서 압수되고, 우승규도 중앙정보부에 끌려가 문초를 받았다고 한다.[51]

---

47) 김영희(2019). 『언론인 박권상과 한국 현대 언론』. 서울: 커뮤니케이션북스, 40−42쪽.
48) 동아일보사(1985). 『동아일보사사 권3』, 서울: 동아일보사, 251쪽.
49) 우승규(1964). 병든 조국은 어디로−국민의 일원으로서의 용의적(庸醫的) 진단. 『신동아』 3 (64. 11월호), 64−72쪽.
50) 임원택(1964). 이달의 논조(하). 『동아일보』 1964. 12. 12. 5면.
51) 김천수(1992). 『한국언론인물사화』 8·15 전편(하). 대한언론인회, 287쪽.

9. 퇴직 이후 10여 년간 동아일보 객원으로

이사 겸 논설위원 실장 우승규는 1965년 12월 이사회에서 편집인 겸 편집 고문으로 위촉되었다가 1966년 7월 말 사임했다.[52] 그의 나이 만 63세 되던 해였다. 그는 동아일보를 퇴직한 후에도 10여 년간 객원으로 글을 썼다. 1966년 1월부터 쓰던 촌평 「장침단침」은 1973년 12월 1일까지 8년 가까이 이어졌다. 「장침단침」은 "대선·대악은 장침으로, 소선·소악은 단침으로, 일침경세(一針經世)가 본난의 사명"이라는 설명처럼, 정치사회상에 대한 촌철살인의 시사 단평이었다.[53]

「장침단침」을 끝낸 직후 그는 「나절로만필」을 집필하기 시작했다. 1973년 12월 8일 "그리운 애국자상"을 시작으로 1976년 12월 23일 "이기붕 가족의 비극"까지 매주 토요일 156회 계속되었다. 그가 보관한 기자 수첩 내용을 바탕으로 일제 강점기에서 광복이후 이승만 정부 시기 언론과 사회의 여러 실상을 실감 나게 소개했다. 객원으로도 10여 년간 글을 쓴 것을 보면, 60대 중반이후 70대에 들어섰음에도 사회를 통찰하고, 시대를 평가하는 그의 감각과 문장이 독자들로부터 여전히 좋은 반응을 받았던 것으로 생각된다. 「나절로만필」은 일부를 정리해, 1978년 책으로 발행했다.

나이 75세 되던 1978년 그는 동아일보 재직기간에 대해, "내겐 가장 언론투쟁의 절정기였다. 자유당 정권에서 민주당 정권이 대를 잇는 동안에 갖은 박해를 받으면서도 나는 내 양심을 기울여 파사현정(破邪顯

---

52) 동아일보사(1985). 앞의 책, 255-256, 529-530쪽.
53) 『동아일보』 1966. 1. 10. 2면. 「長針短針」.

正)의 필전을 계속했다. 신문 생활 중에 제일 논설·만평·단평들을 대량 생산한다. 내 뜻이 맞는 큰 신문에서 정열을 쏟아 힘껏 일한 그 긍지란 내 일대기에 굵은 줄을 칠 만하다"고 평가할 정도로 자부심이 매우 컸다.[54]

동아일보를 끝으로 현직에서 물러났을 때 그는 자신이 쓴 글을 전부 오려 붙인 스크랩북이 30여 권이었다고 한다. 그 스크랩은 "순진한 인간의 본성과 국민의 양심이 명하는 데 따라 민족 본위의 춘추필법으로 부정불의와 싸워 온 흔적이 역력한 지조감찰(志操鑑札)"이라는 것이다.[55]

▲「나절로만필」1회『동아일보』
1973년 12월 8일 8면

10. 신문에 무한애정 쏟은 평생 언론인

우승규는 기자가 된 이후 저널리즘, 신문에 관한 책을 광범하게 수집했다. 식민지시기 조선일보 근무 시절, 신문의 「독자사교실」이라는 150자 독자서비스 난을 이용해 다음과 같은 광고를 내기도 했다.[56]

---

54) 우승규(1978). 앞의 글, 706쪽.
55) 위의 글, 703-704쪽.
56) 『조선일보』1936. 2. 9. 석간 7면. 독자사교실.

「쩌널리즘」에 관한 서적을 가지신 분으로 양도하실 생각이 잇거든 어떤 종류이거나 얼마든지 알려줍시오. 상당한 갑으로 사드리겟습니다. 영문으로 된 것도 무관　　　　　　 - 조선일보 사내 우승규

그는 매일신보 기자 시절과 매일신보를 그만 둔 후에도 저널리즘과 신문에 관한 책을 수집하며 꾸준히 공부했다. 1948년 현역 기자 100인 촌평을 하면서 당시 경향신문 편집국장 우승규에 대해 다음과 같이 설명한 것을 보면,[57] 책 수집하고, 연구하면서 현실에 타협하지 않는 그의 모습이 언론계에 꽤 알려졌던 것으로 짐작된다.

신문에 관한 부단의 진지한 연구로서는 씨를 쫓을 사람이 없다. 씨의 서재에 산더미처럼 쌓여있는 보관신문을 보고는 누구나 놀라지 않을 수 없으렷다. 또한 편집기술에 있어서도 달은 사람이 추종할 수 없으리만큼 독특한 견지를 개척하고 있다. 씨는 8·15 이후 조선통신, 조선일보, 한성일보 등의 편집부장으로 뚜렷하다가 경향신문 편집국 차장을 거쳐 동 편집국장으로 현재에 이르렀다. 항상 그릇된 현실에 좀처럼 머리를 굽혀 타협하려 들지 않는 경골기질이 때때로 씨를 불우한 경우에 부닥치게 하는 듯하다. 씨같은 양심적 신문인의 앞길에는 머지않아 행운의 별이 비치게 될 것을 믿어 마지않는다.

이처럼 우승규는 저널리즘과 신문에 대해 이론적으로 공부했을 뿐

---

57) 瑟浦汕人(1948). 현역기자 100인 평. 史林編. 『일선기자의 고백』. 서울: 모던출판사, 181-182쪽.

만 아니라 신문 편집에 대해서도 관심이 많았다. 그가 일본 신문에서 표제가 잘 붙여진 것이나, 훌륭하게 쓴 기사들을 스크랩해 놓은 것이 100여 권이 되었다고 한다.[58]

이와 같은 그의 노력과 능력을 인정받아 1936년 조선일보 사회부 편집 담당에 이어 매일신보 사회부 편집자로 초빙되었고, 지방부 편집을 맡았다. 일제 식민지 시기 신문의 귀재로 불렸던 이상협이 우승규에 대해 신문 편집에서 군계일학이라고 평가할 정도였다.[59]

1950년 신문학 강좌에서 신문편집론을 강의한 것도 그의 편집자로서의 능력과 평소의 독학으로 신문편집이론에 대한 지식이 인정받았기 때문이었을 것이다. 1950년 2월 주간 민생보사 주최로 신문기자를 희망하는 일반 남녀학생 대상으로 1주일간 '신문학강좌'를 개최했다.[60]

이 강좌는 당시 신문에 대한 젊은이들의 관심이 매우 컸음을 말해주는데, 강좌 내용은 신문학총론(설의식), 통신개론(전홍진), 뉴스가치론(조연상), 사회와 기자(송지영), 저널리즘의 장래(홍종인), 신문편집론 등으로 구성되어 당대의 유명 기자들이 강사로 참여했다. 여기서 우승규가 신문편집론을 담당한 것이다.

이와 같이 우승규는 신문에 대해 절대적인 애정을 가진 인물이었다. 그러면서 그는 "선배니 후배니 하는 말은 신문 생활의 일수, 장단에 있는 게 아니라, 그 사람의 부단한 노력과 열성 있는 연찬 여하로만 가릴 수 있는 것이다."고 하며 죽는 날까지 공부하는 자세로 살고자 했다.[61]

---

58) 이상협(1956). 서. 우승규(1956). 앞의 책, 2쪽.
59) 위의 글, 2쪽.
60) 『경향신문』 1950. 2. 20. 2면. 신문학 강좌.
61) 우승규(1956). 앞의 책, 297쪽.

그는 다음과 같이 말했다.[62]

　나는 신문 두 글자만 보면 웬일인지 신이 나고 좋아서 못 견딘다. 누구도 상상 못할 정도로 흥감(興感)이 뭉게뭉게 일어난다. 이것은 현존한 신문인중 아모라도 나를 따르지 못할 만큼 신비성 독자성을 갖는 것이다.
　나는 신문을 먹기 위한 직업으로 알지 않고 그렇게 생각하려 하지 않는다. 그것은 내가 가장 사랑하고 몹시 존경하는 「신문」을 모독하는 것이 되기 때문이다. 말하자면 「신문은 나의 천직이다」
　이것이 신문에 대한 나의 신조요 지조요 절개다. 「신문으로 살다 신문으로 죽자」 …… 나는 언제고 이 말을 염원한다. 내 자신에게 굳게 맹서하는 것은 물론 가족에게도 친구들에게도 똑같이 말한다. 여기서 내가 '신문광'이란 가장 명예스럽고 영광스러운 아호를 하나 더 얻게 된 것이다. 나는 신문 기자다. 그리고 신문편집자다. 그만치 언제나 편집에 남다른 관심을 갖고 있다. 무슨 사물에나 부딪칠 때, 그것을 뉴스화 시켜 보고 나서는 표제를 안출하는 것이 상습으로 되어 있다. 이런 사건에는 이런 제목이 어떨까? 저런 물상을 가지고는 저렇게 묘사하면 어떨까? 하고 뇌까려 본다. 그러다가 좋고 그럴듯한 명 제목이 머리에 떠오르면 그야말로 신바람이 난다. 이 순간에 희희낙락하는 이 내 마음속은 아무도 드려다 보지 못하리라.

---

62) 우승규(1947). 신문과 나. 『가톨릭 청년』 6권 3호, 258-259쪽. 위의 책, 295-296쪽.

이렇듯 우승규는 신문에 대한 무한애정으로 언론인으로서 평생을 일관하고자 했고, 실제 그렇게 살았다. 일제 식민지 시기 기자로 활동한 인물 가운데 광복이후 직접 정치인이 되거나 이런저런 정치사회단체의 일원이 되어 활동했던 인물이 많았다. 그에게도 그런 유혹이나 권유가 적지 않았던 것 같다. 그러나 그는 미군정기에도 이미 "요즈음 신문인들이 거개 모당 모파에 속하지 않으면 어떤 정실 관계를 갖고 있는 듯한 인상을 주는 것은 일대 통탄사가 아닐 수 없다. 순정한 신문인으로서 신성한 자기의 본체를 몰각하고 파쟁에 휩쓸려 들어가 어릿광대 노릇을 한다면 얼마나 만천하 독자에게 부끄러운 일이냐."며 비판했다.[63]

이런 인식으로 우승규는 언론 탄압에 저항하며 언론자유를 수호하고, 언론인의 권익을 보호하기 위해, 1948년 신문기자협회 창립 당시 간사장, 1957년 한국신문편집인협회 설립 이후 심의위원, IPI(국제언론인협회) 한국위원 등으로 언론인단체 활동에는 참여했지만, 권위주의 정권 시절 권력이나 금력에 야합하지 않은 채, '언론인 일생(一生) 일직(一職)'이라는 자신의 원칙을 끝까지 지켰다는 점에서 그 의미가 크다.[64]

1956년 우승규가 펴낸 첫 저서 『신문독본』 제1집은 광복이후 여러 잡지에 기고한 글과 신문 사설 일부를 모은 것이다. 신문뉴스론, 신문 기사의 신양식, 신문 편집의 기술론, 속 신문 편집의 제문제, 신문 조판의 기교론, 신문 사설 소고, 신문도(新聞道)의 재음미, 신문에 부하된 자유성, 신문윤리에 대한 편상, 나는 취재를 이렇게 했다 등 신문에 관한 전문 지식과 실제를 다룬 글들이 다수 포함되어 있다. 이런 내용

---

63) 우승규(1947). 조선 신문계의 전망. 『백민』 4·5월호 합본호, 24쪽. 위의 책, 79–80쪽.
64) 김영희·박용규(2009). 『한국 현대 언론인 열전』. 서울: 커뮤니케이션북스, 202쪽.

▲ 『신문독본』(1956) 표지

을 담은 이 책은 관련 서적이 드물었던 1950년 대 중반 신문에 관심이 있는 사람들에게 이론과 실제를 이해하는 좋은 길잡이가 될 수 있었을 것이다. 1956년까지 간행된 1950년대 신문 관련 주요 서적으로는 박성환의 『신문과 기자』(1953), 오소백의 『신문 기자가 되려면』(1954), 오소백 번역의 『신문강화』(1954), 곽복산의 『신문학개론』(1955), 성준덕의 『한국신문사』(1955), 박기준 번역의 『신문론』(1956), 홍동호가 펴낸 『신문과 기자』(1956) 등이 있다.[65]

11. 나절로, 명문장가 제1세대 대표 칼럼니스트

우승규는 '나절로'라는 순 한글의 호를 썩 마음에 들어 했다. "알고 보면 내 호처럼 청신미 있고 노블한 것도 이 세상에 별로 짝을 찾을 수 없다고 자긍을 느끼게 된다."며 좋아했다.[66]

나절로라는 호는 상해시절 그와 가까이 지내던 한글학자 김두봉이 지어준 호였다. 김두봉이 "자네에게 호를 하나 지어주겠는데 대관절 군의 취미가 어떤 것이며 또 주의는 무엇인가"라고 물었는데, 그는 당시

65) 이에 대해서는 차배근(2017). 『한국 커뮤니케이션학사』. 서울: 서울대학교 출판문화원, 321-332쪽 참조; 김홍수(1956). 독후감. 우승규 저 『신문독본』. 『경향신문』 1956. 4. 3. 4면.
66) 『동아일보』. 1957. 3, 19. 4면. 나절로의 변.

책에 몰두한 문학 소년으로 장 자크 루소의 자아주의와 자연주의를 신봉하던 무렵이어서 그런 뜻으로 대답했더니 "됐네. 자아(自我)는 나요, 자연(自然)은 절로니 둘을 합해 나절로로 하게 그려."하며 나절로라는 호를 지어줬다고 한다. 순 한글로 지은 호가 거의 없던 시절 그의 호는 특이했고, 눈에 띄었다.

광복이후 우승규의 글은 차츰 명문으로 인정받았던 듯하다. 그 대표적인 사례가 1951년 4월 이시영 부통령의 부탁으로 쓴 사임서 「국민에게 고함」이다. 이시영 부통령과 이승만 대통령은 이 대통령이 부통령을 아예 무시하는 전횡을 일삼아 취임 초부터 갈등 상황이었다. 그러던 중 6·25 발발 이후 국민방위군의 비참한 관리실태에 분노하여 이 부통령이 사임을 결심하고, 비서진이 있었음에도 특별히 그를 부른 것이었다.[67]

정부 기관지 성격의 서울신문 편집국장이었지만, 상해 시절부터 이시영의 우국충정을 존경하던 우승규는 집필을 마다하지 않았다. 사임서는 이승만 대통령의 독재와 혼정(昏政)을 비판하면서, 사이비 애국자들이 판치고, 인재들을 제대로 등용하지 못한 것을 통탄하며 그런 현실을 바로 잡지 못해 부끄럽게 생각하고 사퇴한다는 내용을 담았다. 동아일보에 전문이 실린 이 사임서는 특히 "직책을 다하지 못하면서 자리만 차지하고 녹만 받아먹는 일"이라는 뜻의 「시위소찬(尸位素餐)」이라는 옛 문자가 인상적이어서 큰 화제였다.[68]

---

67) 우승규(1978). 앞의 책, 이시영옹과 나, 323-326쪽.
68) 『동아일보』. 1951. 5. 11. 2면. 국민에게 고함 부통령 이시영; 우승규(1978). 위의 책, 성제옹과 「국민에게 고함」, 327-330쪽.

이광훈에 의하면 해방이후 대표적인 제1세대 칼럼니스트는 20세기 초에 출생해 한학을 공부했거나 일제 강점기에 교육을 받은 사람들이다. 이들은 동양고전과 옛 문헌에서 뽑은 명구를 자주 인용하는 특징이 있었다. 이들이 1950년대, 1960년대까지 언론의 칼럼을 썼는데, 이광훈은 이런 경향을 보인 당대의 명문장가로 오종식, 우승규, 유광렬, 주요한, 홍종인 등을 들었다.[69] '시위소찬' 같은 상황에 꼭 맞는 명구를 써서 글의 품격을 높이는 나절로 문장의 특징을 잘 설명한 것이다.

12. 불굴의 언론인으로서 참 멋 발휘한 인물

언론인 나절로 우승규를 어떻게 기억하고 평가할 것인가? 앞에서 살펴본 내용을 바탕으로 다음과 같이 요약할 수 있을 것이다.

먼저 나절로 우승규는 공부하고, 노력하는 기자였다. 저널리즘과 신문에 관한 많은 책을 수집해서 공부하고, 이를 소화해 글로 발표하기도 했다. 신문 편집에 대해서도 이론적으로도 공부하고 실무를 더 잘하기 위해 잘 편집된 신문들을 모아 검토하면서 자신의 편집 감각을 높였고, 이런 그의 능력을 인정받아 편집부장, 편집국장으로 초빙될 수 있었다. 그가 신문학 강좌에서 신문편집론을 강의하고, 편집상까지 받은 것을 보면 자타가 인정할 정도의 실력이었을 것이다. 자신이 집필한 사설과 논평 등에 대해서도 지적을 받으면 무엇이 문제였는지 긍정적으로 수

---

69) 이광훈(1991). 한국의 칼럼니스트. 『신문과 방송』 249호, 10-12쪽.

용하면서 자신의 문장력을 키워, 당대의 명문장가로, 대표적인 칼럼니스트의 한 사람으로 평가된 것이다.

그는 또한 춘추필법의 자세로 사건과 사실에 대한 옳고 그름을 분명하게 진단했고, 정부에 대한 비판과 견제에 충실했던 언론인이었다. 그래서 경향신문에서 쫓겨났고, 서울신문에서도 물러나야 했다. 1954년 동아일보 논설위원이 된 이후 1966년 퇴직할 때까지 그는 그런 자세로 집필한 수많은 사설, 칼럼, 만평으로 나절로라는 자신의 호를 널리 알리고, 동아일보의 사회적 영향력을 높였으며, 젊은 청년들로부터도 인정받는 언론인이 될 수 있었다.

이상에서 보듯 나절로 우승규는 신문에 대한 무한애정으로 평생 언론인 외길을 걸으면서, 꺾이지 않는 불굴의 언론인으로서 참 멋을 발휘한 인물이었다.[70]

필자 김영희

前 서울대 언론정보학과 객원교수, 언론학박사
前 서울대 언론정보연구소 책임연구원
저서 :
《한국사회의 미디어 출현과 수용: 1880~1980》
《한국전쟁기 미디어와 사회》
《언론인 박권상과 한국 현대 언론》 외

70) 『동아일보』. 1985. 8. 14. 1면. 횡설수설.

현장취재의 개척자

동명(東溟) 김을한(金乙漢)

1905~1992년

'기자수첩' 남긴 前 서울신문 이사
일제 강점기 기자·특파원·저술가

글 : 최서영(前 경향신문 논설위원, 코리아헤럴드 사장)

〈동명 김을한 약력〉

서울 출생

교동보통학교 졸업

양정고보 2학년 때 도일(渡日)

와세다 대학교 진학

조선일보 입사

종로경찰서 출입기자

조선공산당 재건공작 관련 특종

매일신보 만주 특파원으로 활동

조선총독부 출입기자

신간회(新幹會) 창립 멤버

서울신문 도쿄 특파원

영친왕(英親王) 일가 환국운동 전개

조선문화사 설립, 저술가로 활동

동명(東溟) 김을한(金乙漢) 행적

4

현장취재의 개척자
동명(東溟) 김을한(金乙漢)

1. 식민시대 사건기자의 표상

김을한(金乙漢 : 1905~1992)은 1920~30년대 식민지 시대의 대표적인 저널리스트였다. 그는 부지런히 현장을 누비며 기사를 쓴 사건기자의 표상이었다.

> "나는 신문기자의 생명은 평기자(平記者)에 있다는 것을 굳게 믿고 있다. 기자는 말할 것도 없이 기사를 써야 한다. 글을 쓰지 않고 회전의자에 앉아서 도장이나 찍고 있다면 기자로서는 볼 장 다 보았다고 할 것이다."[1]

그는 이런 신조로 당시 발생했던 큰 사건들을 밑바닥부터 파헤쳤다. 특히 그는 악명 높은 일제 식민지 경찰을 담당했던 사회부기자로서 일

---

1) 한국신문사화(韓國新聞史話) 김을한 1975년 탐구사 발문

제의 악랄한 탄압정책을 규탄하는 저항정신을 잃지 않았던 현장취재의 개척자였다.

김을한의 집안은 조선왕조 말엽, 권력을 휘둘렀던 외척세도가(外戚勢道家) 안동김씨였다. 병자호란(丙子胡亂) 때의 충신 김상헌(金尙憲)의 후손으로 김을한의 백부(伯父) 김황진(金璜鎭)은 고종황제의 비서실장 격인 시종장(侍從長)이었고, 김을한의 부인(민덕임)은 고종의 고명딸 덕혜옹주와 유치원 동기였을 만큼 황실과 가까운 귀족 가문이었다.

김을한이 노년에 영친왕 이은(李垠)의 환국운동에 심혈을 기울였고, 비운의 황실얘기를 책으로 엮어 출간한 것도 그의 집안이 황실과 특별한 관계가 있었기 때문이다. 김을한은 조선이 국권을 빼앗긴 1905년(을사늑약이 체결된 해) 서울에서 태어났다. 을사년에 출생하였다 하여 이름이 '을한'으로 지어졌다.

서울 교동보통학교를 졸업하고 고종황제의 계비(繼妃) 엄비(嚴妃)가 세운 양정(養正)고보에 진학, 2학년 때 3·1운동이 일어났다. 그 뒤 일본으로 건너가 와세다 대학을 다녔다. 그때 도쿄에서 김기진 박승희 이서구 박승묵 등과 어울려 토월회(土月會)를 조직하여 신극(新劇)활동 등 새로운 문화운동에 몰입했다.

일본 유학을 마치고 귀국한 김을한은 당시 식민지 조선의 지식 청년 대부분이 그랬던 것처럼 할 일 없는 룸펜 신세였다. 그런데 생각하지도 않았던 인생의 전기(轉機)가 찾아왔다.

"1925년의 일이었다. 그 해는 여름 장마가 아주 심했다. 을축년(乙丑年) 대홍수로 일컬어지는 수해(水害)가 발생하였다. 집 안에 틀어

▲ 토월회 멤버들과 함께 한 김을한

박혀 무료하게 지내기가 답답하여 글을 써보기로 하였다, 글 내용은 일종의 수상록(隨想錄)으로 제목을 「인생잡기(人生雜記)」라 했다.

세상 돌아가는 얘기를 이것저것 정리하며 써 본 것인데 글을 써 놓고 보니 괜찮은 글이라는 생각이 들었다. 그래서 그 글을 당시 종로 네거리 종각에서 안국동으로 가는 길가 오른 편, 견지동에 있던 조선일보사로 우송했다. '독자 투고' 형식이었다. 그런데 이게 웬 일인가! 며칠 후 신문을 보니 학예란에 내 글이 버젓이 나오면서 4일에 걸쳐 연재되는 것이었다. 내 글이 활자화되어 신문에 보도된 것이 하도 신기하여 읽고 또 읽었다."

김을한이 회고록에 남긴 글이다.

2. 독자투고로 조선일보 기자 되다

얼마 후에 신문사에서 '원고료를 찾아가라'는 연락이 와서 그는 신문사에 갔다.

"학예부장 이익상 씨가 원고료를 주면서, 사회부장 현진건(玄鎭健) 씨를 만나보라고 권했다. 현진건 씨는 당시 유명한 작가였는데 만나보니 바로 주필(主筆)이 당신을 만나보고 싶어 하니 만나보라고 해서, 편집국 옆에 있는 주필실로 들어갔다.

안재홍(安在鴻) 주필은 반갑게 맞아주면서 다짜고짜로 '당신은 신문기자가 됨직한데 우리 신문사로 들어오시오.'라면서 편집국장 한기악(韓基岳) 씨에게 보냈다. 그리하여 나는 입사(入社) 시험도 보지 않고 그날로 본봉 30원, 수당 25원의 사령장을 받고 조선일보 기자가 되었다."[2]

우리나라 신문사가 기자를 공개시험을 거쳐 채용하게 된 것은 1930년에 조선일보가 처음 시도한 제도였다. 그 당시 「철필(鐵筆)」이라는 평론잡지가 있었는데 거기에 소개된 기자채용 시험문제는 다음과 같았다.

(1) 나는 왜 기자가 되려는가?(논문)
(2) 종로 종각에 불이 났다면 어떻게 무엇을 조사 보도할 것인가?
   (기사 작성)

---

2) 신문사화(新聞史話) 김을한 일조각 133~136p

(3) 다음 단어를 간략히 해설하라.(시사 상식)
데몬스트레이션, 조광조(趙光祖), 린드버그, 베르사유,
불복종운동, 모라토리엄, 정당방위, 리오데자네이로, 프리모,
리벨라, 청당(淸黨)운동, 장중정(蔣中正), 코스모포리탄,
아관파천(俄館播遷), 녹비(綠肥), 스팀슨, 스탈린.

오늘날에 비해 영어과목 하나가 없을 뿐, 논문이나 기사 자성, 그리고 시사에 속하는 상식문제에 있어서는 손색이 없는 시험문제였다고 할 수 있다. 그러나 이와 같은 기자시험 제도는 계속되지 못하고 8·15 해방을 맞았다. 그리고 6·25전쟁이 일어났다. 따라서 우리나라 언론계가 기자시험 제도를 정착시킨 것은 1950년대가 되면서부터였다.

3. 종로경찰서 특종기사 비화

「인생잡기(人生雜記)」 투고 글이 계기가 되어 1926년 조선일보 사회부 기자가 된 김을한은 그 때부터 물 만난 고기처럼 종횡무진으로 사건 현장을 쫓아다니는 기자가 되었다.

그가 최초로 맡은 출입처는 종로경찰서였다. 일제 식민통치 때의 종로경찰서는 영국 런던의 '스코틀랜드 야드'나 일본 도쿄의 '경시청'처럼 특히 시상범을 다루는 중심 수사기관으로 악명이 높은 곳이었다. 김을한은 그때 상황을 다음과 같이 글로 남겼다.

"어느 신문사나 종로서에 출입하는 기자는 특히 경험이 많고 수완이 민첩한 일류 중의 일류를 보내는 법인데, 신문기자로는 초년병인 나더러 일약 종로서 출입을 하라는 데는 펄쩍 뛸 만큼 놀라지 않을 수 없었다. 그래서 몇 번이나 사양했으나 편집국장과 사회부장은 '좀 부담이 과할지라는 몰라도 처음부터 어려운 곳을 출입하는 것이 기자로 성장하는 데는 도리어 좋다'고 밀어붙였다.

당시 종로경찰서장 모리(森六治)는 한일합병 때 순사로 있다가 데라우찌 총독이 이완용과 송병준의 관계를 잘 처리한 공로를 인정해 승진시킨 자이고, 경무계장 이마세(今瀬) 경부는 상해에서 잠입한 의열단원 김상옥(金相玉) 의사를 체포하러 갔다가 한쪽 팔이 불구가 된 자이며, 고등계 주임 미와(三輪 和三郎)는 조그마한 체구에 상냥한 얼굴이었지만 고문 전문가로 독사처럼 표악한 자이고, 고등계 차석 요시노(吉野) 경부는 능글능글한 눈에 웃으면 누런 이빨이 드러나 보이는 흡사 능구렁이와 같은 자였다.

나는 생후 처음으로 종로서에 가서 그런 흉물스러운 위인들과 첫인사를 하고나니 어색하기 짝이 없었다."[3]

종로경찰서 출입기자 김을한이 취재 보도한 큼직한 사건들은 한두 가지가 아니었다. 그러나 그 가운데서도 잊지 못할 몇 개의 사건은 김을한이 어떤 기자였는가를 웅변해주는 좋은 예가 될 수 있다.

우선 제3차 조선공산당(속칭 ML당) 사건을 들 수 있다. 1926년의

---

3) 전게서(前揭書) 137~139p

6·10만세운동으로 당 책임비서 강달영을 비롯한 130여명의 당원이 체포됨으로써 조선공산당은 완전 와해되었다. 그랬는데 그 때 체포를 모면했던 몇 몇 핵심당원(김철수 안광천 김준연 등)이 1926년 9월 서울에서 와해된 조선공산당 재건공작을 시작했다. '마르크스(M) 레닌(L)의 기치 아래 모이자'는 당이어서 ML당 사건이라고도 한다,

김을한 기자는 어느 날 종로서 고등계에 들렸다. 마침 미와(三輪) 경부가 잔뜩 성난 얼굴로 누구를 노려보며 취조하고 있는 것을 본 김을한은 깜짝 놀랐다. 취조를 받고 있는 사람이 잘 아는 김준연(金俊淵)이기 때문이다. 수년 전 조선일보의 경쟁지 동아일보에서는 볼세비키 혁명 후의 소련 근황을 취재하기 위해 마침 독일 유학에서 돌아온 이관용(李灌鎔)을 모스크바에 특파한 일이 있었다. 그 때 조선일보에서도 이에 뒤질세라 동경제국대학과 독일 베를린 대학 유학생인 김준연을 소련에 특파시켜 취재한 일이 있었다. 그 후 김준연은 동아일보로 옮겨가 김을한과는 만날 기회가 없었는데 경찰서 취조실에서 서로 만나게 되었으니 놀랄 수밖에 없었다.

김을한은 이때부터 김준연이 관련된 사건을 치밀하게 취재하기 시작했다. 취재 결과 경찰이 공산당 재건운동과 관련해 체포한 사람은 50여명인데 이들을 보도하려면 사진이 꼭 필요했다. 그 때의 소송절차에 따르면 경찰에서 조사를 마치면 피의자를 모두 개인별로 사진을 찍어 조서와 함께 검사국으로 송치하게 되어 있었다.

그런데 경찰에는 고등계 안에 사진 담당부서가 있어 거기에서 찍은 사진은 외부 유출이 거의 불가능한 형편이었다. 방법은 딱 하나, 사진 전부를 훔쳐 내오는 수밖에 없었다. 남의 물건을 몰래 훔친다는 것은

취재요건에 맞지 않아 내키지 않았으나 비상사태에서는 어쩔 수 없다는 생각이 들었다. 그렇다고 포기할 수도 없는 일, 김을한은 한기악 편집국장에게 전후 사정을 이야기하고 사진을 훔쳐와 복사해 쓰는 방법 외엔 다른 길이 없다고 했다.

원칙과 정도를 중시하는 편집국장은 "글쎄, 만일 발각되면 큰 문제가 될 테지만 할 수 있으면 한 번 시도해 보라"는 허락을 내렸다. 이 때의 상황을 그는 다음과 같이 회고록에 남겼다.

"나는 생후 처음으로 그 사진을 훔쳐낼 결심을 하였다. 문제의 사진은 고등계 주임 미와(三輪)의 책상 서랍에 있었는데 그가 자리를 비우는 점심시간 40분 동안에 신문사까지 가져가 복사를 한 다음 제자리에 도로 갖다 놓는 일이었다. 그래서 나는 종로서에서 신문사까지 골목길을 택해 최단거리를 뛰면 왕복 15분이 걸린다는 것을 사전에 시험 답사해 보았다. 다음은 사진 복사 시간이었다. 문치장 사진부장은 15분 안에 50명의 사진을 복사하겠다고 약속했다. 드디어 때가 왔다. 어느 토요일이었다. 종로서 2층 고등계실로 갔더니 웬 일인지 텅 빈 사무실에 다까기(高木)라는 잘 아는 순사부장이 혼자 책상에 앉아 신문을 보고 있었다. 그 때 전화벨이 울렸다. 낮 12시였다. 순사부장이 전화를 받는 사이에 나는 미와 주임의 책상을 신문지로 덮고 서랍 속으로 손을 넣어 평소 눈독을 들여온 사진철을 꺼냈다. 글자 그대로 전광석화적인 행동이었다. … 신문사로 달려온 나는 편집국장께 귀띔을 하고 바로 사진부로 가서 복사작업을 했다. 일이 끝난 후 미친 듯이 다시 뛰어 종로서에 가니 12시 28분, 나도 모르게 살았구나! 하는 생각이 들었다."[4]

---

4) 전게서(前揭書) ML공산당 사건 173p

이런 추리소설 같은 일이 있은 지 얼마 후 ML 공산당 사건의 전모가 발표되었다. 신문사마다 각각 요란한 호외를 발행하였다. 기사 내용은 대개 비슷비슷 했으나 사진만은 조선일보가 단연 압권이었다. 모두 '이 사진 특종이 어떻게 이루어졌는가?' 하면서 궁금해 했다. 김을한은 종로서로부터 사진 출처에 대해 추궁을 받았으나 '신문기사의 출처는 밝히지 않는 것이 불문율'이라는 말로 대응했다. 당시 조선일보는 경영이 어려워 봉급도 제대로 주지 못하는 형편이었지만, 김을한에게 특종상으로 격려금이 지급되었다.

　이 돈으로 사회부 기자 전원이 기생 요리집 명월관에서 밤새도록 놀았다. 평소에는 점심 때 설렁탕 한 그릇도 잘 먹지 못하면서도 공돈이 생기면 동료들과 함께 그날 밤으로 다 써 버리고 마는 것이 그 때에도 기자들의 습성이었다.

4. 계속된 특종 행진

　김을한은 취재라면 물불을 가리지 않고 뛰어들었다. 그런 기지기질로 특종기사를 계속 터뜨리면서 특종 기사를 많이 썼다. 1926년 말에 있었던 나석주(羅錫疇) 의사의 동척(東拓) 폭탄투척사건을 비롯해 광주(光州)학생사건, 장호원경찰서 무기고 습격사건, 만주 만보산사건 등이다. 그는 동분서주하면서 사건현장을 파고들어 독자들에게 생생하게 알렸다. 종로경찰서 출입기자를 통해 취재 경험을 쌓은 후 그 능력을 인정받은 김을한은 우리나라에 대한 일본 정부의 최고 통치기구인 조선총독부를 담당하는 기자가 되었다.

총독부에는 어려 국(局)과 과(課)로 조직이 짜여져 있었지만 기자들이 가장 관심을 갖고 살피는 곳은 경무국 보안과(保安課)와 도서과(圖書課)였다. 보안과는 전국의 경찰을 쥐고 있는 핵심 부서여서 시시각각 전국 경찰로부터 크고 작은 범죄사건이 모조리 보고되는 곳이다. 하루에도 몇 번이고 체크해 보아야 했다. 그리고 경무국 도서과는 신문을 검열하는 곳이라, 바꾸어 말하면 신문의 생사여탈권을 쥐고 있는 저승사자들의 염라전(閻羅殿) 같은 곳이었다.

당시 총독부는 전문 요원들을 도서과에 배치해 신문기사들을 이리저리 훑어보면서 삭제, 정간(停刊)을 빈발하기 때문에 기자들은 늘 도서과 관리들의 태도나 표정을 주의 깊게 살펴야 했다.

당시 언론계에서 함께 일했던 조용만(趙容萬) 씨는 그 때의 조선일보에 대해 "안재홍이 그 해박한 지식과 예리한 필봉으로 일본의 식민정책을 비판하며 민족의 나아갈 길을 제시했다면, 김을한은 현장에서 모든 사건의 근원과 시말(始末)을 규명하여 총독부를 늘 괴롭혔다."고 증언했다.

김을한은 조선일보에서 기자로서의 위상을 굳힌 후 1930년에 직장을 매일신보(每日申報)로 옮겼다. 형식은 스카우트 된 것으로 보이나, 조선일보가 자주 주인이 바뀌면서 경영이 어려웠던데 원인이 있는 것 같다.

3·1운동의 결과로 1920 조선 동아 두 신문이 창간되었으나, 경영 주체가 많이 달랐다. 동아일보는 처음부터 전라도 부호 김성수(金性洙)가 주인으로 출발, 1인 지배 하에 경영이 일사불란 하게 움직였다. 이에 반해 조선일보는 친일단체인 대정실업친목회(大正實業親睦會)가 주인으로

출발하였다. 이 단체는 매국노로 지탄받는 송병준(宋秉畯)이 중심인 기업인(企業人) 그룹이었다. 그런데 신문이 발행되면서 갈팡질팡하기 시작했다.

▲ 기자 시절의 김을한

창간 후 불과 1년 사이에 임원과 편집국 간부가 이리저리 바뀌더니 마침내 1924년에는 상해에서 독립운동을 하던 신석우(申錫雨)가 송병준으로부터 당시 돈 8만 5천원에 경영권을 인수, 신문의 면모와 체제를 일신했다.

신석우는 조선왕조 말에 무당(巫女) 정벌로 이름을 날린 경무사 신태림의 장남으로 물려받은 재산을 신문 경영에 쓸어 넣을 만큼 배짱이 두둑한 청년 투사였다. 그는 조선일보를 인수하자 민중의 지도자로 존경받던 월남(月南) 이상재(李商在)를 사장에 추대하고 자기는 부사장이 되어 주필 안재홍, 편집국장 민태원 체제를 꾸며 친일의 때를 벗고 민족 대변지로 새롭게 출발시켰다.

신석우는 1907년 3월, 이상재 사장이 사망하자 사장에 취임했는데, 그 때 항일 민족전선을 단일화시켜야 한다는 여망에 따라 민족진영과 사회주의 진영을 통합, 신간회(新幹會)를 창립하는데 산파역을 맡았다. 신석우는 1931년 5월까지 재임한 뒤 물러났는데 경영이 어려워 많은 곡절을 겪었다.

안재홍이 후임 시장이 되었으나 경영권 장악을 둘러싼 분규가 일어나 한 때 조선일보라는 제호의 신문이 두 곳에서 발행되는 촌극까지 벌어졌다.

김을한이 조선일보를 떠난 것은 바로 이런 환경 때문이었다. 그가 새로 일하게 된 매일신보는 내력이 복잡하게 변해온 신문이다. '매일신보'라는 제호가 맨 처음 붙은 것은 1904년 7월 18일 영국인 베델(한국명 裵說)이 창간한 때부터였고, 신문 논지는 일본의 침략에 대항해 싸운 참된 정론지였다. 그런데 1910년 일본이 조선을 병합하자 이 신문의 판권을 회수, 조선총독부 기관지로 만들어 버렸다.

결국 신문의 색깔이 거꾸로 변했지만 매일신보는 조선총독부 치하의 당시에는 유일한 조선어(朝鮮語) 신문이었다. 따라서 이 신문은 식민지 통치의 하수인 노릇을 했다기보다는 언론사적(言論史的)으로 보면 우리나라 언론인 양성기관으로 긍정적인 측면도 많이 있었던 곳이다.

1920년대 조선 동아 등 민족지에서 일했던 언론인 중에 많은 사람이 매일신보에서 길러졌던 직업 저널리스트였다는 사실이 이를 증명하고 있다. 그래서 제2차 세계대전이 일어나고 일제에 의해 모든 민간 신문이 폐간될 때까지 매일신보와 민간 민족지 간에 기자가 왔다 갔다 하는 인사교류가 끊임없이 계속되어졌다.

예를 들면 동아일보 창간 주역인 이상협도 매일신보에서 신문기자의 기초를 닦았던 사람이고, 민태원 유광렬 홍종인 곽복산 홍란파 노천명 김소운 염상섭 전홍진 김동진 등 언론과 문화계에 큰 족적을 남긴 거목(巨木)들이 모두 매일신보를 거쳤던 사람들이다.[5]

---

5) 인물한국언론사 정진석 나남 146p

5. 매일신보 만주 특파원으로 활동

김을한이 매일신보의 기자로 옮겨간 다음해인 1931년, 이른바 만주 사변(滿洲事變)이 일어났다. 이 사건은 일본 관동군이 만주를 중국에서 떼어내 그들의 괴뢰국을 만들 욕심으로 일으킨 군사행동이었다. 이것이 도화선이 되어 중·일전쟁으로 이어지고 마침내 태평양전쟁으로 확대되어 일본이 패망하게 된 사변이었다.

만주사변이 일어났던 당시 만주에는 약 100만명의 우리 동포가 살고 있었다. 이들 동포들은 식민통치에 시달려 살기가 어려워진 농민들이 만주 땅으로 들어가서 황무지를 일구어 농사를 짓고 있던 사람들이다. 그 때 만주에는 중국의 장학량(張學良) 군대가 있었는데 그들은 일본군에게 밀려 도망치면서 애꿎은 조선 농민만 보면 닥치는 대로 약탈하고 목숨까지 빼앗는 행패를 일삼았다. 이러한 현지 소식이 국내에 퍼지자 '만주 동포를 구하자'는 운동이 일어났다.

그래서 현지 상태를 취재 보도하기 위해 신문기자를 현지에 파견하기로 했는데, 김을한 기자도 매일신보 특파원으로 만주에 가게 된 것이다. 동아일보의 설의식, 조선일보의 신영우 기자도 이때 함께 특파원으로 갔다.

김을한은 "내가 만주에 간 것은 그 때가 처음인데 1931년 11월 18일 서울역을 출발한 열차가 압록강 철교를 건너 만주 땅에 들어서니 거기는 벌써 엄동설한으로 기온이 갑자기 뚝 떨어져서 외투를 입고도 추울 지경이었다."고 그 때의 일을 글로 남겨 놓았다.

그는 봉천(지금의 심양), 장춘, 철령, 사평가, 무순, 하얼빈 등을 돌면서 우리 동포들의 실태를 취재했는데 한마디로 목불인견(目不忍見)의 참상이었다. 김을한은 관동군(關東軍) 사령부가 있는 봉천에 머물렀다. 아침밥은 봉천역 구내식당에서 먹고 관동군 사령부로 가서 그날의 전황을 취재, 곧바로 우편국으로 가서 본사로 가서 신문기사 전보를 치는 것이 매일 되풀이되는 특파원의 일과였다.

그 때 일본은 중국과 소련을 침략할 목적으로 1906년에 중국 동북지방을 강점하고 있던 일본육군 주력부대의 하나인 관동군을 앞세워 비밀리에 중국 천진(天津)에 있는 청나라 마지막 황제 부의(傅儀)를 끌어내 만주국을 세울 음모를 꾸미고 있던 시절이었다.

그래서 일본 관동군과 중국군 정보 특수부대 편의대(便衣隊)가 곳곳에서 맞붙어 암투를 계속하는 상황이었다. 만주사변 6년째인 1937년, 일본의 대륙침략은 마침내 중·일전쟁으로 확대, 본격적인 전쟁 상태로 번졌다.

이 때 김을한은 만주 특파원 시절 취재를 했던 경력을 되살려 언론계 선배 민태원, 진학문 등과 함께 만주 동포의 권익을 위해 만선일보(滿鮮日報)를 세우기로 하고 그 창립 멤버가 되었다. 만주벌에서 발행된 유일한 우리말 신문 만선일보에는 나중에 최남선, 염상섭, 서범석, 신영우, 홍양명, 송지영, 안수길 등 쟁쟁한 필진이 참여해 8·15해방 때까지 존속되었다.

만주사변으로 만주국이 설립되고 중·일전쟁이 전 중국대륙으로 번져 나갈 즈음 김을한은 활동무대를 일본 동경으로 옮겼다. 1939년 그는 동경에 조선문화사(朝鮮文化社)를 세우고 화보(畵報)를 발행하였다.

6. '기자수첩'에 명언 남겨

김을한의 언론 경력을 정리 요약해 보면 1926년 조선일보 기자를 시작으로 1945년 8·15해방까지를 전기(前期), 그 이후 별세할 때까지를 후기(後期)로 나눌 수 있다. 그는 철저한 일선 취재기자 우선주의자였다. 기자생활을 오래 했으면서도 부장이니 국장이니 하는 관리직을 한사코 사양 거절하고 평기자(平記者) 생활을 고집했던 저널이스트였다.

비록 식민지 시대의 암울한 기자생활이었지만 사회의 목탁, 무관의 제왕이라는 언론인의 자부심을 한시도 잃지 않았던 기자였다. 그 시대 많은 기자가 있었지만 취재여건이 어떠했는지 일본인 특히 악랄한 경찰과의 관계가 어떠했는지 등에 관한 기록들이 많지 않다. 그런데 김을한은 이런 것에 대하여 많은 글을 남겼다.

특히 '30년대의 기자수첩'이라는 책을 통해 재미있는 취재 에피소드를 많이 펼쳐 보였다. '기자들은 비록 가난했지만 어쩌다 눈 먼 돈이 생기면 요리집에서 동료들과 함께 밤새껏 놀았다'는 그 호연지기(浩然之氣), 아무리 권력이 짓눌러도 기자들은 기(氣) 죽는 법이 없이 기사로 폭로하고 비판하는 목탁이었고 억강부약(抑强扶弱)하는 정의의 사나이, 신문기자는 인기 있는 직업이었다. 그래서 '신문기자는 밥은 요릿집에서 먹고, 잠은 기생집에서 자고, 세수는 이발소에서 한다'는 당시 시중의 속어(俗語)도 소개했다.

신문편집은 지금처럼 편집부가 따로 있어 전체 지면을 종합적으로 편집하는 것이 아니고, '정치면(1면)은 정치부가, 사회면(3면)은 사회부가 각각 편집해 인쇄하는 시스템이었다'는 것도 기록해 놓았다. 또 '급히 취재 현장을 가야할 경우에는 자동차가 많지 않던 시절이라 신문사에서 인력거를 제공해 주었다'는 얘기도 덧붙이고 있다.

일본 동경에서 화보를 발행하는 일을 5년 가까이 계속했으나 2차 대전 중이라 미군의 폭격이 심해지고 전쟁 피해가 늘어나 김을한은 1945년 4월 서울로 돌아와 그 해 귀국해 8·15해방을 맞았다. 해방 후 혼란기에는 YMCA의 방을 빌어 조선문화사를 국제문화협회로 개편, 출판사업을 전개했다. 이 때 출판된 책이 백범 김구(金九) 선생의 '도왜실기(屠倭實記)'로 많은 판매실적을 올렸다. 또 소련을 탈출해 미국으로 망명한 러시아인 크라브젠코가 쓴 「나는 자유를 선택했다」의 번역물도 출판해 큰 화제꺼리가 되기도 했다.

그렇게 지내던 김을한에게 다시 기자생활을 할 수 있는 기회가 찾아왔다. 1950년 2월, 맥아더 장군 초청으로 일본을 방문했던 이승만 초대 대통령이 수많은 외국 특파원이 동경에 파견되어 있는데 유독 한국특파원만 없는 것을 발견하고 이를 맥아더에게 얘기해 한국 특파원 파견의 길을 열었다. 이런 곡절 끝에 1950년 6월 김을한은 서울신문 동경 특파원으로 다시 일본땅을 밟게 되었다.[6]

7. 영친왕에 쏟은 애틋한 정성

김을한은 이로부터 7년간 특파원으로 있다가 귀국, 잠시 이사직에 올랐다가 1961년 다시 일본으로 건너가 '재일 한국신문' 주필 겸 편집

---

6) 한국언론인사화(韓國言論人史話) 대한언론인회

국장을 맡았었고, 1964년에는 한국문화사의 사장이 되었다.

이렇게 긴 일본 생활을 하는 동안 김을한이 심혈을 기울여 애쓴 일은 조선왕조의 마지막 황태자로 일본에 살고 있던 영친왕(英親王) 이은(李垠)의 환국운동이었다. 김을한의 집안이 조선 황실과 각별한 관계가 있다는 얘기는 앞에서 언급했지만, 영친왕에 대한 김을한의 태도는 지극한 정성이었다.

언론인 김을한의 활동 후기(後期)가 이 때부터 시작된 셈이다. 김을한의 최대 장점은 기자생활을 통해 동분서주 하면서 알게 된 많은 사람과의 인간관계가 유난히 튼튼하고 돈독했다는 점이다. 다시 말하면 우수한 인맥(人脈) 네트워크(Network)의 보유자였다고 할 수 있다.

어떤 사건을 파헤치는 취재를 하는데 있어서 어떤 사람을 통해 어디어디에 연결하면 그 진실의 요점을 알 수 있을 것이라는 그 핵심점을 김을한 만큼 잘 아는 사람도 흔치 않았다.

미·일 간의 샌프란시스코 강화조약으로 일본이 국가 지위를 회복하자 당시의 주일 특파원의 임무는 한·일 간에 얽힌 식민지 지배의 깨끗한 청산과 새로운 국교정상화 문제의 취재였다. 그 때 대두된 문제의 하나가 영친왕을 비롯한 옛 조선왕조의 잔재 처리문제라 할 수 있다.

그래서 우선 영친왕 취재에 나서게 된 셈이다. 그는 영친왕에 관한 저서에서 다음과 쓰고 있다.

"내가 처음으로 영친왕을 만난 것은 1951년 이른 봄이었다. 당시는 6·26전쟁이 한창이던 때였다. 나는 마침 서울신문 특파원으로 도쿄에 있었다. 해방 전에는 영친왕에 대한 일본의 감시가 엄중해 좀처

럼 접근할 수가 없었던 터라 나는 도쿄에 도착하자마자 인사를 드리
고자 그를 예방했다. 처음 만난 영친왕은 인자한 얼굴을 한 신사였
다. 늙은 하녀의 안내로 방에 들어서니 영친왕은 자리에서 벌떡 일어
나더니 '어서 오시오.'라며 악수를 청하고 담배를 권했다. 손수 라이
터를 켜 담뱃불을 붙여 줄 때는 진땀이 흐를 지경이었다. …

영친왕은 조국을 떠난 지 반세기가 되었는데도 우리말을 잊어버
리기는커녕 나보다 더 잘 했다.…그 후 나는 틈틈이 영친왕의 저택을
방문했다. 500년 조선왕조의 마지막 왕자로 태어나 억울하고 불운한
나라의 운명과 함께 했고, 거의 평생을 일본에서 보내게 된 그가 몹
시 가엾게 생각되었다."[7]

김을한의 장남(金秀東)은 영친왕에 대한 아버지(김을한)의 지극한 정
성을 보고 '아버지야말로 조선왕조의 마지막 충신이구나!' 하는 생각을
가졌다고 했다.[8]

제2차 세계대전 결과 우리나라가 일본 식민지에서 해방되자 조선왕
조의 마지막 황태자로 일본에 끌려가 살았던 영친왕은 두 가지로 큰 곤
경을 겪게 되었다.

첫째는 그의 법적 신분이었다. 그동안 영친왕은 일본에서 황족(皇族)
과 귀족(貴族) 중간에 위치한 왕공족(王公族)에 해당하는 신분을 가졌
었다. 그런데 1947년 5월 3일 시행된 일본의 새 헌법에는 '화족(華族)
및 기타 귀족제도는 인정하지 않는다(14조)'고 되어 있어 왕족의 신분

---

7) 조선의 마지막 황태자 영친왕 김을한 2010년 20p
8) 전 게서(前揭書) 8p

▲ 해방 후 도쿄에서 영친왕 내외(가운데 앉은 두 사람)와 함께 한 김을한(가운데 서 있는 사람)과 그의 아내 민덕임(오른쪽 끝).

을 박탈당했다. 따라서 하루아침에 평민이 된 것은 멀 할 것도 없고, 외국인등록령 실시에 따라 일반적인 재일조선인(在日朝鮮人)과 같이 단순한 외국인이 되고 말았다.

두 번째로 겪게 된 곤경은 생계비용이었다. 지금까지 일본 정부에서 지급했던 세비(歲費)제도가 폐지되자 당장 살아갈 길이 막막해졌다. 당시 돈으로 960만엔에 해당하는 부동산(저택과 별장 등)을 갖고 있었지만 누진세(累進稅) 때문에 자산의 78%에 해당하는 750만엔의 세금을 당장 납부해야 했으므로 헐값으로라도 재산을 처분할 수밖에 없었다.[9]

김을한이 영친왕을 자유롭게 만날 수 있었던 당시의 영친왕은 이런

---

9) 조선왕공족 新城道彦 저 일본中公신서 2015년 214p

처지에 있을 때였다. 특히 1948년 대한민국이 수립되자 대통령이 된 이승만 박사는 동경의 영친왕에 대해 극도로 냉담한 태도를 보였다. 김을한은 대통령 측근의 인맥을 총동원해 관계개선에 힘썼지만 이 대통령의 태도는 별로 달라지지 않았다.

영친왕과 이승만 대통령은 같은 전주이씨(全州李氏)였으나 사이가 우호적이 되지 못한 데는 몇 가지 이유가 있었다. 우선 이승만은 조선왕조 말엽 독립협회에 가담, 고종황제의 우유부단한 정책에 반기를 들었다가 체포되어 감옥생활을 했던 전력이 있다. 그는 조선이 망한 데는 황실의 책임이 컸다고 보았다.

또 다른 이유는 아무리 불가피했다고 하지만 영친왕은 일본 황족을 아내로 맞아 왕족이라는 특수 신분으로 평생을 편안하게 보낸 사람이라 독립운동에 목숨을 걸었던 자기로서는 호감을 갖기 어렵다는 의식이 있었다고 보여진다. 거기에 당시 우리나라에는 극히 소수이기는 하지만 일부 유생(儒生)들이 왕조복벽(王朝復辟)을 거론한 예도 있어 더욱 영친왕을 냉대한 것으로 볼 수 있다.

영친왕이 생활고에 시달리자 온갖 사기꾼들이 모여들어 자산을 뜯어가려 했다. 동경 아카사카에 있던 영친왕의 저택은 그 위치가 달걀 노른자위 같은 지대에 대지가 무려 1만평이고, 영국식 양옥으로 지은 3층 건물은 건평이 500평에 이르는 초고급 호화주택이었다. 수입이 한 푼도 없는 영친왕은 세금을 물기 위해 이 사람 저 사람에게서 돈을 꾸어 쓰다가 마침내 일본의 사철(私鐵) 세이브(西武) 재벌 쓰스미(堤康次郎)에게 4000만엔에 팔았다. 이 저택은 그 후 호텔로 개조되었는데 오늘의 아카사카 프린스 호텔이다.

일본에서 신문사 특파원으로 있으면서 영친왕의 딱한 처지를 해결해 보려고 애쓰던 김을한에게 4·19혁명은 큰 전기를 마련해 주었다. 이승만 대통령이 물러나고 윤보선 대통령, 장면 국무총리의 민주당 정부가 들어서자 김을한은 영친왕에게 윤 대통령과 장 총리에게 '축하 편지'를 보내게 했다. 그랬더니 장면 총리가 주일대표부를 통해 '감사하다'는 답신을 보내면서 영국 주재 대사직을 제의해왔다. 영친왕은 여생을 공무(公務)에서 해방된 순수한 사인(私人)으로 살려 했기 때문에 건강상 이유로 이 제의를 정중하게 사절했다.

김을한은 1961년 봄 서울에서 윤 대통령과 장면 총리를 직접 만나 영친왕의 처지와 근황을 설명했다. 장면 총리는 그 동안 우리 정부가 영친왕을 너무 홀대했다고 생각했던지 구황실 관리국 예산에서 100만 환을 일본에 있는 영친왕에게 보냈다.

이것이 본국 정부로부터 영친왕이 받은 최초의 지원금이었다. 그러나 이때 한국에서는 5·16군사혁명이라는 큰 정변이 일어났다. 건강하던 영친왕이 갑자기 쓰러져 몸을 움직이지 못할 뿐 아니라 말도 제대로 못하는 반신불수 상태가 되었다. 영친왕의 부인 방자(方子) 여사에게서 이런 연락을 받은 김을한은 영친왕의 불운을 거듭 한탄하면서 다시 원점에서 모든 것을 생각하지 않을 수 없게 되었다. 김을한은 영친왕의 이 절박한 위기를 맞아 그의 인맥을 동원한 것이 이때의 일이다.

김을한은 5·16군사혁명의 지도자 박정희 장군이 젊은 대학교수들을 대거 동원, 혁명정부의 브레인으로 삼은 것에 주목했다. 그 중에서 고려대학의 민병기 교수에게 연락을 했다. 민 교수는 조선왕조 말엽 을사늑약을 반대하며 자결한 충정공 민영환(閔泳煥)의 손자여서 잘 아는 사이였다. 민 교수 집안이 구황실과 특별한 관계가 있었기에 영친왕을 모르는 체 할 수 없으리라 생각했기 때문이다.

그는 민 교수에게 자초지종 얘기를 한 다음, 박정희 최고회의 의장에게 자세한 청원을 넣어 달라고 부탁했다. 얼마 후 김을한은 '한밤중에 민병기 교수가 찾아와 다음과 같이 말하더라'고 회고록에 적었다.

> "기뻐해 주십시오. 박 의장께 영친왕 말씀을 드렸더니 무릎을 탁 치면서 '그렇지 않아도 그 어른의 일이 늘 마음에 걸렸는데 일본에서 제대로 치료도 못 받고 돌아가신다면 큰 수치이니 곧 주일대표부에 연락해 일본의 가장 좋은 병원에 입원시켜 드리고 비용도 전부 우리 정부가 부담하도록 할 테니 그리 알도록 하시오.' 하면서 정부가 위문특사를 보내고 싶은데 사람을 추천하라는 말까지 있었다고 했다. 이런 연유로 김을한은 혁명정부의 위문 특사로 일본에 또 가게 되었다."[10]

8. 평기자로 일관한 취재기자

박정희 장군의 이와 같은 호의로 영친왕의 환국문제는 급물살을 타게 되었다. 1961년 11월, 박 의장이 미국을 방문하는 길에 일본을 잠시 들르게 되었다. 이께다(池田) 총리를 만나 한·일 국교 정상화의 밑거름

---

10) 영친왕 김을한 2010년 303P

▲영친왕 이은 씨의 부인 이방자 여사가 박정희 의장을 예방, 환담을 나누고 있다.

- 촬영: 1962.10.18, 정부기록사진집

을 놓기 위한 방문이었다.

이 때 영친왕의 부인 이방자(李方子) 여사가 '박 의장을 꼭 만나 인사를 하고 싶어했다. 김을한은 이 뜻을 주일대표부 이동환 공사에게 전했으나 일정이 빠듯해 만나기 쉽지 않을 것으로 알고 있었다. 그런데 대표부에서 연락이 왔다. "박 의장께서 만나시겠다니 오후 4시에 숙소인 영빈관으로 오라"는 것이었다.

이렇게 해서 박 의장과 방자 여사와의 만남이 이루어졌는데, 김을한이 통역 겸 배석자로 함께 했다. 김을한은 이 자리를 빌어 그동안 영친왕이 겪었던 언간의 사정을 자세히 박 의장에게 설명하고 하루 속히 영친왕이 귀국해 고국 땅에서 생을 마감하도록 해 달라는 방자 여사의 간곡한 뜻을 전했다.

이날 만남에서 박 의장은 영친왕 문제에 대해, ①일본에서의 치료비를 전부 한국 정부에서 부담하겠다 ②병환이 차도가 있는 대로 언제라도 귀국하도록 하겠다 ③덕혜옹주는 언제라도 귀국할 수 있게 하겠다. 그동안 이런저런 문제 때문에 좀체로 풀리지 않았던 영친왕 일가의 환국문제는 그야말로 '만사 OK'였다. 김을한은 '눈물이 날만큼 박정희 의장의 결단이 고마웠다'고 기록에 남겼다.

김을한은 박정희 의장이 일본을 다녀간 후 서둘러 영친왕과 덕혜옹주의 환국사업에 달라붙었다. 우선 덕혜옹주부터 환국시키기로 하고 일본 국내청 장관을 만나 출국 수속을 부탁했다. 이 때 우리 정부도 덕혜옹주의 조카며느리 박찬주 여사를 일본에 보내 덕혜옹주를 모셔오게 했다. 1962년 1월 26일의 일이다.

다음 해(1963년) 10월 7일 밤, 동경 아카사카에 있는 뉴저팬 호텔에서는 방자 여사가 주최하는 영친왕의 작별 파티가 열렸다. 배의환 주일 공사, 오히라(大平) 일본 외무대신을 비롯해 영친왕의 한국 귀국을 위해 힘쓴 한·일 양극 관계자 200여명이 참석해 석별의 정을 나누었다. 영친왕의 귀국 소식이 알려지자 이때 일본 정부는 부랴부랴 임시 각의(閣議)를 소집, 그동안 영친왕에 대해 너무 소홀했음을 미안하게 생각하고 정부 예비비에서 1800만엔을 지출해 전별금으로 내놓았다.

1963년 11월 22일, 조선왕조 마지막 황태자 이은(李垠)은 나라가 망하자 일본으로 끌려간 지 꼭 50년 만에 조국으로 돌아왔다. 이 날은 초겨울 찬바람이 몰아치는 날씨였다. 영친왕은 그리던 고국으로 돌아왔지만 말 한마디 할 수 없는 병든 몸이었다.

김을한은 평생을 발로 뛰면서 기사를 쓴 취재현장의 개척자로 그 이름을 남겼다. 기자생활 후반기를 일본에서 보내면서 조선왕조 마지막 황태자 환국문제로 동분서주했던 놀라운 추진력과 그 충정, 높이 평가할만한 언론인이었다.

평생을 평기자 제1주의를 신조로 청빈하게 살았던 김을한은 1992년 향년 87세로 서울에서 세상을 떠났다. 그가 장남(김수동, KBS 드라마 PD) 내외를 불러 앉히고 마지막으로 손수 써준 묘비명(墓碑銘)은 다음과 같다.[11]

안동 김공 동명 김을한 지묘

(安東金公 東溟 金乙漢之墓)

— 언론인으로 일생을 살다가다 —

필자 최서영

前 서울신문·조선일보 기자
前 경향신문 정치부장~일본 특파원~ 편집부국장
前 KBS 보도국장~방송총국장(이사 겸임)
前 방송위원회 부위원장
前 코리아헤럴드 사장

---

11) 한국언론인사화(韓國言論人史話) 대한언론인회 1992년

시대에 굴복 않은 강골
종군기자 이목우(李沐雨)

1919~1973년

예리한 관찰력과 탁월한 문장력
"빗발치는 포화, 수첩과 연필뿐"

글 : 유한준(대한언론인회 이사·前 독서신문 편집국장)

〈이목우 약력〉

대구 출생
수창공립보통학교 졸업

대구시보 기자
6·25전쟁 당시 종군기자
영남일보 사회부장
한국일보 사회부장
조선일보 사회부장
서울신문 수석부국장
한국일보 편집부국장
경향신문 기획위원
한국신문협회 이사

〈저서〉
《시대풍(時代風)》
《자유경제시대의 신문》

종군기자 이목우(李沐雨) 행적

5

시대에 굴복 않은 강골
종군기자 이목우(李沐雨)

1. 취재기자의 현장 회고기(回顧記)

"해방 이듬해-1946년 10월 1일 저녁 8시경의 일이었다. 당시 대구부(大邱府) 금정1정목 조선운수 대구지점(지금은 대구시 태평로1가 한국통운지점) 앞 노상에서 수발(數發)의 총성이 일어났다 …〈중략〉… 18년 전의 취재수첩이 지금 남아 있을 리 없고, 6·25동란이 그 사이에 있었으니, 문헌, 증빙기록마저 공공기관에서 산일(散逸)을 면치 못했을 것이나 사건 발생을 부터 대량 처형으로서 사태의 종결을 보기까지의 경과를 오늘의 세대에 비추어 보기로 한다.

그 사건은 여러 가지 이름남겼다. '10·1사건' '10·1폭동사건' '10·1대구폭동사건' '10·1대구항쟁' '대구10·1사건' '영남폭동사건' '영남소요' 등 등" … 〈하략〉.

「대구 10·1폭동사건」 당시 李沐雨 취재기자의 회고,
1963년 사상계 11월호 게재 중에서.

이목우는 1919년 12월 대구에서 태어났고 수창공립보통학교를 졸업했다. 1946년 대구시보 기자로 언론계에 발을 들여 놓았다. 1950년 6·25전쟁 당시 낙동강 전선에서 종군기자 활동하면서 전쟁 상황을 취재 보도했다.

전쟁 중인 1951년 영남일보 사회부장이 된 그는 전쟁이 휴전으로 중단된 뒤인 1955년 한국일보로 자리를 옮겼다. 이후 조선일보· 서울신문· 경향신문 등으로 전직하면서 무려 열 번이나 자리를 옮기면서 25년간 기자생활을 한 일선 취재기자였다.

> "전쟁 이후 과도기로 모두가 어려운 삶을 이어갈 때라 이목우 기자도 마찬가지였다. 털털한 성품에 몇 해를 입었는지 알 수 없을 만큼 꾀죄죄한 까만 양복차림에 감색 스케이팅 모자를 쓰고 다닌 그의 옷엔 막걸리를 마시다가 흘린 자국이 그대로 선연했다. 시골뜨기 기자라고 자신을 무시하는 사람과는 예리한 펜으로 응수했고, 말과 뜻이 통하는 사람과는 막걸리나 음담패설로 마음을 주고받았다."

당시 김영희 서울대 언론정보연구소 연구교수가 본 이목우 기자의 모습이다. 이목우 기자가 밝힌 대구의 '10월 항쟁'은 엄청난 사상자를 낸 사건이며 건국 이래 최초의 계엄령을 불어들인 대형 사건이다. 그러나 서슬 퍼런 분위기에 눌려 언론을 말할 것도 없고 말깨나 하고 글줄이나 쓴다 하는 지식인 집단도 입을 꽉 다문 채 침묵하고 말았다. 그러나 영남일보 이목우 기자는 시대에 굴복하지 않고, 10월 항쟁의 진실을 담은 글을 잡지에 기고했다. 그 보기가 바로 앞에서 기술한 1963년 '사상계' 11월호에 실린 이목우 기자의 글이다.

김영보 前 영남일보 사장은 이목우 기자에 대해 "눈으로 볼 줄만 아는 많은 기자 중에서 과학자 같이 예리한 관찰력과 시인과 같이 주도면밀한 저작력을 가진 비범한 기자"라고 평가했다. 촌철적 풍자를 품은 유려하고도 간결한 문장은 한 편의 시(詩)이자 철학이라는 찬사를 아낌없이 내렸다.

종군(從軍) 문인단 단장을 역임한 마해송 시인은 "이목우 기자는 태생부터가 생래의 시인이다. 신문사에서 마감을 앞두고 보이지 않는 불 같은 채찍을 받아가면서 쓰는 기사 가운데도 아름다운 려(麗) 자가 물 흐르듯이 유(流)하고 엉뚱한 웃음 가운데 신랄한 풍자 정의의 화살이 약동한다"며 감동했다.

2. 대구 10·1사건의 전말

그렇다면 '대구10·1사건'의 전말은 어떤가?
언론보도에 따르면,

"1946년 10월 1일 대구항쟁이 시작됐다. 마침 그 날은 조선노동당 9월 총파업의 정리 집회가 열린 날이었다. 이날 오후 대구 시민 1000여 명이 대구부청(大邱府廳 : 현 대구시청) 앞에 집결, 쌀을 달라며 시위를 시작했다. 경찰이 공포탄을 쏘며 강제 해산에 나서자 분노한 시민들이 경찰 저지선을 뚫고 아예 경찰서(현 대구 중부서)까지 행진

▲ 시위 이틀째인 1946년 10월 2일 대구 태평로 삼국상회(현재 SK 주유소) 부근에서 경찰이 진압을 벌이고 있다. 그 왼쪽에 시위 군중들이 경찰의 발포에 쫓기고 있다. 도로가에는 여러 명이 쓰러진 모습도 보인다.

을 벌였다. 군중들이 가세하면서 저녁 무렵 시위 규모가 걷잡을 수 없이 커졌다. 경찰의 실탄 발포로 시민 두 명이 숨졌다. 다음날 시위대는 수만 명으로 불어났다. 그들은 격렬한 투석전을 벌였고, 경찰의 대응 사격으로 시위대 17명이 또 숨을 거뒀다. 군중들은 경찰서 무기고를 털어 무장했고, 미군정청은 저녁 7시 대구 지역에 계엄령을 선포하고 군대를 투입했다. 대구 10·1항쟁(또는 사건)이었다."

해방 정국 당시의 혼란과 서민들의 굶주림은 당국의 부패와 쌀 배급 혼선까지 겹치면서 대구뿐만 아니라 전국 어디서나 비슷했다. 다만 대구지역의 기아(飢餓) 현상이 특히 심했는데, 그런 연유는 그 해 전국에

▲ 10·1 대구항쟁 당시 계엄령이 내려진 가운데 군경이 경계하고 있다.

걸쳐 발생한 콜레라 전염병이 유독 대구·경북 지역에서 크게 창궐하여 순식간에 2000여 명이 감염되자 미군정청이 콜레라의 확산을 막겠다며 교통을 차단했다. 더욱이 큰 홍수로 대체 농작물마저 부족하여 식량문제는 더욱 악화되었는데도 이런 현실을 외면한 채 대구 일대에 봉쇄조지를 내렸기 때문이었다.

군정청의 하곡(夏穀) 강제수매로 쌀이 동난 데다 차량 및 인력 이동마저 차단되자 주민들은 돈이 있어도 쌀과 생필품을 구할 수 없는 고립상태가 되고 말았다. 그런데도 당국은 그 비상사태에 적절히 대응하지 못하고 강권만 발동한 것이다. 가뜩이나 감정이 안 좋던 친일파 경찰이 불씨를 지피면서 민심마저 거칠게 폭발하고 말았다.

좌익세력이 강한데다가 노동운동 세력까지 합류하면서 항쟁의 불길이 치솟았다. 설상가상으로 조선노동당이 주도한 9월 총파업의 대구지역 정리 집회가 열리면서 민심이 폭발했다. 굶주린 서민들과 파업 노동자들이 한 덩어리가 되면서 사태는 걷잡을 수 없을 정도로 커졌다. 그런 가운데 박헌영 노동당의 사주로 시작된 '폭동'이 터졌다는 소문이 퍼지면서 누구보다도 당국이 당혹하면서 사태는 악화되었다.

미군의 개입으로 대구 항쟁은 이내 잦아들었지만, 공식 집계로 대구·경북에서만 136명(경찰 등 공무원 63명 포함)이 희생됐다. 항쟁은 경북을 넘어 경남과 전남·전북, 충청, 서울, 경기, 강원·황해도까지 확산되면서 남한 전역에 걸쳐 3개월 넘게 이어졌다. '대구는 좌파의 아성이 되었다'는 악명까지 들으면서 "대구가 '한국의 모스크바냐?' 라는 원성이 터졌다.

이목우 기자는 '대구사건'의 근본원인을 "일제 강점기의 지배 체제가 그대로 유지된 미군정과 군정청의 식량정책 실패, 가혹한 수매, 미군정 경찰과, 서북청년단, 극단주의 반공청년단의 일반 주민 사냥 등으로 민심이 흉흉하게 된 분노에서 비롯되었다"고 보았다.

전국에서 9월 총파업이 진행되는 가운데 10월 1일 대구역 앞에서 경찰이 노동자들의 시위를 진압하는 과정에서 발포하여 노동자가 사망하는 일이 일어났다. 다음날 시민들이 대구부청과 경찰서를 포위하고 경찰의 사과와 책임자의 처벌을 요구하며 항의하였다. 대구 전역에서 시민들이 경찰과 우파 인물을 공격하여 사망자와 부상자가 대거 발생하였다. 미군정이 질서를 잡기 위해 계엄령을 선포하고 진압에 나서면서 겨우 질서를 회복하였다.

이렇게 하여 대구 항쟁은 진압되었으나, 빠른 속도로 전국으로 확산되었다. 10월 3일부터 성주·칠곡·영천을 비롯한 경북 대다수의 지역에서 항쟁이 일어났고, 경남에서도 통영을 시작으로 진주·마산을 비롯한 여러 지역에서 항쟁이 벌어졌다.

항쟁에 참여한 시민과 농민들의 요구는 다양하였다. 도시에서는 식량배급 실시의 요구가 가장 많았고, 농촌에서는 식량공출의 반대, 소작료 3·7제 실시 요구가 가장 많이 제기되었다. 일부 농촌지역에서는 토지의 무상몰수와 무상분배를 요구하였다.

도시와 농촌지역에서 공통적으로 친일파의 배격과 처단, 정권을 인민위원회로 이양하라는 요구가 나왔다. 항쟁 양상은 지역마다 조금의 차이가 있었으나, 대체로 군중들이 경찰서와 면사무소 등 관공서를 공격하고 점거하는 양상을 보였다. 주로 경찰관과 군정 관리, 우파 성향의 인물이 공격 대상이었다.

항쟁이 전국 지역으로 확산되면서 미군과 경찰의 진압활동도 상대적으로 강화되었다. 그로 인해 항쟁이 격렬하게 전개되고 진압 방식도 무자비하여 많은 인명 피해가 발생하였다. 특히 항쟁 과정에서 경찰과 우파 인물이 집중적인 공격을 받았다. 아울러 많은 사망자와 부상자가 발생하였으며, 물적인 피해도 상당히 컸다.

항쟁이 발발한 후 미군정과 중도파 세력의 대표는 항쟁의 원인을 규명하고 대책을 마련하기 위해 한미공동회담을 열었다. 한미공동회담은 항쟁의 원인을 경찰에 대한 민중의 적대감, 군정 내부의 친일파 존재, 일부 한국인 관리의 부패, 남한의 최대 복리를 방해하는 공산선동 등이라고 밝혔다.

항쟁으로 말미암아 통치기관이 파괴되고 인민위원회가 복구되어 행정권이 일시적이나마 마비되거나 좌파세력이 득세하는 사태가 벌어졌다. 북에서는 '남조선 인민 투쟁의 역사적인 쾌거'라고 부추겼다.

3. 주목 끈 이목우 기자의 「시대풍」

"1946년 10월 2일인가 3일인가, 잘 기억되지 않습니다만… 집 앞 길에 약 50명의 남자 부락민들이 모두 삽, 곡괭이, 막대기 등을 들고 떠들썩하게 지나가고 있었습니다. '가자! 면소(面所 : 면사무소)로 가자' 큰 난리가 난 것 같았습니다. 양복차림 청년 두어 사람의 연설 내용은 '대구는 인민위원회가 점령했다.' '경찰은 무장을 해제 당했다.' '일본 놈들의 앞잡이들을 쳐부수자.' '공출이 없는 세상이 와야 한다' 등의 내용이었다고 합니다.

그 연설을 한 청년들은 대구에서 각 밤에 이웃마을에 도착했답니다. 그 때만 해도 마을 사람들의 생활은 날로 뛰는 물가로 말이 아니었습니다. 일본군이 물러나고 우리 세상이 됐다는 건 말뿐이요, 일본인 밑에서 면서기를 한 자가 그대로 면소에서 의시대고 있었습니다.

농민들이 면사무소로 간다는 것은 바로 악독한 공출에 대한 원한을 풀 수 있는 기회라 여겼을 겁니다. 그리하여 면소로 밀려간 사람들은 거기서 사무소를 때려 부수고 서류를 꺼내 불태워 버렸습니다. 경찰관도 도망가고, 면서기도 도망가고. 원한의 대상인 그 악독했던 면서기, 친일파인 그 사람의 마을로 간 것입니다.

가옥과 재산을 마구 때려 부셔 불태워버렸습니다. 마을 사람들은 그날 저녁에서 밤에 이르기까지 온통 잔치 바람이었습니다. 밀주(密酒)을 마셔 얼굴이 벌걸게 된 그들은 완전보복과 승리감에 취해 금방이라도 공출도 없는 아주 잘 살 수 있는 자유로운 세상이 될 걸로 알고 있었습니다. 누구나 다 그렇게 생각하고 있었을 것입니다."[1]

이렇게 대구에서의 폭력 시위는 쉽게 진압되었지만, 봉기는 경상도 전역으로 번져나갔다. 대구 지역으로부터 온 선동자들이 타지로 뻗어나가 대구에서의 일을 알리면서 봉기를 촉구했기 때문이었다. 그리하여 많은 수의 중소도시가 이러한 일련의 폭력 사태에 말려들었다.

민중들의 원한을 샀던 경찰관서와 서북청년단 같은 우익 청년단 건물들은 불살라지거나 파괴되었다. 친일 경찰관이나 한민당

▲ 이목우 기자의 '대구 10·1 폭동 사건' 회고

간부, 우익 청년단원들은 걸리는 대로 집단 구타를 당하거나 살해당하기까지 했다. 그 때 경북 지역에서의 상황은 무척 혼란스러웠다. 달성군은 관내 9개 지서 가운데 8개 지서, 5개 파출소 중 3개 파출소가 군중

---

1) <대구 10·1 폭동사건>, 이목우, 「세대」 1965년 10월호, p230~231.

의 습격을 받아 점거되었다. 이 일로 경찰관 6명이 죽고 17명이 다쳤으며, 주택 107채가 파괴되어 1500만 원 상당의 피해를 냈다.

고령군에서는 10월 2일부터 5일 사이에 4개 지서가 습격당하는 일이 벌어졌다. 이로 인해서 고령경찰서가 직접 나서 시위 군중과의 타협을 시도하여 시간을 끌었다. 시민들은 여기에 넘어갔고 얼마 지나지 않아 상황은 진정되었다.

성주군에서는 10월 3일 수천여 명의 군중이 경찰서를 포위하여 경찰서장과의 담판을 요구하며 조건을 내걸었다. 경찰서를 군중에게 넘기라는 등의 요구조건을 경찰서장이 거부하자, 분노한 군중은 경찰들에게 린치를 가하고 이들을 감금하였다. 일부 과격한 시위대는 경찰들이 감금된 곳에 휘발유를 뿌리고 불을 붙이려 했으나 마침 지원 경찰이 도착하는 바람에 저지당했다. 10월 4일에서는 성주군의 모든 지서가 습격을 당해 경찰 10명 부상당했다.

칠곡에서는 군중들이 봉기하여 경찰서를 공격하고 낫과 도끼 등의 농기구를 이용해 경찰 여러 명을 참혹하게 살해했다. 10월 2일부터 3일까지 칠곡군 내 대부분의 지서들이 습격당하고, 도로와 교량이 파괴되었다. 격렬한 시위는 10월 3일 지원 경찰들에 의해 진압되었다.

영천에서는 대구 다음으로 가장 대대적이고 폭력적인 봉기가 발생하였다. 10월 3일 수만 명의 시위대가 출몰하여 읍내를 공격했고, 이 일로 우편국, 경찰서, 군청 등이 박살났다. 거기에 더불어 재판소, 등기소, 신한공사 출장소, 부호와 친일파들의 저택, 면사무소 등도 파괴와 방화를 당했고, 일부 지역에서는 교회에까지 군중들이 난입하였다. 수십 명이 목숨을 잃었고, 1000여 채의 가옥이 불에 타 10억 원 상당의 재산

피해가 났다.

선산군(현 구미시)에서는 조직적인 봉기가 이루어졌다. 10월 3일 2000여 명의 군중을 이끈 좌익 성향의 인사들은 경찰서장으로부터 모든 기능을 빼앗아 인민위원회에게 이양시켰다. 경찰과 우익 인사들은 유치장에 갇혔다. 군중들은 공권력의 무력화를 기점으로 경찰서와 면사무소 등을 습격하고 친일파, 경찰, 지역 유지들의 가산을 탈취했다.

경주군(현 경주시)에서는 10월 3일과 4일에 봉기가 발생하여 지서 4개가 습격당했고, 면장들의 집과 군청이 불에 타는 일이 발생했다. 경주경찰서도 군중에 의해 점거되어서 결국 10월 6일 대구 지역의 계엄령이 경주 인근의 지역까지 확대되었다. 이 봉기로 56명의 사상자와 4847만 원 상당의 재산피해가 발생했다.

4. '10·1폭동사건' 15회 연재

해방 이후 1년 만에 박헌영의 지휘 아래 좌익 세력이 급속도로 곳곳에 파급되어 그 잔악성을 14회에 걸쳐 이미 연재하였다. 대구 10·1폭동은 황해도 해주의 남로당 괴수 박헌영과 남로당 군사부 총책 이재복 (1903년생)이가 주도한 폭동사건이다.

그는 당시 최고 엘리트 코스인 평양신학교를 거쳐 교토신학대학을 졸업하고 경북 영천 읍내 중앙교회에서 목회활동을 한 목사였다고 확인되었다. 박헌영 남로당 조직 폭도들을 색출하는 과정에서 좌익들은 북한으로 탈출하거나 산 속으로 도망쳐 계곡 깊숙한 곳에 숨어 버렸다.

이들은 군과 경찰 수색을 피해 태백산으로 숨어 들어갔으며 경북 경남으로 연결되고 전라도로 이어지는 지리산에 숨어 빨치산을 결성, 밤이면 마을에 잠입하여 부락민을 괴롭히고 좌익 활동에 동조하지 않으면 학살 방화 농산물 가축 등을 탈취하는 만행을 저질렀다.

당시 일시적으로 좌익에 물들어 가담한 자들이 전향하면 국방경비대 대구6연대에 입대를 받아주기도 했다. 국방경비대(1946.1.15. 창설)는 신병을 모집할 때 미 군정청 방침에 따라 신상조사와 사상검토를 하지 않고 신체검사와 구두시험으로 선발했다. 미 군정청은 한반도 두 진영의 사상적 대립을 심각하게 논하지 않았다.

좌익 사상에 물든 그들은 좌익 사상을 숨기고 입대하여 대구 6연대 군 내부에는 잠입한 좌익 장교, 사병들이 득실거리는 소굴이 되어 버렸다. 이들이 사방으로 프락치 하여 전국 국방경비대에 입대하여 대구 폭동에 이어 제주 4·3폭동사건. 여수 14연대 군 반란을 일으킨 사건에 주도 세력이 되었다.

1945년 8·15해방과 건국 전후인 1948년 11월까지 3년에 걸쳐 민주청년동맹이 중심이 된 대구 10·1폭동사건을 계기로 서울을 중심으로 남한 전 지역에 김일성과 남로당 수괴 박헌영의 지령을 받아 미 군정반대 시위가 확산되어 남한 사회는 한치 앞을 내다볼 수없는 혼란을 겪었다. 군과 경찰이 폭도 주모자를 체포하는 과정에서 좌익들은 태백산에 스며들어 빨치산 조직인 야산대를 만들어 밤이 되면 마을에 잠입 좌익에 동조하도록 강제하였다. 이에 불응하면 학살했는데, 그 방법은 총살. 죽창. 곡괭이. 쇠망치. 낫. 몽둥이. 생화장, 방화 등 잔인무도한 행동을 서슴지 않았다.

빨치산 지령으로 조종해 나간 북한 김일성은 남북통일협의와 남북합작통일, 남북 총선거를 사실상 거부함으로서 이승만이 기대하는 남북합작통일이 절대 불가능하다고 그는 냉철히 판단하였다. 이승만은 남북이 하나 되는 민주주의 통일국가를 구상하고 있었다.

그는 공산주의를 대응할 차선책으로 남한만의 자유민주주의 공화국 단독 정부수립을

▲ 10.1 폭동을 보도한 민중일보 기사

결행 하였지만. 안타깝게도 김구는 협조하지 않았다. 남한 단독정부 수립에 맞서 좌익들이 일으킨 제주 4·3폭동사건과 1948년 10·19여수 순천 군 반란 사건이 남북적화통일을 위한 시발점이었으며, 태백산, 지리산 등을 중심으로 빨치산을 조직화하여 게릴라 부대를 결성하여 남한 각 지역에 혼란을 빠트린 원인이 되었다.

10·1대구사건은 1946년 10월 1일 미군정 시절 대구에서 발발, 이후 남한 전역으로 확산된 일련의 사건을 일컫는다. 역사적 관점에 따라 '10월 인민항쟁', '10·1대구사건', '영남소요', '10월폭동' 등 여러 이름으로 불린다. 옹호하는 입장에서는 '10월 인민항쟁'이라 하고, 비판하는 입장에서는 '영남소요' 또는 '10월폭동'으로 부르며, 중립적인 입장에서는 '10·1사태'라고 일컫는다. 조선공산당의 선동 및 주도를 주장하

는 시각에서는 '10월폭동'이라고 한다.

과거에는 10월폭동, 영남소요, 10월항쟁의 용어가 혼용되었으며, 공식적으로는 보다 중립적인 10·1사건이라는 지칭을 사용한다.

2010년 3월 대한민국 진실화해위원회는 《대구 10월사건 관련 진실규명결정서》에서 해당 사건을 "식량난이 심각한 상태에서 미군정이 친일 관리를 고용하고 토지개혁을 지연하며 식량 공출 정책을 강압적으로 시행하자 불만을 가진 민간인과 일부 좌익 세력이 경찰과 행정 당국에 맞서 발생한 사건"이라고 규정하고, 국가의 책임을 인정해 유족들에 대한 사과와 위령사업을 지원하도록 권고하는 결정을 내렸다.

이 사건의 첫 보도는 1946년 9월 30일자 민주중보(民主衆報)에 실렸다. 10월 사건이 일어날 조짐을 다루었다. 이 기사가 실린지 이틀 후 부산 지역신문인 민주중보는 1달 반 동안 휴간상태 들어갔다.

광복 이후 미육군사령부 군정청(USAMGIK) 시절에 남한 내 주민들은 식량난에 큰 고통을 당하는 처지였다. 미 군정청의 쌀 배급 정책이 실패했기 때문이었다. 이 시기에 콜레라까지 창궐한 대구 주민들의 삶은 더욱 심각했다.

더구나 대구, 경북 일대에 2000여 명의 콜레라 환자가 발생하자 치료를 위한 조치들은 제대로 하지 않은 채 전염을 막는다며 대구를 봉쇄해버린 탓이 사태를 악화시키는 결정적 요인이었다. 차량은 물론 사람조차 도시 경계를 넘을 수 없게 되면서 그 결과 농작물과 생필품 공급이 전면 끊어지고 말았다. 무엇보다도 쌀이 부족했다.

조선공산당의 신전술에 따른 철도노동자들이 '쌀 획득 투쟁'에 나섰다. 기존의 온건노선을 버리고 소속된 노동조합들이 쌀 배급과 임금인상을 요구하는 투쟁을 벌였다. 투쟁은 9월 총파업으로 번져갔다.

10월 1일 저녁, 대구부청(大邱府廳) 앞에서 기아대책 마련을 요구하는 시위 도중 경찰의 발포로 민간인 황말용, 김종태 라는 노동자가 총에 맞아 사망하는 사건이 일어났다. 이 사건의 발원지인 대구부청 자리는 옛날 경상감영공원이다.

사태가 심각해지자 박헌영은 무력시위를 중단할 것을 촉구했고, 불필요하게 미군정을 자극해서는 안 된다며 중단을 촉구했지만 사태는 걷잡을 수 없이 확산되었고, 경찰관과 행사 참가자 간의 물리적인 폭력 사태로 진행되었다. 박헌영은 즉시 서울을 떠나 어디론가 도망쳤다.

다음 날 아침, 경찰의 발포로 민간인 2명이 총에 맞아 사망했다는 소식을 들은 노동자들이 시내에 집결하기 시작했고 일반 시민들과 학생들도 시위에 합세했다. 1만여 명의 군중에게 포위된 대구경찰서장은 스스로 무장해제를 선언하고 유치장 열쇠를 건네줘 수감되어 있던 정치범들을 석방하게 했다.

이때 거리 한쪽에서 흥분한 군중들이 경찰을 향해 돌을 던지기 시작했고, 궁지에 몰린 경찰관들은 군중들에게 총을 난사하여 17명의 시위대가 죽는 사태가 벌어졌다. 분노한 군중들은 사람들 사이에서 동향을 살피던 정사복 경찰관들을 구타하거나 경찰 무기고를 털어 총기로 무장했다. 처음에 평화시위로 시작하다가 폭력적 성향으로 돌변하자 일부 젊은 공산당원들은 시위의 선봉에 섰으나 고참 당원들은 어떻게 수습해야 할지 몰라 뒷전에서 이리 뛰고 저리 뛰어다니기만 했다.

미군정은 10월 2일 오후 7시 대구지역에 계엄령을 선포하고 미군을 동원함으로써 표면적으로는 질서가 회복되었다. 그러나 미군 개입으로 시위가 대구 인근인 경산군, 성주군, 영천군 등으로 확대되면서 경북 일대에서 민간인들과 미군정 간의 충돌은 멈추지 않고, 계속 이어졌다.

이후 경북 지역을 벗어나 전국적으로 확대되면서 1946년 말까지 계속되었다. 소요사태는 10월 2일 즈음 되어 잠잠해지는 듯 했으나 주변 인들이 다른 지역으로 이동해 시위를 벌이고 소요를 일으키면서 사건은 경북 전역으로 퍼져나갔다.

당시의 시대성과 사회적 환경은 좌우 세력 간의 대립으로 무척 혼란스러웠다. 박헌영은 10·1대구사건을 '10월 인민항쟁'이라 하면서, "동학농민운동, 3·1운동과 함께 조선의 3대 위대한 인민항쟁"이라 했다. 실제로 조선공산당은 공식적으로 시위를 선동한 적이 없다고 주장하지만, 새빨간 거짓말이며 지역의 공산당원들은 읍면마다 터진 시위대의 맨 선두에 서서 싸우다가 죽거나 감옥으로 끌려갔다.

우익 세력들은 일제히 이 사건을 격렬히 비판했는데, 특히 한국민주당 세력에서는 "이번 파업투쟁은 박헌영 일파의 모략 선동에 기인한 것"이라며 일제히 맹비난했다.

좌익 내부에서도 이 사건에 대한 비판이 쏟아졌다. 조선공산당을 제외한 좌익계열 9개 정당 대표들(정백과 이영)은 긴급회동을 갖고 이번 싸움이 "박헌영의 공산당이 벌인 모험주의"라며 격렬하게 비난을 퍼부었다.

좌우합작 세력에서는 양비론을 내세웠는데, 여운형과 김규식은 10월말 미군정청 브라운 소장과의 회담에서 "10·1폭동이 경찰에 대한 반감, 군정 내 친일파의 존재, 일부 한국인 관리의 부패, 파괴분자들의 선동 탓에 일어났다."고 군정청에 비난을 했다.

1946년 10월 24일 덕수궁 한미공동회담에 참석한 수도경찰청 수도 국장 최능진은 대구폭동에 대해 "공산주의자들의 책동에 의한 불행한 사건이다. 그 원인은 우리 경찰 내부에도 있다. 국립경찰은 친일 경찰과 부패 경찰관들의 피난처가 되었다"고 말했다.

5. "나는 종군기자" 전선 누빈 패기

"나는 영남일보 종군기자다. 빗발치는 포화 속,

내 '뽀게트(pocket/호주머니)'엔 수첩과 연필뿐이다."

이목우 기자가 신문기자 사회의 단평집 《시대풍》에서 스스로를 밝힌 글이다. 이 글을 통해 6·25전쟁과 대구 이야기를 본 많은 사람들이 공감하고 있다.

1919년생인 이목우 기자는 1946년 대구시보 기자가 된 뒤에, 1949년 대구신보 기자로 옮겨 활동하다가 6·25전쟁 때에 당시 3사단장이었던 김석원 장군에게 애원하다시피 졸라댄 끝에 겨우 종군기자의 허락을 얻었다. 김 장군은 "전쟁에 비전투원을 보낼 수 없다"고 한사코 거절했으나 그의 열정에 굴복했다. 이목우 기자는 영남일보 이용길 기자와 함께 종군했다.

그는 종군기자로 북진하는 국군을 따라 평양성에도 입성했다. 포연속에 남과 북의 전선을 종횡무진하며 생사의 고지를 넘나들며 동족비극의 참화를 목도하고 전쟁 통에 대구 이야기도 섬세히 기록해 전해 주었다.

이후 1951년 영남일보 사회부장을 거쳐 1955년 한국일보 사회부장, 1957년 조선일보 사회부장, 1961년 서울신문 편집부국장, 1969년 한국일보 부국장 등을 역임했다.

남한에선 7월 27일이 6·25전쟁 '휴전협정일'이지만 북한에선 '조국해방 전승기념일'이라고 궤변을 떤다. 6·25전쟁 72년, 휴전 69년 긴 세월이 흐르도록 한반도 허리가 잘린 분단국가의 현실이 서글프지만, 끝나지 않는 전쟁이 계속되고 있다. 아직도 남과 북은 끝을 알 수 없는 평행선을 달리며 대적(對敵)하고 있다.

6·25전쟁 당시 대구는 어땠을까? 이목우 기자의 역저 '근현대 도서 『시대풍』, 신문기자 사회단평집'이라는 부제가 달린 작은 책자, 『시대풍(時代風)』이란 낡고 빛바랜 책 속에 격동기의 한국전쟁과 대구이야기가 소상하고도 섬세한 필치로 담겨 전한다.

당시 영남일보 김영보 사장의 말 그대로 "촌철적 풍자를 품은 유려한 문장은 시요, 철학"이라는 찬사가 그대로 가슴을 적신다. 이목우 기자의 "시대풍은 소설도 아니고, 평론은 더더욱 아니며, 논문도 아닌 그저 격동기 한 시대를 담아놓은 시대풍"일 뿐이다.

6·25종군기자인 그는 "초연의 냄새도, 음향에 보는 야포의 탄도도, 쓰러진 시체도, 모든 것이 나에게는 미지의 세계요, 이목에 아픈 현실"이라며 기자로서의 사명감과 소명의식을 드러냈다. 하지만 종군기자는 결코 녹록한 일이 아니었음을 고백하며 전율하고 있다.

"적이 왜관 석적 300고지 등을 우회하여 대구를 위협하던 날 대구시민 대부분이 부산이니 어디니 하면서 피란소동을 뒤로하고, 아군과 나는 300고지 석적 전투에 종군한 것은 좋으나 등산모와 와이셔츠, 흰 여름양복, 그리고 완장을 끼고 나간 것이 화(禍)가 되어 낙동강 맞은편 과수원에서 적이 발사하는 직사포탄의 표적이 돼 부득이 의복을 벗고 사루마다(남자용 팬티) 바람으로 약 10리 산길을 생땀을 흘리며 도주하지 않으면 안 되었다. 통신은 무전이 없으니까 정훈사병이 원고를 가지고 대구까지 마라톤을 하거나 자신이 돌아와서 때늦은 기사를 게재하기도 했다."

이목우 기자는 이후 의성, 안강, 영천, 다부동 등지에 종군해 종군기자로서의 경험을 체득하면서 전황을 알렸다. "1950년 9월 초, 그는 안강 파계전투서 적의 박격포탄을 받고 구사일생으로 살아남아 중부전선을 지나 강원도, 황해도, 평양까지 종군했다. 종군할 때 권총이나 칼빈 소총, 수류탄을 지니고 다닌 일부 기자와 달리 수첩과 연필만 가지고 다녔다"고 밝혔다.

그는 "적의 포탄에 쓰러질지언정 신문기자로서의 죽음을 원했다"고 회고했다. 이흥로 영남일보 편집국장은 시대풍에 대해 "6·25전쟁 후 남북한을 종횡하여 쓴 시대풍은 시대를 기록하는 문헌이 될 것"이라며 "세상을 반영한 호독물(好讀物)"이라고 했다.

소설가였던 영남일보 이정수 편집부국장은 "목우는 추상같은 기백을 가지고 있다. 고관대작이거나 일개 피란민이거나 목우는 반드시 그 공죄(功罪)의 실상을 드러내고야 만다. 말하자면 권선징악에 있어 목우처럼 정의감에 불타고 있는 기자도 드물 것이다. 종군기니, 탐방기니,

수필이니 하고 목우가 지면에 발표한 문장은 항상 독특한 맛이 넘쳤다. 최정희 소설가가 '이목우의 글을 읽고 감탄해 마지않았다. 더구나 그의 사회단평은 많은 사람들이 애독했다'고 찬사한 대목에선 가슴이 뭉클했다"고 덧붙였다.

이목우 당시 영남일보 사회부장은 "1954년 8월 시인 구상(본명 구상준)이 영남일보 주필을 할 때 '특무대 포항분대장 보도 필화사건'으로 3개월 감봉을 받았다"는 일화도 전했다.

6. 손톱을 遺品으로 남긴 용사들

6·25전쟁 초기 후퇴를 거듭한 국군은 기계·안강·영덕·포항·다부동 등지에서 피의 혈투(血鬪)를 계속하며 공산군과 싸웠다. 그 가운데 하나가 낙동강 전선의 왜관(倭館) 전투다.

낙동강 좌안(左岸)의 왜관은 서울 남동쪽 300km에 위치한 군사적 요충지였다. 왜관읍에서 67번 국도를 타고 낙동강변 3.4km를 달리면 칠곡보(漆谷洑) 서쪽으로 작오산 고지가 있다. 이곳이 낙동강 방어전 당시 국군 제1사단과 미군 제1기병사단의 방어선이 교차하는 전투지경선(戰鬪地境線)이었다. 작오산 지역이 바로 왜관-영산-마산에 이르는 미군의 방어선인 X선과 왜관-다부동-영천-포항에 이르는 한국군의 방어선인 Y선이 서로 만나는 교차점이다. 따라서 이 지점이 북한군이 노리는 아킬레스 건(腱)이었다.

8월 3일 미 제1기병사단 게이 소장이 왜관읍 주민들에게 소개령(疏

▲ 왜관 전투에서 격파된 북한군의 T-34/85 전차

開合: 적의 포화로 인한 피해를 줄이고자 대형의 거리나 간격을 좁히는 것)
을 내리고, 소련제 탱크를 앞세운 북한군의 진격을 차단하기 위해 왜관
의 철교를 폭파함으로써 왜관전투가 개시되었다.

미 제1기병사단과 한국군 1개 소대가 연합작전을 전개하고 오키나와
에서 미공군 B-29폭격기 5개 편대 98대가 날아왔다. 그때 국군은 '손
톱을 유품(遺品)'으로 남기는 유서를 쓰고 출전했고, B-29폭격기가 융
단폭격을 퍼부으면서 낙동강 전선의 적군 기지는 피로 물들었다.

왜관과 다부동 전투로 이어진 낙동강 전선의 혈투는 고지마다 시체
가 쌓이고 골짜기 마다 피가 흘러내린 최대의 결전장이었다. 이로써 계

속 남하하는 공산군의 전의(戰意)에 제동을 걸었고, 인천상륙작전이 성공을 거두면서 북진대오를 구축하는 단초가 세워졌다. 그 뒤 이 지역엔 10년간 풀도 자라지 않았다고 전한다.

작오산 동북쪽 수암산엔 국군 제1사단 제12연대가 있었는데, 이곳은 대구 북부의 팔공산과 함께 고려 태조 왕건과 후백제 국왕 견훤이 한반도의 패권을 놓고 전투를 벌였던 곳이었다. 지금 작오산 기슭에는 왜관전적기념관이 있다.

7. 남다른 DNA를 지닌 참 언론인

이목우 기자는 남다른 DNA를 지녔던 참 언론인이었다. 영남일보가 1952년 출간한 『시대풍(時代風)』에는 신문 지면에 소개하지 못한 내용들이 가득하다. 당시 대구의 모습을 상세히 전달했고, 그 시대의 사회상을 적나라하게 엮어 놓았다.

"이목우 기자는 투철한 기자정신과 휴머니즘, 거기에 탁월한 문장력까지 갖춘 시대의 선각자였습니다. 그가 남긴 글과 행적이 영남일보는 물론 대구 전체로 보아서도 큰 의미를 가진다고 할 수 있습니다. 이목우 기자는 6·25전쟁과 피란으로 혼란이 극에 달한 대구에서 치열한 기자의식을 가지고 시대의 아픔을 외면하지 않은 '참 언론인' 이었습니다. 『시대풍』을 통해서 1950년대 대구의 옛 모습을 상세하게 확인할 수 있습니다. 또 이목우라는 기자가 느꼈던 암울한 시대 및 지식인의 고민에 대해서도 알 수 있었어요."

　권상구 시간과공간연구소 이사가 1950년대 영남일보에 근무한 이목우 기자에 대해 내린 평가다. 권 이사는 "영남일보가 창간 70주년을 맞아 '영남일보와 관계된 사람이나, 물건, 기억 등을 찾습니다.'라는 이벤트에 참여해 이목우 기자가 쓴 1950년대 희귀 출판물인 『시대풍』을 기증했다."면서 이렇게 밝힌 것이다.

　단행본 『시대풍』은 이목우 기자가 지면에서 미처 소개하지 못한 내용을 일목요연하게 정리한 120쪽 분량의 책이다. 영남일보 출판국에서 발행했으며, 값은 한 권에 300환이다. 1952년 2월 28일 초판을 발간했으며, 이듬해에는 재판 인쇄에 들어갔다. 지금은 희귀자료가 되어 경매로 거래될 정도이다. 전쟁 중이라는 시대상황을 고려하면 매우 이례적인 성과로 여겨진다. 그러나 정작 권 이사가 평가하는 『시대풍』의 참된 진가는 다른 곳에 있었다.

▲《시대풍》의 초판(왼쪽)과 재판의 표지

"요즘 저의 관심은 온통 '시월항쟁'에 쏠려 있습니다. 대구 역사에서 가장 비극적이고 안타까운 이 사건을 연구하던 중 이목우 기자를 알게 됐습니다."

시월항쟁은 1946년 10월 1일 대구에서 발생한 대규모 민중 시위였다. 미군정의 식량 정책에 항의하던 시민에게 경찰이 총격을 가하면서 무장 항쟁으로 발전했다. 전국으로 확산된 시월항쟁은 광복 이후 최초의 민중 항쟁적인 사건으로, 확인되지는 않았지만 경북 전역에서 77만여 명이 시위에 참여했으며, 공무원과 경찰 등 63명과 일반인 73명 등 136명이 사망하고 수천 명이 체포되는 비극을 남겼다.

"엄청난 사상자를 냈음에도 불구하고, 시월항쟁에 대한 대구·경북의 공식기록은 거의 전무합니다. 모든 언론과 지식인들이 참혹한 현실에 침묵했던 탓이지요. 이 안타까운 상황을 깨고 가장 먼저 진실을 보도한 사람이 바로 이목우 기자였습니다. 참으로 용감한 언론인, 투철한 사명감을 가진 참 언론인이었지요."

이목우 기자는 1963년 진보성향 잡지인 《사상계》 11월호에 '대구 10·1폭동사건'이라는 제목의 글을 기고했다. 정권의 서슬에 눌려 실어증에 걸린 대구 지식인 사회의 침묵을 깨트린 첫 신호탄이었다. 이후 시월항쟁 관련 글은 매일신문의 최석채 주필이 자신의 취재수첩을 뒤져서 칼럼을 쓰는 등 조금씩 이어졌다.

이와 함께 『시대풍』은 역사적으로 중요한 내용을 두루 담고 있는 귀중한 역사기록이라는 평가를 받는다. 백기만이 출간한 이상화와 이장희 두 시인의 유고집『상화와 고월』의 출판기념회를 묘사한 장면이 있는데, 대구 사람들에게 두 시인이 어떤 의미였는지도 알 수 있다.

6·25전쟁 중에 목숨을 걸고 종군기자로 눈부신 활동을 한 이목우 기자, 대구 자갈마당 홍등가 풍경, 미군기지의 고구마같이 생긴 전투기 시승식 등 당시의 유행어와 은어를 거침없이 기술하고 있다.

8. '쫓겨난 관광' 필화사건으로 구속

1962년 4월 16일 한국일보 사회면에 실린 기사로 취재 및 사진가자들이 구속되는 필화사건이 터졌다. 한국일보 사회부장 이목우와 사진부 차장 정범태가 '쫓겨난 관광' 기사로 구속된 것이다. '쫓겨난 관광'은 강화도 전등사에서 미군과 해병대의 말다툼을 말리는 사진을 곁들어 보도한 것이 발단이었다. 사건의 전말은 결론적으로 5·16군사정권이 기사를 자의적으로 해석한 탓이었다.

한국일보 필화사건 '쫓겨난 관광'의 기사 줄거리는 "강화도 전등사에서 5~6명의 폭력배들이 휴일 봄놀이를 즐기는 관광객을 상대로 음식을 가로채 먹고 술을 빼앗아 먹고 부녀자들을 희롱하는 등 온갖 추태를 부렸다. 이들은 심지어 미군들 틈에까지 뛰어들어 되지도 않는 영어를 지껄이며 미군들의 술을 빼앗아 마시다가 멱살을 잡고 싸우기까지 했다."는 내용이었다.

그런데 현장에서 촬영한 깡패들의 사진과 함께 미군과 해병대의 말다툼을 말리는 사진도 보도했다. 하지만 기사가 나가자 해당기자는 반공법 위반으로 구속되고 한국일보는 4월 23일자에 정정기사를 냈다. 그러나 경찰은 편집위원 최병욱을 추가 입건한 뒤, 5월 15일 계엄고등군법회의는 정범태 차장에게 징역 2년, 이목우 부장과 최병욱 편집위원은 공소 기각판결을 내렸다. 정범태 차장은 복역 중 1963년 3월 사면으로 석방되었다.

군사정권이 '쫓겨난 관광' 기사에 이토록 화를 내면서 필화사건으로 몰고 간 사연은 5·16군사혁명 이후 '깡패를 말끔히 소탕했다'고 대대적으로 선전했는데, 사실과 다른 엉터리 기사로 군사정권의 위신을 손상시켰고, 더구나 미군과 해병대의 싸움을 보도하여 한·미간의 친선도 해쳤다는 이유였다.

이목우는 언론계에서 소문난 낚시 광(狂)이었다. 초등학교 때부터 아버지를 따라 낙동강과 주변 저수지에서 낚시를 즐겼다고 한다. 여름엔 민물낚시를 즐겼고, 한겨울엔 얼어붙은 빙판 위에서 얼음낚시에 푹 빠졌다. 예나 지금이나 낚시를 취미로 즐기는 사람은 상당하다. 섬, 바다, 갯바위로 가서 특정 어류를 잡는 것을 추구하는 등 본격적으로 낚시를 취미생활로 삼게 된다면 돈이 많이 들어가 값비싼 취미생활이다. 그러나 가볍게 민물낚시를 즐긴다면 비용적인 측면에서 나쁘지 않은 취미이다.

이목우는 늘 말했다.

"낚시는 자신과 시간과의 싸움이지만, 스트레스 해소에는 낚시가 최고야! 기자에겐 취재가 낚시지. 좋은 기삿거리를 찾는 일이 낚시거든. 매일 반복되는 스트레스 속에서 새로운 에너지를 찾기 위해선 낚시가 안성맞춤이지. 무아지경에서도 찌가 깜박거리는 걸 보면 스트레스가 사라지면서 긴장하게 돼, 그 긴장감은 짜릿한 맛이거든. 토종 붕어 월척을 낚을 때 희열은 그 무엇과도 견줄 수 없어."

그는 월척의 뉴스거리를 찾아다닌 뉴스 광(狂)이었다. 그가 낚은 월척의 뉴스 속엔 '대구10·1사건'과 '6·25전쟁 종군기사' 등 다양하지만, 군사정권을 건드린 '쫓겨난 관광'도 빼놓을 수 없는 월척 뉴스였는지 모른다.

이목우 선배가 한국일보 부국장으로 있던 1960년대 중반, 필자는 올챙이 기자로 같은 건물에서 취재기자로 언론의 길을 걸었다. 그 때 한국일보 편집국 북쪽 편엔 정치부, 외신부, 편집부 중간에 상하층으로 통하는 원통의 회전식 나선형 계단이 있었다. 지금이라면 엘리베이터를 설치했을 텐데 공간 절약형의 아디이어 차원이었던가 보다. 그 계단처럼 당시의 기사문장은 대체로 장문(長文)으로 이어졌다. 꼬리를 물고 길게 늘어지면서 반복되는 것이 일종의 관행 같았다. 그러나 이목우 기자의 기사문장은 간결체의 단문(短文)으로 이목을 끌었다. 그 사례의 하나—

"1945년 8월 15일, 해방 날로부터, 사건 전날인 46년 9월 30일까지, 약 1년간의 복잡다단한 국내 사정의 개략(槪略)을 훑어본다. 사건의 배경, 또는 원인의 하나로 빼놓지 못할 것이기 때문이다.…〈하략〉

〈10·1폭동사건〉 중에서.

필자는 초임기자 시절부터 장문의 경성체(硬性體)보다 단문의 연성체(軟性體) 기사문장을 선호하고 체득했다. "나선형 계단처럼 빙글빙글 도는 장문보다는 직선형의 부드러운 단문이 독자에게 주는 뉴스 전달이 더 빠르다"는 석천(오종식) 대선배의 영향이기도 했다.

취재기자와 사진기자는 취재 현장에선 항상 바늘과 실 같은 사이다. 필자는 이목우 선배와는 취재 동행 기회가 없었으나, 사진 담당인 정범태 선배와는 동행 취재가 수없이 이어졌다. 강화 석도모 취재 때 정 선배가 들려준 '쫓겨난 관광' 필화사건은 잊을 수 없다.

"나이 열여섯에 수창공립보통학교를 졸업한 학력이 전부였던 이목우 기자, 훗날 한국 언론사에서 입지전적 인물이 된 천생 언론인, 엄청난 에너지를 가지고 실체적 진실을 보도하려고 몸부림친 남다른 기자적 DNA, 언론이 위기에 처한 광복과 전쟁, 휴전으로 이어지는 격동기에 온 몸으로 언론 현장을 지킨 사람, 이목우 기자는 분명코 당시의 아이콘이었다."

〈참고 문헌〉

- '사상계', 1963년 11월호
- 대구신보, 1950년~1951년
- 한국일보, 1962년 4월 16일자
- 민주중보(民主衆報), 1946년 9월 30일자
- 『시대풍(時代風)』, 영남일보 1952년
- 대구10·1폭동사건기록, 1945년~1946년
- 인물한국언론사 정진석 나남 146P
- 한국언론인사화(韓國言論人史話) 대한언론인회 1992년
- 《대구 10월사건 관련 진실규명결정서》, 대한민국 진실화해위원회, 2010년 3월

필자 유한준

대한언론인회 이사 편집위원

아동문학가·시인·저술가

前 한국일보 기자

前 조선일보 차장

前 독서신문 편집국장

다재다능 언론인·저술가

수탑(須塔) 심연섭(沈鍊燮)

1923~1977년

국주(國酒) 자임한 칼럼니스트 1호
'실향민' '수복지구' 한서린 단어 창조

글 : 서옥식(전 연합뉴스 편집국장, 정치학박사)

〈수탑 심연섭 약력〉

서울 출생
경성 제2고보(경복고)~보성전문 경상과 졸업
서울대학교 문리대 영문학과 졸업

합동통신 기자~외신부장
동양통신 전직~외신부장~조사부장~논설위원
동양통신(현 연합뉴스) 이사 겸 국제국장 역임
국세청 주류(酒類)심의위원
한국관광공사 칵테일 콘테스트 심사위원
미스코리아 심사위원
대한민국 연극영화상 심사위원
백상(百想)예술대상 심사위원
국가재건최고회의 외무·국방위 자문위원
겸 중남미 친선사절단 대표(1961)
유엔총회 한국대표(1962, 1969)
박정희-케네디 회담 방미 수행단

〈저서〉
《건배》
에세이집《희애락(喜愛樂)》
칼럼집《밝은 내일을》

수탑(須塔) 심연섭(沈鍊燮) 행적

6

다재다능 언론인·저술가
수탑(須塔) 심연섭(沈鍊燮)

1. 자타 공인한 국주(國酒) 주선(酒仙)

한국의 칼럼니스트 1호를 자임하며 1960년대 한국 문필계를 대표
하던 한 사람인 전 동양통신(합동통신과 함께 현재는 연합뉴스로 통폐합)
이사 겸 국제국장 수탑(須塔) 심연섭(沈鍊燮, 1923-1977년)의 경력은 이
례적으로 다채롭다.

합동통신과 동양통신 양대 뉴스통신사를 두루 거친 언론인이자 저
술가이면서 각종 술의 맛을 감별하는 국세청 주류(酒類)심의위원, 한국
관광공사 칵테일 콘테스트 심사위원, 미스코리아 심사위원, 대한민국
연극영화상 심사위원, 백상(百想)예술대상 심사위원 등을 역임했다.

국제문제에 대한 해박한 지식과 뛰어난 어학 실력을 인정받아 5·16
이후 수립된 '혁명정부'인 국가재건최고회의 외무·국방위 자문위원으
로 발탁되면서 중남미 친선사절단 대표(1961년), 두 차례에 걸친 유엔
총회 한국대표(1962, 1969년)를 지냈다. 1961년 11월 박정희 국가재

건최고회의 의장이 케네디 대통령과 회담차 미국을 방문했을 때는 수행원 15명중 유일한 언론인이었다.

이때 그가 쓴 194쪽의 〈박 의장 방미수행기록(朴議長訪美隨行記錄)〉은 건국 후 최고·최대의 대통령 해외순방기록으로 평가되고 있으며 오늘날도 당시의 한미관계를 간파하는 우리 외교의 귀중한 사료(史料)로 활용되고 있다.

제2차 세계대전을 승리로 이끈 유럽연합군 최고사령관 아이젠하워가 미 34대 대통령 당선자 자격으로 1952년 12월 전란중인 한국을 방문했을 때는 한국 언론을 대표해 미국 수행취재기자단에 참여한 유일한 국내 기자로서, 아이젠하워 당선자의 모든 공식행사를 취재하고 취재 내용을 우리 기자들에게 공유하는 풀 기자(press pool)였다.

그러나 '수탑'하면 가장 먼저 떠오르는 것은 '술'이다. 그는 '국주(國酒)'를 자임하며 세월을 초월하여 술을 즐기는 애주가이면서도 풍류와 품위를 지킨다하여 대한민국 주선(酒仙) 5걸에 회자되는 분이다. 수탑은 OB맥주의 모기업이었던 두산(斗山)그룹이 술 백과사전 편찬용으로 활용하기 위해 선정한 신라시대 이래 주선(酒仙) 14걸(傑)에 포함됐다.

이들은 황진이, 변영로, 조지훈, 김삿갓, 김시습(金時習), 백호 임제(白湖 林悌), 김동리, 임꺽정, 대원군, 원효대사, 연산군, 마해송(馬海松), 심연섭, 월탄 박종화(月灘 朴鍾和) 순이다. 대한민국 건국 후의 주선을 뽑는다면 변영로, 조지훈, 김동리, 마해송과 함께 단연 5걸에 드는 셈이다. 두산그룹은 각계 인사들이 추천한 인사들 140여명 가운데 14명을 주선으로 선발했다고 밝혔다. 추천 기준은 풍류와 품위, 주량이 뛰어나고 역사적 인물의 경우 약주종생(藥酒終生. 술로 일생을 마침)의 인물로 국한했다고 한다.

프랑스 파리 번화가에 자리 잡고 있는 '해리스 뉴욕 바(Harry's New York Bar)'라는 술집은 카뮈(Albert Camus), 사르트르(Jean-Paul Sartre) 등 프랑스 문인은 물론 미국의 헤밍웨이(Ernest Miller Hemingway), 피츠제럴드(Francis Scott Key Fitzgerald), 게르트루데 슈타인(Gertrude Stein), 존 오하라(John Henry O'Hara), 영국의 에드워드(Edward Antony Richard Louis) 왕자, 험프리 보가트(Humphrey DeForest Bogart), 코코 샤넬(Coco Chanel) 등 세계의 저명 문인들과 왕족, 톱 배우, 패션 거장 등 명사들이 즐겨 찾는 곳으로 유명한데, 1911년 문을 연 그 술집의 한 벽면에는 이들이 쓴 글, 신문기사, 페넌트 등을 포함, 한국인으로서는 최초로 심연섭의 칼럼 한 편이 액자에 끼여 걸려 있을 정도다.

세계적으로 유명한 블러디 매리(Bloody Mary), 사이드카(SideCar), 블루 라군(Blue Lagoon), 화이트 레이디(White Lady), 몽키 그랜드(Monkey Gland) 등의 칵테일이 탄생한 곳이 바로 이 술집이다.

2. 유머 해학의 달인, 2년 만에 부장 승진

1923년 서울 태생으로 경성제2고보(경복고), 보성전문 경상과(經商科)를 거쳐 1949년 서울대학교 문리대 영문학과를 졸업한 심연섭은 뛰어난 한문 지식과 외국어 실력으로 졸업과 함께 국제뉴스를 전문으로

▲ 한국의 칼럼니스트 1호로 불리는 수탑 (須塔) 심연섭(沈練燮) 전 동양통신 이사 겸 국제국장

취급하는 합동통신에 입사, 단 2년 만에 외신부장에 올라 이때부터 유머와 해학(諧謔)의 달인으로, 재미있는 글 잘 쓰기로 언론계의 눈길을 끌었다. 수탑의 이런 글들은 경제신문과 스포츠신문을 포함, 중앙의 7개 일간지와 1개 주간지에 실렸다.

6·25전쟁의 총성이 멎은 1953년 12월 동양통신으로 자리를 옮긴 후 7년간의 외신부장을 거쳐 60년에 조사부장을 역임했다. 64년부터 뉴스통신사 초유의 이색 직종인 논설위원으로서 독특한 주제의 〈천수천안(千手千眼)〉을 동양통신의 특신판(特信版)에 실어 중앙의 1개 종합지와 1개 경제지의 고정란을 오랫동안 장식했다.

모 주간지에는 자신의 '글로벌 술문화 답사기'라 할 수 있는 〈주유만방(酒遊萬邦)〉을 반년 동안 썼다. 또 당시로는 국내 유일의 스포츠지에 별세할 때까지 〈회귀선(回歸線)〉이란 칼럼을 연재했다. 이에 앞서 1955년 봄부터는 연합신문(聯合新聞)에 '수탑' 필명으로 〈천수천안〉을, 그후 서울 일일신문(日日新聞)에 〈자리끼〉와 〈중성자(中性子)〉를, 자유신문(自由新聞)과 민국일보(民國日報)에는 〈사청사담(乍晴乍曇)〉이란 이름의 고정 칼럼을 연재, 문필가로서의 명성을 떨쳤다.

천수천안은 불교의 천수천안관세음보살(千手千眼觀世音菩薩)에서 따온 말이다. 이는 '손과 눈이 각각 1000개인 관세음보살을 뜻한다'고 한다. 1000개의 자비로운 눈으로 중생을 응시하고 1000개의 자비로운 손으로 중생을 제도한다는 것이다. 사청사담(乍晴乍曇)은 '잠시 맑고 잠시 흐림'이라는 4자성어로 수탑이 창안한 조어(造語)로 보인다.

신문이 뉴스통신사와 기사 전재 계약을 체결하고 뉴스통신사 기사를 싣는 것은 자연스런 일이나 뉴스통신사 소속 언론인의 칼럼을 그것도 고정란을 두고 바이라인(이름과 필명)까지 부여하며 장기간 연재하는 것은 아주 이례적인 일이다.

그의 천수천안에 나오는 '어머니'라는 제목의 칼럼 한 대목을 보면 50여년이 지난 지금도 한국의 대표적인 수필로 분류해도 전혀 손색이 없을 정도로 '깔금' 하면서도 공감을 불러일으킨다.

"무소부재(無所不在)하시어 온 누리에 구제의 손길이 미치지 않는 곳이 없고, 무소불능(無所不能)하심에 어떤 난경(難境)에서도 쉽사리 죄진 대중을 구원하신다는 관세음. 그 부처님의 형상이 여상(女像)으로 현세에 임하시므로 우리는 그 대자대비하신 용모에서 구원의 어머니를 찾을 수 있는 것이다. 언제나 잘못을 용서받을 수 있는 분, 아무리 무리한 떼를 써도 너그럽게 용납해 주시는 분, 몇 해 동안 바람을 피우느라고 집을 비워도 밤잠을 주무시지 않고 언제나 대문을 열어 놓고 돌아오기를 기다리는 분이 우리들의 어머니시라면 바로 그 어머니가 관세음의 현신(顯身)이 아니고 무엇이겠는가."

3. 7개 신문에 '필명 칼럼' 연재로 명성

심연섭은 자타가 인정하는 대한민국 칼럼니스트 제1호로 불린다. 물론 칼럼을 쓰는 사람은 심연섭 이전에도 많았지만, 칼럼니스트라는 직함을 달고 쓴 경우는 그가 처음이었기 때문이란다. 무슨 선구자적인 대단한 의식을 갖고 그렇게 한 건 아니었다고 털어놓는다.

동양통신사 조사부장으로 근무하면서 칼럼을 쓰게 됐는데, 동업 언론사에 타사(동양통신사)의 직함을 박기가 좀 뭐해서 고심 끝에 '칼럼니스트'라고 붙였다고 한다. 해당 언론사도 이런 직함을 자연스럽게 받아들였다. 얼떨결에 '프로 칼럼니스트'가 된 심연섭의 글은 지금 50년을 훌쩍 넘어섰는데도 전혀 낡지 않았고, 오히려 더 세련의 빛을 발하는 게 신기하다는 지적이다.

수탑은 생전에 에세이집 〈희애락(喜愛樂)〉과 칼럼집 〈밝은 내일을〉을 펴냈다. 수탑이 타계한 4개월 후 고인이 남긴 이색(異色) 칼럼을 모아 〈술·맛·멋(부제: 酒遊萬邦記)〉으로 출간된 4·6배판 350면의 단행본은 '동서고금의 술 백과사전'이라는 서평과 함께 세계 구석구석의 유명 술집을 무대로 한 이 풍류(風流) 언론인의 주유만방(酒遊萬邦) 행적이 소상하게 수록돼 있다.

이 책은 고인의 영혼을 달래자는 취지에서 고인의 모교인 경복고-서울대(사회학과) 동문으로 평소 가까이 지내던 이진섭(언론인, 방송극작가, 저술가), 송지영(언론인, 소설가, 국회의원), 김성진(동양통신 편집국장·사장, 청와대 대변인, 문화공보부 장관) 등의 수고를 끼쳐 저자를 수탑으로 하여 1977년 효문출판사에서 출간됐다. 1984년 금성출판사에선

〈현대한국수상록(現代韓國隨想錄)〉 전집을 펴내면서 37집에서 수탑을 공저자로 참여시켜 그의 수필 '春蘭' 등 20편을 수록, 출간하기도 했다.

〈술·맛·멋〉은 2006년 〈건배: 칼럼니스트 심연섭의 글로벌 문화 탐험기〉라는 이름으로 중앙M&B에서 재출간됐으나 지금은 두 책 모두 절판된 상태다. 〈건배〉는 원본의 유머 감각과 감수성은 그대로 살리면서, 요즘 세대에 맞게 한자가 많이 들어간 본문을 한글로 바꾸며 번역하고 정확한 주석을 덧붙여 쉽게 이해할 수 있게 했다.

세계 곳곳을 다니며 술과 풍류를 즐긴 모던(modern)한 선비답게 저자는 마닐라의 산 미구엘(San Miguel) 맥주부터 짙은 커피향이 자욱하다는 브라질의 토속주 카샤사(포르투갈어: Cachaça) 이르기까지 동서양을 넘다드는 다양한 술, 주담(酒談)과 함께 각국의 권주(勸酒) 문화와 권주사도 곁들여 얘기한다.

중앙일보 문화부장·논설위원을 역임한 시인이며 스토리텔러, 저술가로 널리 알려져 있으며 이 책의 추천서를 쓴 빈섬 이상국은 "단순히, 먹고 취하기 위해 마시는 것이 아니라 진정 그 맛과 멋을 즐기고자 하는 애주가라면 이미 50여 년 전 술의 웰빙 문화를 역설한 수탑의 이야기에 취해 보는 것이 어떨가 한다"고 했다.

책에는 저자의 유쾌함이 잘 드러나 있다. 국세청에서 당시 고재일 청장 명의로 주류 심의위원으로 저자를 위촉하는데 필요한 이력서를 첨부하라고 하자, 심사숙고 끝에 학력과 경력 다음에 순서대로 적어 넣은 것이 '주력(酒歷) 30여 년'과 '모 일간지 주최 음주 콘테스트 품위상 수상', '한국관광공사 주최 칵테일 콘테스트 심사위원', '모 주간지에 〈주유만방(酒遊萬邦)〉을 반년 간 연재함'이었다고 한다.

▲ 경복고 1년 선배로 막역한 술 친구인 극작가 이진섭과 함께한 수탑 심연섭

　생전에 '애주가' 답게 책 주제도 '한 잔 술에 담긴 인생, 술 멋에 취하
다', '주(酒), 차갑고 시원한 낭만을 노래하라', '송강(松江)과 이백(李白)
을 통해 배우는 동양 술의 묘미', '주유(酒遊)의 즐거움' 등으로 나눠 다
양한 술 맛이 주는 감상을 적었다.

　위스키, 마티니, 와인, 럼, 샴페인, 테킬라, 귀주모대주(貴州茅臺酒),
정종 등 세계 각국 술뿐 아니라 향신료, 캐비아 등 국내외에서 저자가
맛 본 다양한 음식을 소재로 쓴 글들이 실렸다.

　"술은 그냥 마시고 취하면 그만이라고 생각해본 적은 단 한 번도 없
다. 되도록이면 좋은 술을 그것도 건강을 해치지 않고, 그리고 다른 사
람에게 피해를 주지 않고 취하는 것을 주력(酒歷) 30년간 모토로 삼고
살아온 내가 아닌가."

　수탑은 이 책에서 몸을 돌보지 않고 헌신적으로 술을 마신 사연을
1960년대 브라질의 일류 여가수 엘리젯 카르도소(Elizeth Cardoso)

▲ 1965년 어느날 애국가 작곡가 안익태 선생과 함께 있는 수탑 심연섭

가 부른 명곡 보사노바(포르투갈어: Bossa Nova(새로운 물결)의 가사
를 인용 "난 마셔요, 그럼요. 난 살았거든요. 안 마시는 분들도 있지요.
그래서 그들은 죽어간답니다."라고 썼다. '국주(國酒)'를 자임했던 그가
술 끊는 이들에게 읊어준 노래 한 구절처럼 들리는 대목이다.

그는 책에서 또 한국에 곡주(穀酒)가 사라지고 알코올을 희석한 재제
주(再製酒: 양조주나 증류주를 원료로 알코올, 당분, 향료 따위를 혼합하여
빚은 술)가 늘어나는 경향에 대해 개탄한 사람이다. 도수만 높고 싼 술
로 빨리 취하는 풍토를 보면서 '장차 국민 보건은 어떻게 될 것인가'고
걱정하던 사람이다.

4. '술의 웰빙 문화' 역설한 선각자

자칭 '국주(國酒)'라 칭했던 그는 '술의 웰빙 문화'를 역설했다. 요즘의 '저열한' 음주 패션인 폭탄주 따위를 권장하지는 않았다. 그러나 수탑은 선견지명이라도 있은 듯, 그가 타계한 뒤에 국내에서 크게 유행한 폭탄주의 기원에 대해서도 밝혀놓고 있다. 미국 사람들이 마시는 '보일러 메이커(boiler maker)'가 그것이다.

"커다란 글라스 안에 미국산 버번 위스키(Bourbon Whiskey)가 든 조그만 잔을 넣은 다음, 맥주를 서서히 따라 부어 큰 글라스를 채워주면 버번이 맥주와 동화하느라 보일러 속의 물이 끓어오르듯 부글부글 끓어오르는 것이다"며 이는 속취(速醉)에 효과가 있다며 즐겨 마시는 술이라고 설명한다.

《참고로 수탑이 동양통신 국제국 기자들과 술좌석에서 들려준 폭탄주 명칭의 유래에 따르면 맥주에 넣는 위스키가 뇌관에 든 폭약처럼 작용함으로써 취기를 폭발적으로 촉발시키기 때문에 붙여진 것이 유력한 설이라는 것이다. 해군에서는 위스키 잔이 맥주 잔 밑바닥으로 잠수함처럼 가라앉는다고 해서 U보트나 타이타닉(Titanic)함이라고도 부른다고도 한다. 보일러 메이커는 미국 5대호의 부두 노동자들이 겨울철에 추위를 달래며 즐겨 마신 술이었다. 그러나 이는 산업혁명 시기 영국의 술집에서 퇴근 노동자들이 싼 값에 빨리 취하려고 위스키와 맥주를 섞어 먹은 것에서 유래했다는 설이 일반적으로 받아들여지고 있다는 것이었다. 수탑에 따르면 우리나라에서는 조선시대인 1837년 전라도에서 편찬된 저자 미상의 술 제조 비법서 양주방(釀酒方)이란 것이 있

었다. 이 책을 보면 따뜻한 막걸리 한 사발에 증류된 소주 한 잔을 부은 다음 소주가 맑게 위로 떠오르면 마시는 데 이를 '혼돈주(混沌酒)'라고 칭했다는 것. 이때 넣는 소주가 붉은색이면 '자중홍(自中紅)'이라 불렀다. 이후 혼돈주는 일제 강점기 말엽에 막걸리와 일본산 기린 맥주(Kirin beer, キリンビ-ル)를 섞은 '비탁'이라는 칵테일로 변화한다. 비탁이란 비어(beer, 맥주)에 탁주(막걸리)를 섞은 것으로 박정희 전 대통령도 일제 강점기 교사로 근무하던 시절 즐겨 마셨다고 한다.》

수탑의 '웰빙 음주' 진면목은 그의 저서 여러 대목에서 잘 나타난다. 마닐라에서 마셨다는 산 미구엘 맥주를 표현한 대목은 이렇게 전개된다.

"고산준령의 산정(山頂)을 덮은 백설 같은 윗거품. 태초의 심연(深淵)에서 무슨 사연을 전할 것이 있어서 기어오르고 있는 듯한 가냘픈 포말(泡沫). 얼른 마셔버리기가 송구스럽도록 해맑은 호박색 맥주 글라스의 첫잔을 기울일 때의 맛과 멋은 주객이 아니더라도 짐작이 갈 것이다."

그리고 춘설이 흩날리는 3월 코펜하겐에서 마신 칼스버그 맥주(Carlsberg Beer)의 맛은 이렇게 그려진다.

"글라스 윗부분의 약 3분의 1을 차지한 거품의 감촉이 혀끝에 벨벳(belbet)처럼 부드럽게 느껴졌다. 그 거품을 헤치고 입 안으로 들어오는 그 액체의 짜릿한 맛. 도심에 산재하는 호수들의 코발트색. 그리고 교회당이나 그 밖의 공공건물 지붕 돔(dome)을 덮은 동와(銅瓦)가 입고 있는 청동색의 감촉도 그러하려니 생각되었다. 그 동기와

가 저런 옷을 입으려면 적어도 40년의 세월이 걸린다던가. 호수들이 그 검푸른 코발트색을 지니기까지는 아마도 영겁의 세월이 흘렀을 것이다. 칼스버그의 그 짜릿한 맛에서 내 상념은 이상한 곳으로 달려 가곤 했다."

이 대목들을 읽노라면 산 미구엘 맥주나 칼스버그를 직접 마신 것만 큼이나 문장에 취한다.

수탑의 주담(酒談)은 이처럼 동서양을 넘나든다. 저서는 세계 각국의 권주 문화와 권주사(勸酒辭)까지 자세히 소개한다.

"영화 '워털루 브리지(Waterloo Bridge, 한국에선 〈애수〉로 번역)' 에서 로버트 테일러와 비비안 리가 공습을 피해 들어간 팝 하우스 에서 술잔을 나누며 나눴던 말은 '치어리오(Cheerio)'였다. 이런 영 국의 건배사가 미국에서는 '치어스(Cheers)'나 '치어럽(Cheer up)'으 로 바뀐다. 독일은 '프로지트(Prosit)'이고 프랑스는 '아 보트르 상떼 (A Votre Sante)'와 '아 라 보트르(A la Votre)'이며 이탈리아는 '알 라 살루테(Alla Sallute)'이다. 대개 건강을 기원하는 건배사들이다. 스페인은 좀 더 자세하다. '살루드 아모르 아페세타스(Salud Amor Ypesestas)'라 한다. '당신의 건강과 사랑과 돈을 위하여'라는 뜻이다. 스페인 사람들은 여기에 한 마디 덧붙인단다. '그 세가지 모두를 즐 길 수 있는 시간을 위하여'가 그 것이다."

이제 타이페이 차례다. 수탑은 '오월화(五月花)'라는 나이트클럽에 초대를 받았다. 그곳에서 한 아가씨에게 영어로 "메이 플라워를 위하여!(To the May Flower)"라고 건배를 했더니, "오텀 리브즈를 위하여!(To the Autumn Leaves)"라는 답이 날아왔다. 수탑의 희끗희끗한 머리칼을 보고 10월의 서리 내린 잎사귀를 떠올렸으리라. '시월상엽홍어오월화'(十月霜葉紅於五月花, 10월의 서리 맞은 단풍이 5월의 꽃보다 더 붉다)라는 것을 알기라도 하듯이 말이다.

권주사에 관한 추억의 압권은 백설이 몇 길이나 쌓인 대관령 스키 산장에서 한 여인으로부터 들은 '장진주사(將進酒辭)'이다. 넓은 홀에 아름드리 통나무 장작을 지핀 페치카를 둘러싸고 50여명의 남녀가 막걸리 타령으로 젊음을 구가하고 있을 때 한 묘령의 여인이 일어나 장진주사를 낭독해 장내를 숙연케 한 것이다.

장진주사는 조선 선조 때에 송강(松江) 정철(鄭澈)이 지은 사설시조이다. 인생은 덧없는 것이니 술이나 마시자는 권주가로, 주선(酒仙) 이백의 〈장진주(將進酒)〉에서 영향을 받았다. 〈송강가사(松江歌辭)〉와 〈문청공유사(文淸公遺詞)〉에 실려 있다.

> "한잔 먹세 그려, 또 한잔 먹세 그려.
> 꽃가지 꺾어 잔 수 세며 한없이 먹세 그려.
> 이 몸 죽은 후면, 지게 위에 거적으로 덮어 졸라매고 가거나,
> 아름답게 꾸민 상여 뒤에 많은 사람들이 울며 뒤따르거나,
> 억새·속새·떡갈나무·백양숲(무덤)에 가기만 하면, 누런 해·흰 달·가는 비·굵은 눈·소슬바람 불 때, 누가 한잔 먹자 할까? 하물며 무덤 위에서 원숭이가 휘파람 불 때면, 그때사 뉘우친들 무슨 소용 있으리.
> (필자주=송강 정철의 한문체 장진주사를 오늘날의 우리 어법과 단어로 고쳐 쓴 것)

A Votre Santé!

건배

칼럼니스트 임연섭의 글로벌 문화 탐험기

수탑 별세 29년이 지난 2006년에 출간된 저서 〈건배〉는 동서양을 넘나드는 다양한 술, 酒談과 함께 각국의 勸酒문화와 勸酒辭를 곁들여 얘기하는 술의 백과사전이라는 평가를 받는다

　수탑은 애수에 젖은 이 여인의 음성을 들으며 애주가 선배 송강을 떠올린다. 하지만 술의 웰빙을 생각하는 수탑에게 송강의 이런 태도는 그리 마뜩치 않았을지 모른다. "술이 생과 대결하는 수단 같아서 동양의 술은 너무나 절박감을 느끼게 한다"고 말한다. 그래서 수탑은 얼른 '해리스 뉴욕 바'의 주헌(酒憲)을 낭독함으로써 '절박한' 분위기를 수습하려 한다.

　이 헌장은 인간의 걱정거리가 '실패'와 '죽음' 때문에 있다면서 실패를 해도 걱정은 두 개, 죽음을 맞아도 걱정은 두 개라고 한다. 예컨대 사람이 죽어도 걱정거리는 천당에 갈 것이냐, 지옥에 떨어질 것이냐 두 가지라는 것이다. 그렇지만 "당신이 술을 먹다 건강을 잃고 지옥에 떨어진다 치자. 그러면 그곳에 먼저 가 있을 당신의 옛 술친구들과 악수하느라 바빠 걱정할 겨를이 없을 것이다." 과연 낙천주의자 수탑에 어울리는 '술 헌장' 대목이다.

여기에 수탑은 주선(酒仙) 이백(李白)의 시, '상전명월광 의시지상상(牀前明月光 疑是地上霜, 책상 앞에 달빛 밝으니 마치 땅 위에 내린 서리처럼 보이네)'을 읊는다. 하늘의 달빛을 땅위의 서리로 읽는 이백의 눈은 술 깰 무렵의 환각이런가? 과연 애주가 수탑다운 인용이다.

아래는 〈건배〉에 수록된 61개의 칼럼 중 앞부분에 나오는 3개를 소개한 것이다.

◆원자(原子) 마티니 1

국제 칵테일협회에 공인 등록된 칵테일만 해도 수천 종에 달한다고 들었다.

이런저런 칵테일을 총망라한다면 그 숫자는 실로 엄청날 것이다. 주객(酒客)을 자처하는 사람치고 자신이 창안한 칵테일에 대한 한두 가지 비법을 갖지 않은 사람이 없을 것이다. 칵테일의 발상지는 미국. 메이플라워(Mayflower)함을 타고 신대륙을 찾아간 사람들이 만들어 낼 수 있는 술은 고작해야 버번 위스키(Bourbon Whiskey) 정도였다. 술이라기보다는 옥수수를 원료로 하는 알코올이었고, 목구멍을 넘기기가 하도 역겨워 궁리해 낸 것이 칵테일 아니었던가. 출발은 그렇게 궁상맞았지만 기술도 세월에 여과되어 이제는 예술의 경지에 이르렀다.

칵테일 종류가 하늘의 별만큼이나 많다고 하지만, 일반 주객들이 일상적으로 마시는 것을 따져보면 열 손가락을 넘지 않는다.

그 베스트 텐(Best 10) 가운데 1위는 아니더라도 언제나 상위권에 드는 것이 마티니(Martini)다. 알코올 함량 42%의 진(Gin)에다 포도주를 바탕으로 초근목피의 약미(藥味)를 가한 20도 가량의 베르무트(Vermouth, 주정 강화 와인) 약간을 넣어 셰이크(shake)한 다음, 올리브 열매 하나 또는 레몬 껍질 한 가닥을 넣은 것 말이다. 점심 저녁을 가리지 않고 식사 전에 입맛을 돋우는 아페리티프(apéritif, 식전주)로 마티니 한두 잔을 들지 않는 미국 사람은 금주주의(禁酒主義)의 맹신자로 보아도 무방할 만큼 이 칵테일은 아주 보편적인 술이다.

이 술을 주문할 때 보면 마시는 사람이 프로인지 아마추어인지 바로 구별할 수 있다. 노련하고 가락이 있는 바텐더라면 그것을 주문한 손님에게 이렇게 반문하게 마련이다.

"How do you like it?"

이 질문을 "왜 그렇게 좋아하세요?" 라고 알아들어 "I like it"이라고 대답하는 사람은 주객의 자격이 없는 사람이다. 진과 베르무트의 비율을 어떻게 해서 마시겠느냐는 질문에 "그냥 보통으로!"라고 대답하는 사람은 주객이기는 하나 풋내기이므로 바텐더로부터 존경을 받을 생각일랑 말아야 할 것이다.

"Make it dry!" 라고 명한 다음 한참 뜸을 들였다가 엄숙한 목소리로 "Extra dry!"라도 한마디 덧붙인다면 바텐더도 회심의 미소를 지으면서 "Yes, Sir!"라고 화답할 것이다.

바텐더도 프로가 왔다는 것을 그 주문 한 마디로 알아차리는 것이다. 보통 아마추어들의 마티니는 진과 베르무트의 비율이 3대 1 정도다. "엑스트라 드라이" 라고 하면 100대 1 정도라고 할 수 있다. 프로의 경지에 접근할수록 5대 1, 10대 1, 100대 1로 변하기 마련이다. '엑스트라 드라이'라고 하면 100대 1 정도라고 할 수 있다.

무릇 칵테일 하면 술과 술을, 술과 향료를 혼합하는 것으로 알고 있지만 프로들의 개념은 전혀 다르다. 믹스하는 것이 아니라 강한 술을 약한 것으로 코팅(coating)하는 것으로 이해한다. 마티니의 경우 진의 알몸뚱이에다 베르무트의 얇은 옷을 입히는 것으로 생각한다.

옷을 말할 때 우리는 흔히 여성을 연상한다. 맥시보다는 미니가 더 매력적인 법. 미니보다는 해변의 비키니가 더 볼품 있고 토플리스(topless)가 더 바람직하다. 마티니의 코팅에도 같은 원리가 적용된다.

그럴 바에야 베르무트를 한 방울도 섞지 말고 진한 알몸으로 마시면 되지 않느냐? 반문할지도 모르지만, 그건 천만의 말씀이다.

신사의 체면이 없어도 유분수지, 어찌 벌거숭이 마티니(naked Martini)를 마실 수 있겠는가. 이 세상에서 가장 외로운 섬이라는 맨해튼의 어느 바에서 외국인 기자 몇 명과 어울렸을 때의 일이다. 어떻게 하면 가장 드라이한 마티니를 만들 수 있겠느냐는 것이 화제에 올랐다. 한 친구가 입을 열었다.

"옛날 만년필에 잉크를 넣었던 스포이트(spuit(네덜란드어): 작은 양의 액체를 옮기는 데에 쓰는 바늘 같은 실험 도구) 생각나나?"

"그 스포이트로 베르무트 한 방울을 떨어뜨리니까 마티니의 맛이 되더군."

"그것보다는 주사기가 낫지. 가장 가느다란 바늘인 25호 정도면 베르무트 방울을 훨씬 작게 만들 수 있지."

또 한 친구의 이 비법에 다른 친구가 이의를 제기했다

"아내가 향수 뿌리는 분무기 알지? 그걸 빌리는 거야."

이번에는 듣고만 있던 바텐더가 한마디 거들었다.

라스베이거스의 어떤 바에 가면 원자 마티니를 마실 수 있다는 것이다. 원자폭탄 과학자 중에 마티니 애호가가 있어서 네바다 사막에서 폭발시험을 할 때 그 폭탄 속에다 베르무트 한 방울을 주입해 두었다는 것이다.

원자탄이 폭발할 대 그 한 방울이 같이 폭발하면서 대기 중에 퍼진다. 그래서 마티니 만들 때 셰이커(shaker, 칵테일을 넣고 흔들어주는 용기 등 도구) 뚜껑을 열고 창밖으로 1초 동안 노출시키면 대기 중에 떠돌아다니는 베르무트의 기(氣)가 내려앉는다는 설명이었다. 이름 하여 그것이 바로 '원자 마티니!'

◆원자 마티니 2

'엑스트라 드라이'이건 '원자 마티니'이건 제대로 배합된 맛을 표현하는 데에 사람들은 영어 단어 '크리스프(crisp)'라는 형용사를 흔히 쓴다.

사전을 뒤지면 이 표현은 꽤 다양한 뜻을 포함하고 있다. 첫째, 황소의 이마 털 같이 빳빳하면서도 큰 빗이 들어가지 않을 정도로 곱슬거리는 머리카락을 표현하는 데 이 형용사를 쓴다. 둘째로 바싹 구운 토스트 같이 아삭거리는 촉감, 또는 엄동설한의 빳빳하게 얼어붙은 눈을 밟을 때 발밑에서 가슬가슬하게 부서지는 눈을 그렇게 말한다. 크리스프의 뜻은 또 군대의 명령처럼 간단명료하거나, 이백(李白)의 시나 버나드 쇼(George Bernard Shaw)의 희곡 대사같이 생생하게 약동하는 문장을 칭찬하는 데에도 쓰인다. 우리가 맵다는 미각으로 표현하는 혹한이 '크리스프 웨더(crisp weather)'요, 늦가을 이른 아침 소나무 숲길을 산책할 때 코를 쏘는 송진 냄새 섞인 공기는 그 형용사가 아니면 도저히 표현할 수가 없다.

제대로 된 마티니의 맛은 이 형용사가 뜻하는 모든 뜻의 총화가 아닐까 싶다. 황소 머리털같이 빳빳하고, 바싹 구운 토스트같이 가슬거리며 이백의 시나 버나드 쇼의 대사같이 약동하고, 송진내 섞인 늦가을 공기같이 코끝을 톡 쏘는 맛, 그것이 바로 마티니의 맛이 아니겠는가. 그런 마티니는 어떻게 탄생하는 것일까?

마티니를 만들기 전에 셰이커나 칵테일글라스에 성에가 앉도록 얼려

두어야 한다는 것은 바텐더로서 ABC에 속하는 기본지식이다. 셰이커를 얼려 놓음으로써 셰이크 할 때 얼음이 되도록 덜 녹아 술 자체에 물기가 덜 섞이게 하기위해서다.

또한 글라스를 얼리는 것은 빡빡하게 만들어진 내용물의 냉기를 보존하려는 배려에서다. 미국의 바에서는 그 냉기 보존책으로서 셰이커에는 늘 얼음을 넣어두고 글라스에도 얼음물을 채워 넣은 채 손님을 기다린다. 그 다음 셰이크하는데 쓰는 얼음의 질이 문제가 된다. 어떤 얼음을 써야 크리스프한 마티니를 만들 수 있을까? 보통 냉장고에서 얼린 아이스 큐브(ice cube)를 쓰면 엉망이 되고 만다. 빙질(氷質)이 너무 연해서 금방 녹아 버리기 때문에 그 얼음으로 셰이크했다가는 드라이는커녕 물에 젖은 웨트 마티니(wet Martini)가 되기 십상이다. 그래서 쓰는 것이 제빙공장에서 급속냉동 방식으로 만들어 낸 커다란 얼음장을 송곳으로 깬 '크래크드 아이스(cracked ice)'를 쓰는 것이다.

하천의 오염이라는 것을 몰랐던 그 옛날 호시절에는 1m 정도 두께로 얼어붙은 한강의 얼음을 겨울에 채빙해서, 얼음 창고에 보관했다가 썼지만 지금은 꿈도 못 꿀 일이다. 마티니용 얼음으로는 북극 근방에서 따내 온 것이 제일이라고 풍을 치는 술꾼 이야기를 들은 일이 있다. 몇 만 년 묵은 그 얼음, 땡그랑하는 쇳소리가 날 정도로 물기가 없더라는 그 친구의 말을 어디까지 믿어야 할까.

"그것보다는… ."

또 한 친구가 대꾸한다.

"그것보다는 알래스카 공군 초소의 바에서 쓰는 얼음이 최고던데. 바의 지붕 처마 밑에 달린 한 발도 넘는 수정 고드름을 따다가 쓰는 거야. 그걸 깨 놓으면 프리즘의 분광작용 때문인지, 오색이 영롱해서 그걸로 셰이크하면 무지개 마티니가 탄생하는 거야."

영겁에 얼어붙은 빙하, 그 빙벽에서 따낸 얼음이나 알래스카 초소 막사에 달린 고드름으로 만든 마티니, 모두 그럴싸하게 들렸다. 하지만 아직 그 맛을 음미하지 못한 것이 유감이다.

뉴욕의 한 바에서의 화제는 다시 마티니의 '드라이니스(dryness, 乾性)'로 되돌아갔다. 네바다 사막 원자폭탄 실험 때에 베르무트 한 방울을 떨어뜨려 그 기운을 대기 중에 돌게 하고, 그것을 받아 만든 원자 마티니보다도 더 드라이 한 것을 만들 수 있다고 주장하는 친구가 나섰다.

"방법은 간단해. 빈 셰이커를 베르무트 병의 코르크 마개로 살짝 가져낸 다음, 진(Gin)만으로 셰이크해 내는 거야."

"그건 약과지."

또 한 친구가 한술 더 떴다.

"빈 셰이커에다가 베르무트라고 귓속말을 하는 녀석을 본 일이 있는걸."

듣고 있던 바텐더가 셰이커를 들고 시범을 보였다.

"베르무트! 이렇게요?"

"쉿! 목소리가 너무 커. 이렇게 부드럽게 베…!"

그 음성, 모기소리 같아 알아들을 수가 없었다.

◆ 테킬라

우기에는 범람해서 대하를 이루지만 건조기가 되면 물이 바싹 줄어 기마(騎馬)로도 건널 수 있는 강, 미국 서부에서 악을 저지른 숱한 무법자들이 미국의 '법'을 피하여 이 강을 건너

멕시코로 피신하는 이야기는 서부영화에 흔하다. 그 강 이름이 '리오그란데(Rio Grande)'이다. 그 강을 건너는 데 성공하여 안도의 숨을 내쉰 무법자들은 우선 주막에 들러 술 한 잔을 들이켠다. 대개의 〈테킬라

(Tequila)〉라는 멕시코 토주다. 병 채로 나팔을 분 그가 오만상을 찌푸리고 소금 한 줌을 입속에 털어 넣는 것은 그 술이 그만큼 역겨운 탓이겠다. 멕시코 수도의 뒷골목 '바'에서 목격하기도 했지만 그들은 소금을 입에 털어 넣는 데에도 묘한 습관이 있다. 우리 같으면 소금을 손가락으로 집어 목구멍으로 털어 넣을 텐데 그들은 소금을 일단 오른손 손등에다 얹었다가 그것을 혀끝으로 핥는 것이다. 테킬라의 그 고약한 맛은 소금만 가지고는 목구멍을 넘기를 거부하는 것일까. 레몬 한개를 통째로 쥐고 한 끝을 이빨로 물어뜯어낸 다음 그 시디신 즙을 손으로 쥐어짜서 입안에 떨어뜨리고 난 다음에야 비로소 비위가 가라앉는지, 테킬라를 마시는 멕시코인은 누구나 그 짓을 되풀이하는 것이었다.

테킬라의 맛이 고약할 수밖에 없는 것은 그 원료가 곡류 아닌 멕시코 사막에 자생하는 '칵투스 사보텐'(칵투스는 선인장을 뜻하는 영어의 'cactus'사보텐은 역시 선인장을 뜻하는 일본어 'サボテン'(saboten)의 음역인데 수탑은 이 두 가지를 혼용했다 – 필자註) 때문인가 보다. 1년이면 6개월 이상 비 한 방울 안 내리는 곳에 자생하는 이 다육식물(多肉植物)의 즙을 발효시킨 막걸리 같은 공주가 〈팔케(Pulque)〉라는 이름. 멕시코 시티에 들렀을 때 경험 삼아 그것 한 글라스를 마셨다가 화장실로 급행한 일이 있었다. 고약한 냄새와 매스꺼운 맛 때문에 목구멍을 넘기지 못하고 다시 내놓을 수밖에 없었던 것이다. 그 팔케를 증류한 것이 테킬라라는 주정도 43도의 술이다.

원주(原酒)인 팔케보다는 테킬라 악취가 덜 하지만 그것 역시 소금이나 레몬 안주 없이는 도저히 마실 수 없는 독특한 냄새를 지녔다. 우리 막소주는 테킬라에 비하면 신사의 술에 속하는 편. 그 테킬라를 바탕으로 하는 칵테일에 보편적인 것이 두 가지 있다. 첫째가 이름만 들어도 소름이 끼치는 〈TNT〉, 고성능 폭탄의 이름을 붙인 것은 테킬라의 〈T〉와 토닉

워터의 〈T〉를 따온 때문이다. 마시면 뱃속이 금시 파열될 것만 같이 들리지만 실은 〈진 앤드 토닉(Gin and Tonic)〉이나 별로 다를 게 없는 유순한 청량제. 삼복더위의 비지땀도 그 TNT 한 잔이면 말끔히 걷히는 기분인 것이다. 더위를 폭발·분산 시키는 술도 알아두어 무방할 것이다.

TNT같은 살벌한 이름과는 대조적으로 낭만적인 분위기를 풍기는 칵테일이 〈마르가리타(Margarita)〉. 〈마아거리트(Margaret)〉라는 영어 여성 이름을 스페인 말로는 그렇게 부르는가 보다. 테킬라를 바탕으로 해서 라임 주스나 레몬 주스를 섞어 셰이크한 술이다. 그 특색은 칵테일글라스의 입에다 소금을 바르는 것, 글라스를 물기 없이 닦은 다음 입술만 2, 3cm 정도 물에 적셨다가 소금 그릇에 도장 찍듯 하면 그물 묻은 부분에만 소금의 띠가 생기는 것이다. 글라스에다가 셰이크한 것을 살그머니 따르면 〈마르가리타〉가 되는 것이다. 그 글라스를 입에 대면 우선 소금의 짜릿한 맛이 미각을 자극한다. 멕시코시티에서 마르가리타를 나에게 소개해준, '세뇨리타(Senorita, 스페인어로 '미혼여성'이란 뜻)'의 해설로는 그 짜릿한 맛이 키스할 때 신사의 콧수염이 숙녀의 입술에 주는 감각과도 같다는 것이었다.

멕시코 신사들이 노소를 가리지 않고 모두 '머스타쉬(moustache,턱수염)'를 기르고 있는 까닭을 터득한 것도 마르가리타 칵테일의 덕분이었다. 열사와 흑우(黑牛)의 선혈처럼 강렬한 태양이 작열하는 멕시코 투우장, '마타도르(스페인어 Matador, 투우사)'가 묘기를 보일 때마다 '올레(Olle)!'를 연발하여 흥분의 도가니가 되는 그 분위기는 역시 테킬라의 도움 없이는 이루어 질 수 없을 것만 같았다.

———————————————

수탑은 '술박사'란 이름이 어울릴 정도로 평소 술에 관한한 해박한 지식의 소유자였다.

술 하면 모르는 이름이 없을 정도로 각종 술의 유래, 제조방법에 이르기까지 많은 것을 숙지하고 있었다. 위스키 하나만 하더라도 스카치 위스키(Scotch Whiskey), 아이리시 위스키(Irish Whiskey), 캐내디언 위스키(Canadian Whiskey), 콘 위스키(Corn Whiskey), 버번 위스키(Bourbon Whiskey), 라이 위스키(Rye Whiskey)에 이르기 까지 맛의 특성에서 제조방법까지 자세히 꿰뚫고 있다.

발렌타인(Ballantine's), 조니 워커(Jonie Walker), 잭 다니엘스(Jack Daniel's), 커클랜드 위스키(Kirkland Whisky), 벨즈(Bells), 글렌피딕(Glenfiddich), 맥캘란(The Macallan), 제임슨(Jameson), 시바스 리걸(Chivas Regal), 짐빔(Jim Beam), 발베니(Balvenie), 글렌리벳(The Glenlivet), 로열 샐루트(Royal Salute), 와일드 터키(Wild Turkey), 선토리(Suntory) 등 등….

예컨게 조니 워커 등 스카치위스키의 경우, 발효된 맥아를 스코틀랜드의 피트(peat, 토탄)를 태워 건조하기 때문에 특유의 연기 냄새가 배어 독특한 향을 지니고 있다는 것이었다. 이어서 맥아를 갈아 분쇄하고 물을 넣어 희석한 다음 소규모 공방 제조 방식에 따라 단식 증류기로 2번 증류한다.

이러한 방식을 통해 만들어진 몰트 위스키는 맥아만 사용해 동일한 증류소에서 생산된 경우 싱글몰트(single malt), 여러 몰트 위스키를 블렌드 한 경우에는 배티드 몰트(vatted malt) 라고 부른다. 수요가 끊임없이 증가함에 따라 생산자들은 몰트 위스키에 그레인 위스키를 혼합한 블렌디드 위스키 시장을 확대했고, 약 10여 개의 대형 브랜드가 전 세계 스카치 위스키 시장의 대부분을 장악하고 있다.

5. 필명 '수탑(須塔)'의 사연

"심연섭의 필명(펜네임)이 왜 수탑(須塔)일까?" 영어의 'stop'에서 따온 것이란다. 심연섭의 책들은 이런 필명에 대해 말하지 않는다. 그래서 일부 인사들은 애주가인 그가 '딱 한 잔만 더 하는 게 어떨까?'라는 친구의 권유를 뿌리치면서 발동이 걸린 술맛에 제동을 걸기위해 '자 이제 여기서 그만!'이라는 취지에서 'stop'을 음역해 펜네임으로 사용했을 것이라고 추측한다.

그러나 사실은 다르다. 친구인 극작가 이진섭에 따르면 "심연섭은 뉴스통신사에 들어와 외신만을 다루다보니 입전(入電)되는 영문 뉴스를 매일 번역하고 난 뒤 글 끝의 'full stop(마침표)'의 점(點)이 아쉬워서

생각한 끝에 그 수많은 점과 점을 조약돌로 삼고 모름지기 탑을 쌓으리라. 그래서 'stop'의 발음을 따서 수탑이라고 했다"는 것이다. (이진섭, '신문과 방송' 1977년 4월호에 '수탑 심연섭 형'이라고 쓴 기고문)

▲ 호를 '수탑'으로 지은 사연의 이미지

6. 불멸의 새 낱말 만들어 낸 기인(奇人)

심연섭의 이같이 기발한 착상은 외신을 우리말로 기사화하는 과정에서 더욱 빛나고 있다. 그는 영원히 남을 새로운 낱말을 만들어 냈고 이것들은 지금 토착화됐다. 그가 만들어 낸 대표적인 낱말이 '실향민(失鄕民)', '수복지구(收復地區)'였다.

6·25전쟁 중인 1952년 12월 아이젠하워가 미 대통령 당선자 자격으로 방한했을 때 아이젠하워와의 인터뷰에서 나온 평범한 북한 '피란민(refuge)'이란 말을 유독 '실향사민(失鄕私民)'이라고 번역해 기사에 썼다. 이 말을 '실향민'으로 줄여져 지금도 광범하게 쓰인다. 뿐만 아니라 우리가 휴전 이후 철원, 양구 등 38선 이북의 중동부 지역을 '수복지구'로 표현하고 있는데 이 말을 처음 쓴 사람 역시 수탑이다. 이후 북한 땅은 '미수복지구'로 불리게 된 것이다.

아이젠하워 방한 기간 중 심연섭의 출입처는 서울 종로구 동숭동의 옛 서울대학교 문리대 교정이었다. '1·4후퇴' 이후 1951년 5월부터 미 8군사령부는 부산으로 내려간 서울대학교 문리대 건물을 사령부 본부로 쓰고 있었고, 아이젠하워 당선자는 마땅한 숙소가 없어 이곳에 여장을 풀었다. 심연섭은 미 8군사령부 출입증을 발급받은 유일한 한국 기자였다.

필자가 심연섭을 처음 만난 것은 1973년 4월 14일로 기억한다. 동양통신 8기 공채로 입사해 수습기간 6개월을 포함, 연속 3년가량을 UPI(미국), AFP(프랑스), Keystone(영국), KYODO(일본), ANSA(이탈리아), PTI(인도), ANTRA(인도네시아) CNA(대만) 등 세계의 뉴스통신사들과 특파원들이 보내오는 외신(外信)을 다루는 국제국에서 보냈다. 심연섭은 당시 국제국장이었고 동양통신은 세종로 예총회관 건물 6-8층을 전세 내 사옥으로 쓰고 있었다.

출근 이틀 째 되는 날 점심때, 그는 예총회관 옆 골목 술집으로 수습기자 8명 전원을 불러 모았다. 견습기자 훈련이 대낮 술집에서 시작된 셈이다. 그런데 갑자기 〈데드라인 에브리 미니트(Deadline Every Minute)〉가 무슨 뜻인지 아는 사람 말해보라는 것이었다. 10여초가 흐른 뒤 한 기자가 "뉴스 마감시간이 매분(每分)이란 뜻입니다"라고 답했다.

심 국장은 "Right!(맞아)"하면서 "기자, 특히 뉴스통신사 기자는 매초, 매분이 마감시간이란 자세로 취재하고 기사를 써야한다"고 했다. 신문은 가판과 시내판 등 크게 하루 두 차례 마감시간이 있지만 24시간 기사를 내보내는 뉴스통신은 마감시간이 없다면서 "〈Deadline Every Minute〉은 '한국전쟁 발발'과 '케네디 대통령 암살'을 특종으로 보도한 UPI통신의 모토"라고 설명했다.

참석자 전원이 거나하게 취한 가운데 '주도(酒道)' 교육도 시작됐다. 심 국장에 따르면 "(입 口字 수효로 세어보면) 한 잔 술은 呱杯(고배)이니 어린애 술, 두 잔술은 單拜(단배)이니 단순한 틴에이저 술, 석잔 술은 品杯(품배)니 품위있는 군자의 술이다. 모름지기 군자는 석 잔 술은 해야 한다. 다만 넉 잔 술은 '시끄러울 효(囂)'자가 들어가는 효배(囂杯)이니 군자는 품배로 끝나야 한다"는 것이다. 하지만 이런 주법(酒法)은 이날 이후에도 잘 지켜지지 않았다.

이날 술집에서 심 국장으로부터 필자가 얻은 별명은 '황야의 7인

(The Magnificent Seven, 1960)' '옛날 옛적 서부에서(Once Upon a Time in the West, 1968)', '빗속의 방문객(Le Passager de la pluie, 1969)', '배신자(De la part des copains, 1970)' 등에 주연 등으로 출연한 찰스 브론손이었다.

필자는 도저히 거장 배우 브론손을 털끝만큼도 닮지 않았다고 생각하는데 말이다. 아마도 필자가 당시 험상궂을 정도의 장발에 수염까지 기르고 있어 붙여준 이름이 아닌가 생각한다. 수습기자들은 이후 거의 하루도 빠짐없이 점심때면 술을 마셨다. 심 국장이 없으면 다른 외신부장이나 고참 선배들이 돌아가면서 술을 샀다.

그런데 입사한 지 1주일도 안 된 그해 4월 22일 동양통신이 8년여의 세종로 시절을 접고 종로구 청진동 고려화재해상보험주식회사 4층 건물을 통째로 인수해 입주하게 됐다. 청진동이 어떤 곳인가? 새벽부터 술꾼들이 붐빈다는 속칭 '해장국 골목' 아닌가! 주변은 온통 술집, 음식점, 다방, 목욕업소 투성이었다.

'해장국 골목' 이야기가 낳았으니 빠뜨릴 수 없는 것이 하나 있다. 수탑에 따르면 흔히 '해장'을 술로 뒤틀린 장(腸)을 풀어버린다는 뜻으로 생각해 '해장(解腸)'으로 표기하지만 이건 틀린 것이고, 해정(解酲)이 옳다는 것이다. 국어사전도 해정으로 표기돼 있다.

여기서 정(酲)은 '술 때문에 걸린 병'이란 뜻이고, 술로 인한 병은 술로 풀어야한다는 이독제독(以毒制毒)의 차원에서 '해정'이란 처방이 나올 수 있다고 설명한다. 그러면서 서양에도 해장술이라는 표현이 있음을 소개했다. 즉 숙취(hangover)를 해소하는 술을 영어로 '아이 오프너'(eye opener, 開眼酒)라 한다. 이밖에 '개털'(hair of the dog)이란 표현도 있는데, 이는 서양인들이 개에 물렸을 때 그 개의 털을 약간 깎아 물린 상처에 바르면 낫는다는 속설에서 붙여진 이름이다. 술 먹고 위장이 아픈 데는 '술이 그만'이라는 이독제독의 원칙에서 이 표현을 쓴다는 것이었다.

7. 국제적 문주객(文酒客)으로 유명

친구 이진섭은 심연섭 추모글에서 "술에 관한 동서고금의 지식은 물론 외국에 나가서 유명한 술집, 특히 유명한 호텔 바에서 머리가 희끗희끗한 바텐더를 불러놓고 술 이야기를 도도히 펼치는데, 나는 그저 말없이 바라만 볼 뿐이었다. 술의 가짓수는 물론 세계 어느 나라의 술이고 그 특징과 양조법, 칵테일 만드는 법, 더욱이 고장마다의 음식과 토주(土酒)와의 관계 등을 소상하게 설명하는데 백발의 바텐더가 감탄해서 'on the house'라면서 공짜로 술을 권하는데 놀라지 않을 수 없었다. 아마도 양주의 지식에 관한 한 당신은 우리나라에서 1인자임에 틀림없음을 나는 인정한다"고 썼다.

이진섭은 그러면서 그가 심연섭의 부탁을 받고 파리의 '해리스 뉴욕 바'를 찾았을 때를 회상한다.

"1차 대전 이후 소위 '잃어버린 세대(Lost Generation)' 작가들, 시인들이 모여 이야기의 꽃을 피었다는 유명한 술집, '해리스 뉴욕 바'는 소위 'IBF'본부라 해서 세계적으로 유명하다. IBF란

'International Bar Fly'의 약자로 '국제적으로 떼를 지어 술집을 찾아 날아다니는 파리'라는 뜻이었다. 말하자면 국제적 문주객(文酒客)이라야 이 집의 회원 자격이 있다고 한다. 벽에는 세계적인 작가, 시인, 극작가, 언론인들이 쓴 글과 신문기사, 패넌트 등이 즐비하게 걸려 있다. 바에 들어서자마자 스탠드 맞은편 벽에 당신(심연섭)이 신문에 쓴 칼럼이 액자에 끼여 걸려있는 걸 보고, 이 집에서 당신이 얼마나 국제적인 문주객으로 대접을 받았는지 나는 자세히 주인에게 묻고 더욱 놀랐다. 드골 대통령의 문화훈장까지 받은 이 집에 한국인으로서는 처음으로 당신이 IBF회원이었고, 나는 덕분에 두 번째 회원으로 등록을 했다. 청하기에 우리말로 한자 적어주고 왔다. 남들은 국내에서 허세와 허욕으로 소모(消耗)에 들뜨고 있을 때 당신은 외국 언론인, 작가들과 사귀며 우리나라를 이해시키기 위해 술과 함께 친목의 역정(歷程)을 거듭해 왔던 것이다."

〈건배〉 추천사를 쓴 빈섬 이상국은 수탑의 이 책은 "처음엔 살풋 취하게 하고, 그 뒤엔 읽을수록 멋이 있고, 다시 생각할수록 맛이 있다. 곰곰이 생각한다. 비결이 뭘까. 세월을 머금은 글이 이토록 탱탱한 살결을 유지하다니… 지금 당장 신문 칼럼난에 다시 내놔도 독자를 사로잡을 매력이 숨 쉬지 않는가." 라면서 이 책이 독자를 맛깔 나는 매력의 세계로 끌어들이는 세 가지를 수탑의 ①빼어난 감수성 ②처음부터 끝까지 끈을 놓지 않는 유머 감각 ③천진하고 집요한 기자다운 호기심 등으로 꼽았다.

〈건배〉가 반드시 술 이야기만 하는 것이 아니다. 수탑의 '나라 사랑'

에 관한 부분을 두어 가지 인용해보고자 한다.

수탑은 '역사의 기상'이란 제목의 글에서 우리 민족이 평화를 애호하고 안정 성향을 지녔지만, 일단 외침을 받았을 때는 일치단결해 물리치는 슬기를 가졌다면서 다음과 같이 적었다.

"북(北)의 아류배(亞流輩)들은 민족적 주체를 운위하지만, 도대체 외세를 업은 그들이 민족 운운함이 가소롭다. 마르크스-레닌주의는 민족을 치지도외(置之度外: 도외시함)함이 특색이다.

그들의 주체는 곧 한 개인에 대한 숭배를 뜻한다는 것을 우리는 알고 있다. 외족(外族)의 세력을 업고 개인의 독재적인 지배력을 강화하려는 그들에 비해, 우리는 민족사적인 정통성을 갖고 민족적 명운을 계승하고 이를 후손에게 전하려고 하고 있는 것이다. 민족사적인 정통성은 우리에게 있다. 그 찬란했던 과거는 오늘을 사는 우리에게 무한한 장래를 약속해주고 있는 것이다."

또한 그는 '발전의 함수'라는 글에서 소위 우리의 지성인조차도 우리 자신을 모르는 세태를 이렇게 꼬집었다.

"허드슨 연구소 소장이자, 미래학자인 허먼 칸(Herman Kahn, 1922-1983)이 우리나라에 왔을 때, 울산공업센터 등 산업시찰을 하고, 서울로 돌아왔다. 이때 옛 제자가 정부 시책에 상당히 비판적인 투로 불평을 늘어놓자, 칸은 그 한국의 지식인더러 이렇게 묻더라는 것이다.

'포항종합제철이나 현대조선소를 가보았나?'

'준공된 이후로는 보지 못했습니다. 선생님.'

'그렇다면 입을 닥치게나.' "

1969년 4월 28일, 충무공 제424회 탄신일을 맞아 충무공 이순신 장군의 사당 현충사가 충남 아산에 중건되고, 그 일대가 우리나라에서는 처음으로 성역(聖域)으로 봉헌되자, 수탑은 '성역'이라는 칼럼을 썼다.

"박정희 대통령의 말마따나 '장군이 남긴 교훈을 받들어 조국의 현실을 타개하려는 우리의 결의와 노력을 다짐하기 위해서' 민족단 합의 구심점으로서 이 사당을 모시게 된 것이다. …(중략)… 충무공 의 면모는 그 자신의 〈난중일기〉에서도 약여(躍如, 눈앞에 생생함)하 지만, 서애(西厓: 류성룡의 호)의 〈징비록〉에 더욱 소상하게 나타나 있는 것 같다."

웃음을 짓게 하는 수탑의 모자 이야기도 빼놓을 수 없다. 빡빡머리 중학시절부터 그는 사포(chapeaux)라는 모자를 썼다. 짱구머리를 감추기 위해서였다. 대학에 다니면서는 기른 머리가 너무 빳빳해서 모자를 썼다. 필그림(Pilgrim)사(社)에서 나온 펠트모자(Felt Hat)를 쓴 건 그때부터다. 6·25전쟁 중에는 전투모를 썼다.

한때 그는 영국산 베레모를 쓰기도 했다. 이 모자는 월급봉투를 송두리째 거덜 내고 갈지(之)자 걸음으로 통금시간을 알리는 사이렌과 더불어 집으로 돌아온 날, 아내에 의해 아궁이에 들어갔다.

그래도 그는 미련이 남아 런던에 가는 친구에게 베레모를 구입해달라는 부탁을 했다. 그런데 그 친구는 수탑이 베레모를 쓰고 다니는 것에 약간 불만이 있었다. 그래서 빨간 것을 하나 사왔다. '설마 백주에 이걸 쓰고 다니랴?' 싶어서였단다. 그런데 그는 포트 와인(Port Wine) 빛 그 베레모가 무척 마음에 들어 하면서 애지중지했다. 길에서 뭇시선들을 받아가면서도 꿋꿋이 그 모자를 쓰고 출퇴근을 했다.

어느 날 버스를 타고 가다가 자기가 쓴 것과 똑같은 베레모를 쓴 신부님을 발견하고는 차에서 뛰어내리고 싶을 정도로 반가웠다는 얘기도 덧붙인다.

심연섭에게는 일화도 적지 않다. 한 번은 수탑이 어느 술자리에서 '천방지추마갈피(千方池秋馬葛皮)'라는 성씨(姓氏)가 보여주듯 천관우(千寬宇)도 양반이 아닐지 모른다는 말을 했다는 이야기가 돌아 조선일보 논설위원, 동아일보 편집국장-주필을 지낸 원로 언론인이자 재야 국사학자인 천관우에게 걸려 둔 것이다. 나이는 수탑보다 두 살 어린 1925년 생이지만 1949년 서울대학교 문리대 사학과를 졸업, 수탑과 호형호제하는 졸업 동기로 절친했던 천관우는 수탑을 술집으로 유인한 끝에 자기 집으로 데려갔다.

그리고는 벼슬을 한 조상들이 적지 않은 족보를 보여 주면서 "네가 나를 능멸했겠다."며 한 방 날렸다는 것인데, 이 얘기는 언론계에서 널리 알려져 있다. 수탑은 성(姓)인 천방지추마갈피(千方池秋馬葛皮)와 천민 계급으로 불리는 천방지축마골피(天方地丑馬骨皮)와의 혼돈에서 발생한 오류임을 설명하고 오해를 푼 것으로 전해진다.

천방지축마골피(天方地丑馬骨皮)는 오늘날도 '천한 성씨'로 알려진 7

개의 성씨를 이르는 말로, 천(天)은 무당, 방(方)은 목수, 지(地)는 지관, 축(丑)은 소를 잡는 백정, 마(馬)는 말을 다루는 백정, 골(骨)은 뼈를 다루는 백정, 피(皮)는 가죽을 다루는 백정이라고 하는데 이는 전혀 근거 없는 낭설이다.

8. 외신 오역으로 국헌문란선동 혐의

또 한 번은 서울 수복직후 수탑이 합동통신 외신부장으로 있을 때 어느 날 점심에 반주로 마신 술이 얼큰하여 회사 옥상에 바람 쐬러 갔을 때다. 마침 이승만 대통령이 지나간다고 길거리가 긴장해 있으니 수탑은 아래를 내려다보고 "식들아!" 큰 소리를 쳤던 것이다. '자식'의 '자' 글자를 뺐지만 그는 그 자리에서 경찰에 붙들려 유치장 신세를 졌다.

수탑은 '국제뉴스를 주로 다룬 언론인으로서 기억에 남을 만한 일이 무엇이냐?'는 기자들의 질문에 '합동통신 외신부장 시절 오역 사건으로 기자 등 4명이 국헌문란선동(형법 제90조 2항) 혐의로 구속'된 일이라며 매우 가슴 아픈 일이라 했다. 사건의 전말은 이렇다.

1952년 7월 한국을 방문했던 영국의 로이드(Selwyn Lloyd) 외무부 부장관이 7월 9일(현지시간) 영국 하원에서 '방한(訪韓) 보고'를 통해 대한민국 부산 피란 국회에서 7월 7일 통과된 발췌개헌안을 'fair compromise'(공정한 타협안)라고 평가했음에도 불구하고 합동통신 야근 기자가 로이터통신으로 입전된 이 대목을 'fail compromised'로 오독, '타협된 실패작'으로 번역한 것이 화근이었다. 이렇게 오역이

된 이유는 당시 '모스 부호(Morse Code)'로 입전(入電)된 기사가 '가블'(garble)됐기 때문이다. 가블이란 해외로부터 입전되는 전문(電文)이 오탈자(誤脫字)가 심해 '오독(誤讀)'되는 현상을 말한다.

9. 유엔총회 한국대표단으로 활약

그러나 언론인 심연섭의 역할은 외교에서 더욱 빛을 발한다. 심연섭은 1962년 제17차 유엔총회에 당시 언론사의 조사부장 신분이었지만, 쟁쟁한 인물인 이수영 주 유엔 대사(공보부장관-주 프랑스 대사 역임), 정일권 주미 대사(육군참모총장-외무장관-국무총리-국회의장 역임), 김용우 전 국방장관(초대 주영 대사, 대한적십자사총재 역임), 이용희 서울대 교수(서울대 행정대학원장-대통령 정치담당특별보좌관 역임), 김준엽 고려대 교수(고려대 총장 역임), 김명회 연세대 교수(연세대 대학원장-정법대학장-청주대 초대 총장 역임), 박준규 전 국회의원(국회의장 역임), 최완복 한국외국어대학장(통일원장관 역임), 이동원 대통령 비서실장(외무장관 역임), 최운상 외무부 방교국장(주 인도 대사 역임) 등과 함께 참가했다.

당시 외무부의 대표단 구성 원칙을 보면 어학 실력과 식견을 가진 자, 유엔에 관한 경험과 지식을 겸비한 자, 국내외의 명망가, 국제회의 참가 경험자 등이었다. 심연섭은 영국 신사풍의 체취와 풍부한 식견, 유창한 화술로 국위를 선양함으로써 이 무렵 그는 갑자기 일류 명사로 부각했다.

▲ 1961년 국가재건최고회의 외무?국방위 자문위원으로 위촉돼 박정희 의장(육군 소장)과 기념사진을 찍고 있는 수탑 심연섭(맨 좌측)

17차 총회에서는 16차 총회에 이어 유엔의 인구비례에 의한 남북한 동시선거라는 한반도통일원칙을 재확인하고 국제연합한국부흥위원회 (UNCURK, United Nations Commission for the Unification and Rehabilitation of Korea)의 활동을 지속시키는 서방측 결의안을 압도적 다수로 채택했다.

북한 지지 국가들은 당시 거의 매년 주한미군 철수 및 UNCURK 해체를 요구하는 결의안을 제출했으나 부결됐다. 심연섭은 1969년 당시 동양통신 논설위원이었지만 다시 제24차 유엔총회에 참석, 유엔을 통한 한반도 통일에 반대하면서 주한미군철수와 UNCURK 해체를 주장하는 북한 측 결의안을 부결시키는 데 앞장섰다.

1961년 11월에는 한국 기자로서는 유일하게 박정희 국가재건최고회

▲ 1961년 11월 한국 기자로서는 유일하게 박정희 국가재건최고회의 의장 방미수행원이었던 심연섭이
집필해 1962년 3월 출간한 '박의장방미수행기록'의 한 대목

의 의장 방미수행원이었다. 미 국무부가 그해 11월 9일 발표한 보도자
료에 따르면 박 의장 일행은 15명으로, 유양수 국가재건최고회의 외교
국방위원장, 최덕신 외무부 장관, 전병규 재무부 장관, 박병권 국방부
장관, 송정범 경제기획원 차관, 정일권 주미 한국대사, 원충연(대변인),
한상국(통역, 후일 김종필 비서), 박종규(경호담당), 조상호(의전장, 후
일 대한체육회장), 지홍창(주치의), 심연섭(동양통신 기자), 이정섭(문
화공보부 사진사) 등이었다.

　이 때 수탑이 쓴 것이 박 의장의 방미 일거수일투족을 다큐멘터리
형식으로 기록한 〈박의장 방미수행기록(朴議長訪美隨行記錄, 국가재건최
고위원회 출간, 1962년)〉이라는 책이다. 수탑 특유의 유려한 필치로 역
사의 현장을 사실적이고, 긴장감 넘치며, 재미있고, 충실하게 재현한 기
록이라는 평가를 받는다. 게다가 공보부의 사진사가 촬영한 사진을 많
이 포함하고 있어서, 마치 흥미진진한 한 편의 기록영화를 보는듯한 느
낌을 준다.

당시 미국 정부에서 볼 때 '5·16은 혁명인가? 군사정변인가?'였는데 이에 대한 답을 얻기 위해서 매우 유익한 저술이 바로 이 책이다. 우리는 5·16에 대해 아직도 언어상의 혼란을 겪고 있다. 혁명, 쿠데타, 군사정변 등의 용어가 혼용되기 때문이다. 혁명이라는 단어는 1961년부터 1994년까지 공식적으로 사용돼오던 용어다.

반면에 쿠데타는 주로 미국이나 유럽 언론에서 사용돼 온 용어다. 그리고 쿠데타의 우리말 번역인 군사정변은 1996년부터 국내 중고교 국정교과서에서는 물론 일반적으로도 사용되고 있는 용어다. 군사정변이란 용어는 1994년 교육부가 학계인사들로 구성된 전문 심사위원회 등을 통해 수차례 심의 끝에 만든 것이다.

그런데 박 의장 방미수행기록을 보면, 당시 케네디 정부는 5·16을 쿠데타 대신 혁명이란 용어로 표기하고 있었다는 사실이다. 박 의장 방미 직전, 백악관과 국무부는 미국 측의 입장을 정리한 'position paper(입장문)'에 당시 한국정부를 '군사정부(Military Government)'나 '쿠데타 정부(Junta)' 대신 '혁명정부(Revolutionary Government)'라고 공식적으로 표현했는데, 수탑은 이 대목을 놓치지 않았다. 이 책은 수탑이 타계한지 36년이 되던 2013년 4월 〈케네디도 반한 박정희〉(이현표 엮음, 코러스 출판사)라는 이름으로

▲ 한국의 베트남 파병이 극비리에 논의된 1961년 11월의 '박정희-케네디 백악관 회담' 내용이 비밀해제로 공개됨에 따라 수탑이 쓴 '박의장방미수행기록'을 토대로 2013년 코러스 출판사에서 보완 출간한 '케네디도 반한 박정희' 책 표지

보완, 재출간되었다.

〈박의장 방미수행기록〉의 가장 아쉬운 점은 당시 방미의 하이라이트인 '한국의 베트남 파병 제의'와 관련한 박정희-케네디 정상회담 내용이 빠져있다는 것이다. 이는 대화록이 양국에서 국가 비밀이었기 때문이다.

〈케네디도 반한 박정희〉가 전한 11쪽에 걸친 '비밀 대화록'에 따르면, 한미 양국 정상은 제1차 정상회담 시작부터 베트남 사태의 심각성과 함께 박의장의 한국군 베트남 파병 제의를 심도있게 논의한 것으로 드러났다. 이는 주한미군의 베트남 출병이 거론되던 당시 상황에서 주한미군을 한국에 묶어두기 위해 박정희 의장이 준비한 비장의 카드였으며, 당초 회담 의제에 포함되지 않았던 것이다.

이런 박 의장의 이니셔티브는, 케네디가 한국 군사정부에 대해 호감을 갖게 된 결정적인 계기가 됐으며, 케네디로 하여금 예정에도 없던 제2차 정상회담(구체적인 파병 논의를 위한)을 제의하도록 만들었다. 케네디가 박 의장을 홀대했다는 민주당과 재야학자, 좌파들의 지금까지의 주장들이 거짓인 셈이다. 한국의 베트남 파병과 관련한 박정희-케네디 정상회담은 미국 측에서도 대한(對韓)외교사에 빛나는 성공 사례의 하나로 기록될 만한 것이었다.

수탑은 5·16 주체세력이 아니었지만, 국익을 위해서라면 이처럼 발벗고 나섰다. 그는 그러나 그 흔한 감투 한 번 쓰지 않고, 언론인으로서 생을 마감했다.

▲ 1977년 3월 8일 오전 10시 서울 종로구 청진동 동양통신사 앞 뜰에서 회사장으로 치러진 고 심연섭 장례식(원내는 생전의 심연섭 모습)

10. 향년 54세, 세계가 애도한 언론인

1977년 3월 6일 향년 54세를 일기로 서울 성북구 삼선동 5가 410 전세집에서 지병인 설암(舌癌)을 이기지 못하고 아깝게 별세했다. 박정희 대통령은 임방현 청와대 대변인을 삼선동 집으로 보내 조화와 함께 조의를 전달하고 유족을 위로했다.

항간에는 애주가로서 세계 각국의 각종 술을 다 마셔보았고 국세청 주류심사위원이 될 정도로 술맛을 감별하다 설암에 걸린 것 아닌가하고 얘기하지만 술맛 감별과 설암은 의학적으로 전혀 무관한 일이라 한다.

고 심연섭의 영결식은 3월 8일 오전 10시 동양통신사 앞뜰에서 미망인 백남주 여사와 아들 심재호 군 등 유족을 비롯, 친지·사우 및 각계 인사 500여명이 참석한 가운데 회사장으로 엄수됐다. 삼선동 집을 출발한 장의행렬은 경찰 선도차를 앞세운 채 무려 1km 이상 이어졌다. 삼선동에서 혜화동 로터리, 대학로를 거쳐 종로 5가~1가에 이르는 도로는 대중교통수단인 버스를 제외하곤 모든 차량운행이 통제됐다. 경찰에서 고인의 언론과 나라에 대한 기여도를 고려해 시민들에게 이해를 구하며 스스로 취한 조치였다.

필자는 당시 사회부 사건기자로 종로-동대문-성북 경찰서를 각각 출입하고 있었기 때문에 그때 상황을 너무나 잘 알고 있다. 이런 교통통제가 요즘에 있다면 민원의 대상이 되고 언론에 두들겨 맞을 뿐 아니라, 최소한 해당 경찰서장 정도는 해임 사유가 되고도 남을 것이다.

영결식에서는 3부 요인을 비롯한 각계 인사들의 조화가 즐비한 가운데 동양통신의 홍승희 회장(전 재무장관), 김석원 사장(전 쌍용그룹 총수), 장기영 남북조절위원장 대리(전 한국일보 사주)가 각각 조사를 낭독했고, 윤천주 서울대 총장, 김옥길 이화여대 총장, 원로 언론인 홍종인씨를 비롯한 언론사 사장들과 문화예술계 인사, 찰스 스미스 UPI 홍콩 지국장 등이 분향했다.

심연섭의 별세 소식은 서울발 UPI, AFP, 교도(Kyodo) 통신 등을 통해 전 세계에 전해졌다. 거의 모든 국내 신문과 방송도 그의 죽음을 애도하는 기사를 내보냈다.

특히 장기영 한국일보 사주는 자신이 낭독한 조사 전문을 한국일보에 통단으로 싣고 "나의 말동무·글친구이자 애주가인 당신은 내 사무실을 방문하면 으레 'Your first secretary (Shim Yon-sup) reporting('상관님의 1급 부관 (심연섭) 보고합니다'라는 미국 군대식 신고 구호)이라는 큰소리와 함께 거수경례를 하고 보타이에 캡을 쓴 신사의 애교를 보였는데 이는 내 비서실에서만 볼 수 있었던 풍경이었소. 마실 것을 주문할 때면 차나 커피 대신 으레 '저는 스카치 소다를 주세요' 했었소."라고 회고하고 "술위부작(述而不作)은 당신의 성품이었소"라고 썼다.

술위부작이란 논어에 나오는 말로 〈있는 그대로 기술할 뿐 새로 지어내지 않는다〉는 뜻으로, 언론인에게는 객관적 보도를 강조해 이르는 말이다.

경향신문은 김석원 동양통신 사장의 조사를 세로 6단 크기로, 중앙일보는 '교차로'난에 가로 5단 크기로 수탑의 생애를 회고하는 글을 실었다. 월간 〈신문과 방송〉은 1977년 4월호에서 '수탑 심연섭 형'이라는 친구 이진섭의 기고문을 두 쪽에 걸쳐 게재했다.

필자 서 옥 식

前 연합뉴스 편집국장·논설고문,
前한국언론진흥대단 상임이사.
前언론중재위원회 중재위원,
서울대 총동창신문 논설위원,
대한언론인회 부회장 등 역임

한국 언론 수난사의 산 증인

고영(孤影) 최호(崔皓)

1924~2005년

촌철살인의 사회면 단평 '공기총' 명성
웃음과 탄성 자아낸 마력의 기인(奇人)

글 : 정구종(前 동아일보 편집국장(이사), 동서대 일본연구센터 고문)

〈고영 최호 약력〉

함남 함주 출생
함흥고보 졸업
와세다 고등학원 졸업

동아일보 기자~취재2부 차장
동 사회부장~편집부국장
편집국장 대리~상임정책위원 겸임
동경지사장
편집국장~이사
동아방송 방송국장
연합통신 상임감사
한국정치PR연구원 원장

고영(孤影) 최호(崔晧) 행적

7

한국 언론수난사의 산 증인
고영(孤影) 최호(崔皓)

1. 험난한 시대 독자와 함께한 삶의 반려자 「공기총」

신문과 방송 등 전통 미디어가 독자들을 사로잡거나 시청률을 높여 온 배경에는 그 시대의 세태를 날카롭게 대변하는 「킬러 콘텐츠(Killer contents)」가 있었다. 신문의 경우 칼럼, 단평, 네 칸 시사만화 등이 정론의 논평과 함께 촌철살인의 사회풍자로 독자의 사랑을 받으면서 신문의 성가를 높여 왔다.

1950년대의 동아일보는 백광하(白光河) 기자의 정치칼럼 「단상단하(壇上壇下)」와 최호(崔皓) 기자의 사회면 단평 「공기총(空氣銃)」그리고 김성환(金星煥) 화백의 시사만화 「고바우」가 독자들이 신문 나오기를 기다리게 하는 대표적인 킬러 콘텐츠였다.

공기총은 나날의 신문사회면 한 귀퉁이에 실렸던 사회풍자의 단평이다. 세태에 대한 비판을 불과 몇 줄의 문장으로 표현하면서 정치·사회의 불공정하고 비상식적인 현상들을 날카롭게 쏘아붙여 읽는 이로 하여금 웃음과 탄성이 저절로 나오게 함으로 카타르시스를 느끼게 하는 마력이 있었다.

최호는 29세의 젊은 기자시절인 1953년 4월 1일자부터 동아일보에 「공기총」을 집필하기 시작하였다. 항도부산 피란시절에 동아일보에 입사, 사회부 기자로 있으면서 매일 현장 취재하는 가운데서도, 또한 그 후에 사회부장, 부국장으로 데스크워크와 지면관리에 바쁜 시절에도 10여 년 간에 걸쳐 공기총을 「연속 발사」하였다.

동아일보는 「社史」에서 『「고바우」, 「두꺼비」의 두 연재만화와 더불어 해학과 풍자기능을 다하여 한국언론에 새로운 장르를 개척한 것은 본보 사회면의 좌하단에 연재한 崔皓의 「공기총」이었다』고 평가하고 있다. 『…짤막한 한두 마디가 따끔한 주사바늘의 즉각적 효과를 불러일으킨 특유한 시사적 비평으로 엄청난 고정 독자를 가지고 있던 「공기총」은 독자와 더불어 웃고 더불어 우는 삶의 반려자였다….』(「東亞日報社史Ⅱ-1950-1960」)

한국언론사에 정통한 언론학자 정진석 한국외대 명예교수는 "「공기총」은 한국신문 단평 저널리즘의 새로운 영역을 개척하였다"고 평가했다.

언론인 최호의 기억은 독자들에게 「공기총」으로 각인되었으나 그가 사회부장 시절 부원이던 기자들과 사회부장 지휘를 받던 사진기자들에게는 『냉엄하고 무서운』 일선 사령관으로 남아있다. 그의 부장시절 사회부기자였던 남시욱(南時旭) 화정평화재단 이사장(동아일보 수습1기 출신)은 "찬바람이 날 정도로 냉정하고 무서운 분이었어요. 원칙에 충실하였기 때문에 자유당 때 그 자리를 지키면서 싸웠지요"라고 말한다.

당시 사진부가 독립되기 전 사회부와 통합 운영되었는데 최호 부장의 사진취재 지시를 받고 있던 전 동아일보 이명동(李命同) 사진국장은 "치밀하고 꼼꼼했어요. 곱슬머리 옥니에 최씨요, 함경도 출신 아닙니까. 화가 나도 내색도 안 하고 조용히 한마디로 상대방을 제압하는 힘이 있었어요"라고 기억했다.

그가 자유당 시절 경찰국가적 감시 속에서도 공기총과 사회면 지면을 통하여 이승만 정권의 부정·비리를 가차 없이 비판하여 4·19학생의거에 이르는 민주화의 새벽을 연 것도 타협을 모르는, 불의를 못 참는 대쪽 같은 성격에서 비롯된 것이라 하겠다.

한편 「공기총」의 인기에 가려진 언론인 최호의 인생편력은 격동의 한국현대사의 수난을 현장에서 겪어온 생생한 역사의 증언이요 발자취이다. 언론을 통해 자유당 독재정권을 비판하여 4·19학생의거에 이르는 민중의 항쟁을 촉발하게 하였고, 5·16군사 쿠데타와 그 후의 군정, 민정이양을 「공기총」을 통해 날카롭게 비판하면서 군정당국에 저항하는 등 민주화 투쟁과정에서의 언론인 최호를 재조명하고자 한다. 그리고 12·12 신군부 쿠데타 세력이 저지른 언론통폐합 때에 동아일보가 동아방송(DBS)을 강제로 빼앗길 당시의 동아방송 국장(대표)으로서 신군부의 부당한 언론탄압에 항거하는 표시로 언론계 활동을 마감하는 등 한국언론 수난사의 산 증인이기도 하다.

그의 험난한 인생여정은 6·25 직전, 북한을 탈출한 후에 이산가족이 자유한국에서 극적으로 만나 정착하는 과정에서부터 시작되었다.

2. 공산치하 북한을 탈출하여 남으로 오다

고영 최호(孤影 崔皓)는 1924년 2월 19일 함경남도 함주군 하지천면의 영농인 가정에서 태어났다. 그는 함흥고보(함남중학)를 나와 일본 와세다(早稻田) 대학의 전신인 와세다 고등학원에 입학, 해방되던 해인 1945년에 졸업했다.

함흥고보는 1919년 3·1독립운동이 전국으로 확산되자 3월 3일 영생고보, 함흥농업학교등과 함께 1천여 명의 학생이 가두시위를 벌였고, 1929년 광주학생운동의 소식이 알려지자 함흥시내 다른 학교 학생들과 함께 동맹휴학을 하는 등 궐기하였다. 함흥고보에서는 그가 재학 중이던 1940년 학생 7명이 독립운동 비밀결사를 조직하였다가 일본경찰에 발각되어 붙잡히는 등 함흥지방 학생들의 민족운동 발원지였다.

함흥고보 동기생 강기철은 후에 서울대 법대를 졸업하고 동아일보 광고국장을 지냈으며 김태석은 약전(의대)을 나와 의사가 되었다. 그는 "최호가 학생시절에 책을 많이 읽었고 조용한 성격"이었다고 기억했다.

최호는 1945년 함흥여고보 졸업생인 규수 오정숙(吳貞淑)과 결혼하여 이듬해 장남 준권을 두었다. 해방과 함께 독립된 새 나라의 건설과 사회진출의 꿈에 부풀었던 것도 잠시, 북한에는 소련군이 진주하였고, 곳곳에 인민위원회가 들어서서 함흥에서도 밤마다 지역위원회의 회의가 열렸다. 회의에서는 지주 출신과 지식인들에 대한 자아비판이 강요되는 「사상재판」이 계속되었고, 그 가운데서 출신 성분이 『악질적』이라고 지목된 주민은 인민재판에 넘겨졌다. 46년 3월에는 북한 전역에 토지개혁이 실시되어 토지몰수가 곳곳에서 벌어졌다.

최호의 부친은 성실한 독농가(篤農家)였으나 토지를 소유하여 농사 짓던 「지주」의 집안인데다 그도 와세다 고등학원까지 마친 지식인으로 분류되어 언젠가는 자신도 사상재판→인민재판의 대상이 되지 않을까? 긴장과 불안 속에 나날을 지샜다. 그러던 어느 날 저녁 집에 들어오자 부인이 "당신 곧 잡으러 온다는 소문을 들었어요. 빨리 피 하세요"라며 피신을 재촉하였다. 급박한 상황이 다가오고 있음을 직감한 그는 간단한 봇짐을 허리에 둘러메고 집을 나서면서 "내가 먼저 남으로 내려가 있을 테니 당신도 준권이 데리고 내려와요"라고 작별인사를 했다.

부인 오정숙은 한살 채 안 된 아기를 안고서 "남에 가면 어디에서 만나요?"하고 물었다. 남한에 일가친척이나 친구 등 아무런 연고도 없고 갈 곳도 알 수 없었던 최호는 "서울역에서 만납시다"라는 말만 남기고 황급히 집을 나서 38선으로 향했다.

소련군은 일본의 항복 발표가 있기 전에 이미 함경도와 평안도에 진출해 있었고, 8·15 직후인 8월 28일 남북 간의 교통과 통신을 차단하였으며 물적, 인적 교류를 통제하기 시작했다.

최호는 곳곳의 검문소와 감시망을 피해서 가까스로 38선을 넘어와 서울에 도착, 서울역 가까이에 있던 작은 신문사에 일자리를 얻었다. 부인과 헤어질 때 「만남의 장소」로 약속한 서울역 근처의 신문사에 들어간 것이다. 그때 서울역은 월남한 이산가족들의 「만남의 광장」이었다. 그리고는 부인에게 편지를 보냈다.

『내가 서울역 근처에 있는 ○○신문사에서 일하게 되었으니 이 주소를 갖고 찾아오세요…』

해방 직후 소련군에 의해 교통과 통신이 차단된 가운데 남북 간의 유일한 통로로서 남북 우편물교환협상이 미·소 군당국간에 이루어져 「38 우편물」 교환이 1946년 3월부터 시작되었다. 남북우편물 교환은 6·25 전쟁 직전인 1950년 6월 22일까진 계속되었다. 최호의 편지는 이 기간 중에 다행히 부인에게 전해졌던 것이다.

편지를 보낸 후 그는 신문사 일이 끝나면 바로 서울역 광장에 나가서 부인의 모습을 그리면서 매일같이 찾아 헤맸다.

3. 부인의 북한 탈출, 이산가족의 만남

남편이 무사히 서울에 도착했다는 편지를 받은 부인 오정숙은 친정 부모의 도움으로 남행준비를 서둘렀다. 친정아버지는 딸과 외손자가 무사히 38선을 넘어 서울에 갈 수 있도록 길잡이를 구해서 명태 한 궤 짝을 지워주고는 "남쪽으로 내려가 팔아서 노자를 쓰고 딸애들에게도 주도록 하라"고 당부하였다.

그 해 추운 겨울 어느 날 저녁 집을 나선 오정숙 일행은 동해안을 따라 통천을 거쳐 며칠을 걸어서 38선 부근에 도착하였다. 당시 38선에서는 검문소를 피해 월남을 돕는 이들이 돈을 받고 길 안내를 해주기도 했다. 그런데 거기까지 같이 왔던 길잡이가 "잠깐 볼일 보고 오겠다"고 간 후에 감감무소식. 명태 짝과 함께 사라진 길잡이를 더 기다릴 수 없어서 오정숙은 38선 안내원에게 얼마간의 수고비를 주고 밤길 야산을 따라서 38선을 넘었다. 아이가 혹시 깨서 울면 들킬까봐 가슴에 꼭 안고 산길을 넘어오는데 "자신과 아이의 가슴 뛰는 소리가 귓전에 생생했다"고 후에 며느리(金泰玉)에게 들려주었다.

최호의 부인은 온갖 고생 끝에 의정부 검문소를 거쳐서 서울에 도착했다. 오갈 데도 없고 연고도 없는 객지. 함흥여고보 동창생인 친구가 서울 용산 청파동에서 간장공장을 하는 부잣집으로 시집갔다는 얘기를 들은 기억을 살려서 청파동 간장공장을 찾아 나섰다. 허술한 차림의 오정숙을 만난 동창은 "얘, 너 서울이 어딘 줄 알고 겁도 없이 애 하나 덜렁 업고 예까지 왔니!" 하면서 맞아주었다. 오정숙은 한동안 그 친구 집에 기거하면서 남편을 찾는다며 서울역 광장을 수없이 헤맸다.

그러던 중 서울역 앞 큰 길을 지나가다가 ○○신문사의 간판을 발견하고는 들어가서 "우리 애 아빠(최호)를 찾으러 왔어요"라고 말했다. 직원이 나서서 "최호가 여기에서 일하고 있었는데 며칠째 안 나온다"는 것이었다. 부인은 안심 반 걱정 반으로 그날부터 최호가 나타나기를 기다렸다. 서울역 광장에서 아기를 업은 채 목판을 메고 떡장수를 하면서 오가는 사람들 속에 남편이 나타나기를 며칠째, 어느 날 신문사 쪽의 큰 길에서 머리를 산발한 채 반쪽으로 마른 젊은이가 가까이 오는 것을 본 순간 남편임을 알아차리고 달려갔다. 학질에 걸려 며칠을 앓던 최호가 겨우 몸을 추스르고 신문사에 나왔던 것.

최호의 가족은 다행히 서울에서 만났으나 셋방살이에 월급도 제대로 못 받는 등 어려움의 연속이었다. 부인은 을지로 6가 계림극장 앞에서 껌 과자 등을 놓고 목판장수도 하고 동사무소에서 아르바이트로 서무 일을 도우면서 생계를 이어갔다.

1950년 6월 25일 북한의 침략에 의한 한국전쟁 발발로 수도 서울은 북한군에 점령당할 위기에 놓였다. 최호 일가는 피란 인파로 혼란스러운 서울역에서 남행열차의 지붕에 얹혀 타고 피란길에 올라 부산으로 내려갔다. 부인은 국제시장에서 초콜릿 등을 구해 파는 목판장수를 계속했다.

4. 동아일보에 정착하다

서울의 신문사들도 항도부산으로 피란해 왔다. 동아일보는 6월 25일 일요일 사원들을 비상소집하여 「북한 남침」을 알리는 호외(號外)를 내서 거리에 뿌리고는 사원들이 철야. 최두선 사장은 27일 사원들에게 몇 달치의 월급을 나눠주고 「일단 해산」을 선언했다. 9·28수복 후에 10월 4일 복간호(復刊號)를 냈다가 1·4후퇴로 다시 해산. 1951년 1월 부산에서 다시 신문을 내기 시작했다. 최호는 52년 9월 부산피란시절의 동아일보에 경력사원으로 입사하여 자리를 잡았다.

  "아버님이 부산에서 동아일보에 들어가서서 월급다운 월급을 받고 살림도 하고, 셋방이나마 반듯한 집으로 옮겨 살게 되었다고 어머님이 말씀하셨어요."

장남 준권의 부인 김태옥이 시어머니에게서 들은 이야기다.
동아일보에 자리 잡은 최호는 취재부 소속 기자로 일선 현장을 뛰면서 본격적인 취재·보도 활동을 시작했다. 서울역 앞의 작은 신문사에

▲ 임시수도 부산피난시절 동아일보 편집국에서 기사작성에 몰두한 최호 기자. 장남 준권이 아빠를 따라와서 지켜보고 있다.

서 쌓은 경험에 타고난 기자적 재질이 날개를 달았다. 그의 첫 기명기사가 동아일보에 실린 것은 입사 3개월 후인 '52년 12월 6일자'. 아이젠하워 미국 차기 대통령이 전시 중에 한국을 방문했을 때 임시수도 부산의 동아일보 본사에서 그를 서울에 파견하였다.

〔서울에서 3일 본사 특파원 최호 발(發) 지급전(電)〕「세계의 아이크 3천만이 고대하던 아이젠하워 장군은 진정코 왔다. 단기 4285년 12월 2일 하오 7시 57분. 한국사상 초유의 빈객 아이젠하워 미국 차기 대통령은 영하 7도의 차디찬 날씨 감도는 김포공항에 안착하였다…」

최호 특파원은 아이젠하워 미국 차기 대통령이 도착 즉시로 미8군 사령부에 가서 한국전쟁에 참전하고 있던 아들 「존 아이젠하워」소령과

감격적인 부자 상봉을 하는 장면과 이어서 4일에 열린 서울시민 환영대회 및 아이크의 전방부대 시찰 등을 보도했다.

> 「미국 차기 대통령 아이젠하워 원수의 내한을 고대하던 80만 서울시민들은 '아 원수 내한 환영대회'를 4일 오전 10시부터 개최하였다. 이날 가가호호에는 한미양국기가 휘날리고 남녀노소를 막론하고 양손에 한미양국 국기를 쥐고 대회식장인 중앙청광장에 삭풍추위를 무릅쓰고 중공오랑캐를 압록강까지 물리쳐야만 우리는 산다는 굳은 결의와 정열에 불타올라 인산인해를 이루는 한편⋯3천만이 고대하던 아이크, 그는 바람과 같이 왔다가 바람과 같이 돌아갔다」

5. 촌철단평 「공기총」 - 53년 4월부터 집필

최호 기자는 53년 3월 대구에서 열린 이승만 대통령 저격사건 공판 기사 및 심층보도 등 현장르포를 통해 필력을 인정받았고 입사 7개월 만에 사회면 단평의 필자로 선정되어 자신이 개척한 「공기총」을 집필하였다. 1953년 동아일보 창간 33주년 기념호인 4월 1일자부터 매일 사회면 한 귀퉁이에 실린 「공기총」은 짤막한 한두 줄, 서너 줄의 단평 속에서 특유한 위트와 유머로 정치를 비평하고 서민의 정서를 대변하여 세태를 반영하는 「민심의 거울」과도 같았다.

최호의 「공기총」 제1탄은 자유당 정권시절 농민회의 주도권 다툼을 향해 포문을 열었다. '52년-53년'에 농민회 조직을 둘러싼 군소 농민회의 분규로 전국이 소란했다. 발단은 이승만 대통령이 『농민의 권익을

옹호할 수 있는 농민회를 농민의 자율적인 의지로서 조직하라」는 담화
와 함께 옛 「農會」의 재산 10억원을 이양할 것이라고 시사한 것이 도화
선이 되었던 것.

『감격의 기도』
　오오 주여! 우리들의 권익 대변자가 이렇게도 많은 줄은 오늘 비
로소 알았나이다. 아멘!　　　　　　　　　　－ 농민(4월 1일자)

『진짜 판정법』
「똥통」을 지워서 경주를 시켜봅시다.　　－ 농민회

　당시 정국은 집권여당 자유당의 내분과 파쟁으로 파벌 간에 비난성
명이 오가는 등 혼란 상태였다. '53-54년'
휴전협정 성립 전후의 국회는 거의 매일
같이 성원미달로 유회되기가 일쑤였다.

『당훈(黨訓) - 3대 자유』
1. 분당의 자유
2. 내분의 자유
3. 성명의 자유　　－ 자유당

『분렬증』
명패는 의사당에
신체는 출마지에
정신은 득표수에　　－ 결석의원

▲ 젊은 시절의 최호. 동아일보 광화문 사옥
앞. 뒷쪽에 옛 중부소방서의 화재감시 전망탑
이 보인다.

수색원(搜索願)

선량들의 지조를 찾아주십시오.　　　- 국민

초청장

다망중 죄송하오나 상경 시에는 일차 의사당에 내방하여 주시옵
기 앙청하나이다.　　　　　　　- 「의원제위」 귀하, 국회의장.

54년 하반기에는 대통령의 중임을 허용하는 이른바 「4사5입(四捨五
入) 개헌」파동으로 소란했다.

『개헌안 속출』

내 얼굴이 그렇게도 못났는지
다시 한 번 거울을 보고 있습니다.　　　- 헌법

『개헌안 상정』

「거수기(擧手機)」 시운전중　　　　　- 자유당

『국민투표』

- 네가 하는거야? 「민의」
- 내가 하는거야? 「민심」

　하늘아래 처음 보는 「사사오입」 개헌안의 통과를 밀어붙인 여당 횡
포를 비꼬아 쏘아댄 「공기총」은 많은 이들의 공감을 샀다. 최호는 55년
사회부장으로 임명되어 취재현장을 진두지휘하는 가운데도 매일 「공기
총」의 집필을 계속했다.

6. 최호 사회부장과 「4·19 학생혁명」

1950년대 후반은 자유당정권의 장기집권 기도로 정치·사회가 혼란했다. 정치깡패가 난무하여 테러 사건이 발생하고 곳곳에서 이승만 독재에 항거하는 집회와 시위가 잇따랐다.

최호 부장은 이강현(李綱鉉), 이효식(李孝植) 등 민완기자들을 부산, 마산 등 데모 현장 취재에 파견하여 반독재운동의 현장 취재·보도에 힘을 쏟았다. 사진기자 이명동은 사회부 데스크 옆에 배치되어 최호 부장의 취재지시를 받았다. 최호는 자유당이 동원한 정치깡패들, 유지광 등이 야당 정치인들에게 폭력을 휘두르는 현장에 이명동을 투입시켜 사진을 찍도록 했다. 그 사진을 신문에 실어 "이래도 정치깡패를 못 잡느냐"고 자유당정권에 항거했다.

사진기자 박용윤(朴容允, 후에 사진담당 부국장)은 장택상 후보등록 방해 테러사건을 살벌한 가운데 단독으로 찍어 사회면을 빛냈다. 『3월 15일 정부통령 선거일에는 이승만 대통령이 투표하는 사진을 찍어 급히 회사로 가져갔는데 사회면에 「공기총」 칼럼을 쓰는 최호 사회부장이 "대통령 사진이고 뭐고 쓰지 말자"고 제안해서 그 날 하루 신문이 사진 없이 먹판으로 나갔다. 전날 동아일보 기자가 폭력배한테 (테러)당한데 대한 무언의 항의였다.』(Open Archives, 현대사기록연구원(신동호)의 「4·19혁명」 박용윤구술아카이브, 2010년 8월, 東亞日報社史II, 1945-1960)

박용윤은 4월 12일 "마산으로 가라"는 취재지시를 받고 마산도립병원에 가서 태극기를 덮어놓은 김주열 사진을 찍었다. 이 사진과 최루탄

▲ 4·19 당일 경무대 앞까지 진출한 학생 및 시민 시위대가 경찰의 발포에 쫓겨 피하고 있다. (이명동 촬영)

이 박힌 모습을 그린 그래픽을 함께 지면에 내보내 충격이 더 했다.

이명동은 4·19학생의거 당일 사회부장의 취재 지시로 경무대 앞까지 진출한 학생시위대를 따라서 현장사진을 찍었다. 경찰의 발포로 총탄이 날아들어 데모학생들이 곳곳에서 쓰러지고 쫓기는 가운데 그는 경찰 살수차, 호송차 뒤에 몸을 숨긴 채 촬영. 이 사진은 동아일보 1면에 전단(全段)으로 실렸으며 반독재 시위가 전국으로 확산되는 기폭제가 되었다. 당시 대학생들은 마산 등 곳곳에서 벌어지는 부정선거 규탄시위를 신문을 통해 알게 되었다.

4·19당시 서울대 학생이었던 조선일보 기자출신의 허문도(許文道) 전 문공부 장관은 "그 때 대학생들은 거의 모두 「공기총」의 애독자였어요. 공기총을 보고 데모에 뛰쳐나갔어요."라고 생전에 필자에게 밝혔다.

자유당 장기집권 속에 정치는 혼란했고, 경제는 파탄상태였으며 사회는 암담하여 국민은 방황했다. 그런 세태 속에 자유당의 선거부정을 가차 없이 비판한 신문은 국민의 답답한 심경을 어루만져 주는 위안이 되었다.

동아일보 수습 2기 출신의 정형수(鄭亨壽) 전 주일한국대사관 공사는 "경찰국가와도 같았던 험난한 시대에 정치의 부조리와 부정선거 등을 파헤치고자 기자들을 진두지휘했던 최호 사회부장은 4·19학생의거 과정의 민주화운동에 크게 기여한 언론인"이라고 평가했다.

7. 「최호-이명동 콤비」 저널리즘의 전설

최호 사회부장은 사건현장과 주인공의 인물은 물론 선거와 국회 등 정치현장의 사진을 중시하고 챙겼다. 그는 언제나 사진기자 이명동을 찾았다. 사회부장 얼마 안 된 55년 가을 최호는 형사사건 피고인으로 옥중에 있던 야당의원 서민호 씨의 옥중 인터뷰를 이효식 기자(후에 사회부장)에게, 인터뷰 사진취재를 이명동에게 지시했다.

이명동은 "형무소 안에 있는 사람을 어떻게 찍느냐?"며 못하겠다고 버텼다. 최호는 "한 달, 반년, 1년이 걸리더라도 찍어오라"고 수차례 재촉했다. 이명동과 이효식은 화장실에서 만나 "저 독종! 칼로 찔러 죽일까부다"라고 사회부장 『살인모의』까지 했으나, 서 의원의 가족을 설득해서 서 의원의 사위로 위장하고 이듬해 1월 가족 면회를 성사시켰다. 이명동은 외투 속에 감춘 카메라로 입회 간수를 속이고 천신만고 끝에 서 씨 사진 한 커트를 찍는데 성공, 옥중 인터뷰 기사와 사진은 특종으로 인쇄 직전의 연판에까지 올랐다. 그러나 서 씨 가족이 뒤늦게 찾아와 눈물로 매달리는 바람에 사진은 온통 긁힌 연판자국으로 지면에 나왔다. 독자들은 당국의 압력으로 서 씨의 옥중사진이 긁혀 나온 줄로 인식하였다.

최호는 어느 날 이명동에게 "서울시내 다방 여종업원(레지)들을 찍어 앨범을 만들라"고 지시했다. 당시 유명 인사들의 사랑방이던 다방은 1천여 개, 레지만도 4천~5천여 명. 이명동은 '하는 데까지 해보자'는 심경으로 다방을 돌면서 「몰래카메라」의 셔터를 열심히 눌렀다. 56년 1월 17일 서울 충무로4가 모니카다방에서 27세의 청년이 짝사랑하던 다방주인의 딸 겸 레지가 부모의 반대로 결혼이 좌절되자 권총으로 쏘아 즉사케 하고 자신도 자살을 기도하는 사건이 발생했다.

이명동은 '다방레지 앨범'을 뒤져 피살된 레지의 사진을 찾아내 최호 부장에게 전달. 동아일보는 큰 사진 특종을 했다. 「5천분의 1」의 확률로 이룬 이 사진 특종은 주도면밀한 사회부장 최호와 사진기자 이명동의 각고의 노력의 소산이었으며 「최호-이명동 콤비」의 치밀한 사진저널리즘의 결실이었다.

이명동은 생전에 필자와의 인터뷰에서 "최호는 한마디로 「뉴스의 화신」이었어요. 24시간 뉴스만 생각하면서 뉴스에 어떻게 하면 사진을 붙여서 현장감각을 살릴까를 생각하는 분이었지요. 사진저널리즘을 실재화 하는데 크게 기여했습니다"라고 되새겼다.

8. 군사독재 정권과의 투쟁

4·19학생의거와 4·26대학교수시위 끝에 이승만 대통령의 하야로 자유당정권이 막을 내리고 1960년 민주당정권이 들어섰다. 독재에 항거한 시민운동으로 새 시대가 열린 것이다. 최호의 건강이 안 좋아서 「공기총」은 61년 1월부터 쉬게 되었다. 독재정권추방의 목표가 실현되고 비판의 타깃이 사라지자 잠시 동안 허탈감으로 붓을 놓게 되었을 것으로 추측된다.

1월부터 쉬고 있던 「공기총」은 그 해 5·16군사쿠데타의 폭풍 속에 계속 쉴 수밖에 없었다. 최호는 1964년 신동아 복간호를 계기로 연재했던 「공기총 풍자 10년」에서 당시의 상황을 담담하게 적고 있다.

『…이 해(1961년) 1월 중순경부터 고장이 나서 휴사중(休射中)이던 「공기총」도 5·16 후의 신문검열과 포고령 등에 묶여 계속 쉬는 수밖에 없었다…』

군사쿠데타 이후 군정 당국의 언론 통제가 계속됨으로 해서 「공기총」의 집필 분위기에 어려움이 있었음을 짐작케 한다.

▲ 「공기총」집필의 무거운 짐을 내려놓은 후 가족과 함께 동아일보 광화문 사옥 앞에서. 뒤에 부인(오정숙)과 둘째 아들 민권의 손을 잡고. (1965년)

『…61년부터 63년까지 - 불안과 초조와 공포의 불연속선…, 軍政에서 民政으로 가기까지의 갖가지 곡절은 이루 헤아릴 수 없다…』
(「신동아」 회고록)

그는 강직한 성품으로서 사내외의 압력에 굴하지 않았다. 62년 3월 『서울시내 삼양동 빈민촌에서 배급받은 옥수수죽도 못 먹은 채…기한(饑寒)속에 거둔 6순의 숨결』이라는 기사로 인해 최호 부국장과 이혜복(李惠馥) 사회부장, 남시욱 기자는 당국에 연행되어 고초를 겪었다.

9. 「공기총」 재발사와 수난의 역사

한편 민심은 「공기총」이 계속 쉬게 두지 않았다.

『… 속 시원한 「공기총」의 「재발사」를 갈망하는 소리는 비판 부재의 군정기간에 더욱 절실하였다. 예를 들어 63년 5월 25일에 열린 본보의 서울시내 보급소장(독자센터장) 회의에서는 "공기총을 부활하라", "고바우 다시 나와야 한다"고 아우성들이었다. 이에 대해 고재욱 주필은 이렇게 답변했다.

"「공기총」은 언론정책이 어느 정도 완화되면 부활할 방침이다. 독자가 갈망하는 것은 잘 아나, 공기총의 성격상 당분간 중단하고 있는 것이다. 「고바우」가 쉬고 있는 것은 김성환 군의 신병 때문이다」…』
(東亞日報社史Ⅲ, 1960 - 1970)

고재욱 주필의 이 같은 설명으로 미루어 검열 등 군정하의 언론정책과 「공기총」의 비판 기능이 맞부딪치는 사태를 피하고자 「공기총」의 재발사가 때를 기다리게 된 것으로 추측된다.

마침내 「공기총」은 2년 7개월만인 1963년 8월 15일에 다시 살아났다. 당시의 정국은 국가재건최고회의 박정희 의장이 발표했던 이른바 「민정이양」이 최대의 관심사였다. 민정이양의 시기와 방법을 둘러싸고 박 의장의 수차례의 「번의(飜意)」성명으로 적지 않은 동요와 혼란이 계속되었다. 「공기총」은 세 차례의 번의 파동을 다음과 같이 비꼬았다.

「제1차 번의」
나도 갑자기 편하게
살아볼 욕심이 생겨서
실탄발사는 보류하겠읍니다.
염치야 있든 없든…… (8월 19일자)

「제2차 번의」
本銃은 다시 번의하여 下記의 軍縮 약정 밑에
실탄발사할 것을 엄숙히 서약합니다.
1. 최고 박격포부대는 이를 폐지할 것
2. 후방 원자포부대는 이를 동결할 것
3. 중앙감시위원단은 敵性행동을 중지할 것

「공기총」의 부활을 전후하여 일어났던 5·16 주체세력들의 잇따른 민정이양 시기번복은 민심을 혼란 속에 빠뜨렸다. 최호는 군정당국의 그 같은 난맥상을 「공기총」에서 가차 없이 비판했다.

　　「제3차 번의」
　　「선서」고 「나발」이고 또 마음이 달라졌습니다. 본총은 앞으로
　4개월간 실 탄발사 연기에 대하여 그 가부를 「독자투표」에 부하여
　독자의 의사를 묻기로 결심하였습니다. (8월 21일자)

　『이상 며칠간의 「공기총」은 군정 2년간 군정지도자 박정희가 민정참
여문제로 거듭 「번의」함으로써 걷잡을 수 없는 혼란이 야기된 가운데
일희일비하던 국민감정을 시원하게 반영 대변한 것으로 아슬아슬한 한
계선까지 육박한 것이다』(東亞日報社史Ⅲ. 1960-1970)
　　공기총은 군정당국에 대해서만 비판적이었던 것이 아니다. 혼미를
거듭하던 야당에 대해서도 따끔하게 지적하였다. 민정이양을 앞두고
군부중심의 여당에 대항할 통합야당의 출현이 절실하였으나 야당은 고
질적인 계파싸움으로 혼란을 거듭하였다. 최대 야당 「국민의 당」창당
대회에서는 난투극까지 벌어졌다.

　　「국민의 당 난항」
　　그래서 「國民의 黨」이라고 못 쓰는 겁니다…… (- 한학자)

　　「국민의 당 난투발악」
　　부상자는 정신병원으로 돌리고 있습니다…… (- 외과의)

　　「끝내 국민배반한 국민의 당」
　　사람자식들! (- 개)

한편 거듭된 번의파동을 날카롭게 비평한 동아일보와 공기총의 「위력」은 군정에서 옷만 갈아입은 제3공화국 주체들에게는 적지 않은 「위협」으로 받아들여졌다. 3·16성명으로 군정 연장안이 공식으로 발표되고 국민투표에 붙여졌다.

이에 대한 언론의 찬반토론이 비상사태 임시조치법으로 금지되자 동아일보는 두 주일간 사설 없는 신문으로 무언의 항의를 하였다. 또한 「국민투표는 만능이 아니다」라는 사설을 실은 것과 관련하여 고재욱 주필과 황산덕 논설위원이 군정당국에 의해 구속되는 등 탄압을 받았다. 「공기총」은 이를 정면으로 비판했다.

- 「신체구속도 결코 만능이 아니다」 라는 사설이 나올 차례.

(8월 2일자)

제3공화국 대통령 선거가 63년 10월 15일 박정희 후보와 윤보선 후보의 사실상의 양자대결로 치러진 끝에 15만 6028표를 더 얻은 박정희 후보가 당선되었다. 그 해 12월 17일 제3공화국의 출범과 함께 군정이 종식되었다.

그리고 제3공화국 출발 당일의 「공기총」은 「축(祝)」 자(字)가 만발한 일러스트로 민생고에 허덕이는 서민들의 심정을 대변하고 있다.

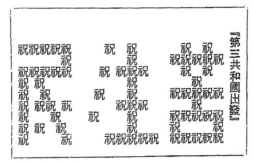

'祝'자로 쓴 민생고 – 12월 17일

10. 「공기총」은 멎었으나 '역사는 되풀이되고…'

공기총은 1964년 2월 17일자의 단평을 끝으로 종지부를 찍었다. 民政으로 재출발한 5·16 세력들에게 「공기총」은 「눈의 가시」로 여겨졌을 것이다. 안팎의 압력에 「공기총」의 방아쇠가 멎고 말았다.

월간부장 권오철이 최호에게 신동아 복간기념특집으로 「공기총」10년을 정리해 줄 것을 요청, 그는 64년 10월호부터 65년 7월호까지 「공기총 풍자 10년」의 발자취를 9회에 걸쳐 집필, 연재하였다. 이 시리즈의 마지막 회에서 최호는 「공기총」 집필을 내려놓던 때의 심경을 다음과 같이 담담하게 적고 있다.

『… 「공기총」은 1964년 2월까지 계속되었다. 역사는 되풀이되고, 어제의 추억은 내일의 교훈이 된다고도 하지만… 덧없이 흘러간 10여년을 이것으로 한번 매듭지어본 것만으로 필자는 스스로 위로하고 마지막 붓을 놓으려 한다…』

동아일보는 창간 60주년 기념특집(80년 4월 1일)에서 「수난 속에 의(義) 지킨 正論과 풍자」제하에 최호의 「공기총」과 백광하의 「단상단하」를 재조명했다. 최호는 전만길(全萬吉) 기자와의 인터뷰에서 64년 2월에 「공기총」 집필을 중단한 까닭에 대해 "여러 여건이 '맵게' 쓰는데 한계를 보여주었고 싱겁게 쓸 바에야 쓰지 않는 게 나을 것 같아서"였다고 솔직한 심경을 털어놓았다.

최호는 「공기총」을 통하여 독자들의 공감을 얻고 심금을 두드렸다.

절절한 줄들(行間) 속에 날카롭게 빛나는 단평 저널리즘의 새로운 지평을 열어주었다. 「공기총」은 1천(千)의 얼굴을 가진 카멜레온처럼 갖가지 시각과 다채로운 문장으로 독자들의 심금을 웃기고 울렸다.

그 화려한 무대로부터 붓을 내려놓은 순간의 아쉬움과 섭섭함은 10년 동안 안팎에서 받아온 수많은 압력과 스트레스로부터의 해방이라는 작은 보상을 가져다주었다. 그가 「공기총」 독자에게서 받은 사랑과 성원과 격려는 『수고하고 무거운 짐 진 자여! 다 내게로 오라』는 성경의 한 구절처럼 그에게 정신적인 위로와 평온함을 가져다주었다.

11. 후배들에 따뜻하고 인정 많은 「맏형」

「공기총」 절필 이후의 최호는 「무서움을 모르는」 현장의 기자로부터 온화하고 넓은 가슴으로 언론계의 후배들과 함께 어울리고 감싸주는 맏형이 되어 동반자의 길을 걸었다.

▲ 편집국장 시절의 최호

필자가 67년 1월 동아일보 수습기자로 입사했을 때 최호는 편집국장대리였다. 수습훈련 중에 이렇게 물었다.

"수습이 끝나면 무슨 부에 가겠다고 희망했는가?"

"제1지망부터 제3지망까지 사회부라고 적었습니다."

그는 아무 말이 없었다. 그 날 저녁 최 국장을 중심으로 한 선배들의 회식에 불려갔는데 술 한 잔씩 돌아가자 최 국장은 조용한 목소리로 내게 말했다.

"역시 기자는 사회부 기자를 해봐야지."

온화하고 정이 많은 「맏형」과도 같았다.

사회부장·담당부국장·편집국장대리로서 신문 본지 제작의 일선에서 진두지휘하는 나날 속에서도 10여 년 간 집필해 온 「공기총」의 붓을 내려놓은 그에게 회사는 어린이신문 창간의 산파역을 맡겼다. 신문제작의 야전군 사령관이 갑자기 한직을 맡게 되자 평소에 그를 아끼던 일민 김상만(金相万) 부사장은 그의 인사안(案)에 마지못해 결제하면서 상임 정책위원 등 회사의 주요업무를 맡겼다.

소년동아일보는 문화부 데스크인 시인 이상로(李相魯)를 부장으로, 문교부 교과서 편찬위원으로 있던 최준철(崔俊喆, 후에 소년동아 국장)을 차장으로 영입하여 창간을 이루었고, 최호 국장은 소년동아 성장에 힘을 기울였다. 오랫동안 그를 모셨던 최준철은 "언제 내가 차갑고 날카로운 사람이었냐는 듯이 온화하고 정이 많은 분이었다"고 되새긴다. "부원들을 집으로 초대하여 식사도 대접하고 밤늦도록 함께 바둑을 두기도 했다. 또 부원들의 초대로 가정을 방문하여 회식하는 등 인간애 넘치는 사랑으로 우리를 돌봐주셨다"고 회고했다.

임원실의 비서부장을 지낸 문명호(전 워싱턴 특파원·전 논설실장)는 "속이 깊고 마음은 누구보다 따뜻한 분이었다. 당시의 소년동아 기자들은 지금도 최호 국장을 「사부(師父)」처럼 존경하고 있다"고 기록했다. (문명호, 관훈저널 「미니회고」, 2009년 12월 통권 113호)

회사는 그를 다시 중용하여 70년 도쿄 지사장으로 발령했다. 근무

▲ 유신치하에서 동아일보 기자들의 「자유언론실천선언」대회(1974년 10월 24일·편집국). 이후에 유신정권은 동아일보에 광고탄압을 가했고 일부 기자들의 제작거부사태로 혼란한 가운데 최호는 편집국장으로 전격 발탁되어 사태수습과 편집국의 안정을 도모했다.

중 74년 '동아광고탄압사태'를 맞았다. 세계 언론 사상 유례가 없는 유신정권의 광고탄압에 항의하는 독자들의 격려광고가 이어졌고, 일본의 독자들도 동아일보 도쿄지국에 격려금을 갖고 왔다.

최호 지국장은 "우리의 일은 우리가 알아서 대처하겠다."면서 일본 독자들의 격려광고를 정중하게 거절했다. 「일본발 격려광고」가 자칫 한일 간의 외교마찰을 일으킬 것을 우려한 판단이었다. 동아일보 기자들의 「자유언론 실천선언」(74년 10월 24일)에 이은 당국의 광고탄압과 백지광고사태, 일부 과격한 기자들의 신문제작 거부농성 등 혼란한 가운데 송건호(宋建鎬) 편집국장이 제작거부사태에 책임을 지고 사의를 표명했다.

김상만 사장은 최호를 편집국장(이사)으로 전격 발탁하여 사태수습과 진화작업을 맡겼다. 최호 편집국장은 지도력과 포용력으로 후배들을 이끌면서 편집국의 안정적인 분위기를 되찾는데 심혈을 기울였다. 유신독재정권하의 긴장된 상황에서 회사는 역사의 굴곡마다 그를 찾았고, 최호는 이를 감당했다.

12. 신군부 언론사 통폐합의 대표적인 피해자

유신 말기의 긴박한 세태 속에 그는 다시 소환되었다. 편집국을 안정시킨 후에 최호는 77년 동아방송(DBS) 국장(대표)으로 기용되어 방송담당 임원으로서 동아일보의 방송사업에 전념했다.

박정희 장기집권 속의 유신체제는 대학가, 종교계, 야당, 노동계, 시

▲ 동아방송 개국 기념 장면, 최호는 1977년 국장으로 취임했다.

민 등의 저항운동으로 종말을 향해 기울어져 가고 있었다. 김영삼(金泳三) 야당총재의 가택연금, 방직회사 YH 여공들의 농성과 투신자살, 부마(釜馬)사태의 충돌 등 유신정권의 무리한 정권연장 기도는 곳곳에서 저항에 부닥쳤다.

1979년 10월 26일 청와대 궁정동 안가(安家)에서 박 대통령이 김재규(金載圭) 중앙정보부장에 의해 시해되는 사태로 비상계엄이 선포된 가운데 박 대통령 시해사건의 합동수사 본부장이 된 전두환(全斗煥) 보안사령관이 실권을 쥐었다.

전두환은 수사과정의 군 내부 대립 속에 이른바 12·12신군부 쿠데타를 일으켜 정치의 전면에 나섰다. 신군부 주동자들은 헌정질서를 무시한 채 정권을 탈취하는 과정에서 자신들의 정통성에 의문을 제기하는 언론에 재갈을 물리고자 80년 11월 이른바 「언론사 통폐합」 조치를 단행하여 신문사와 방송사를 강제 통폐합시켰다. 방송의 경우 동아방송과 동양방송(TBC) 등 민방은 하루아침에 공영 KBS로 흡수, 폐쇄되는 폭력적 사태의 희생자가 되었다.

1963년 4월 25일 새벽 첫 방송을 시작으로 수많은 애청자의 사랑을 받아온 동아방송은 80년 11월 30일 고별방송을 끝으로 전파의 발신을 중단해야 했다. 12월 1일 아침 기자, PD, 성우, 기술직 등 DBS 소속 동아일보 사원 230여명이 3대의 버스에 나눠 타고 동아일보 광화문 사옥을 떠나던 날, 김상만 회장과 최호 방송국장은 눈물로 사원들을 전송했다.

최호는 KBS로 가지 않았다. 방송담당 임원으로서, 사실상의 동아방송 대표로서 회사를 빼앗기고 아끼던 사원들을 떠나보낸 그는 가슴이

▲ 1980년 12월 1일 신군부에 의한 「언론사 통폐합」조치로 동아방송(DBS)이 강제로 폐쇄되고 소속기자, PD, 기술직, 성우들이 통폐합되는 KBS로 떠나는 날 동아일보 광화문 사옥앞. 김상만 사장(왼쪽 아래 끝)을 비롯한 최호 국장 등 동아일보 사원들이 눈물로 전송하고 있다.

미어졌다. 회사에 사직원을 내고 12월 29일자로 동아일보사를 그만두었다.

일생 언론인 한길을 걸어온 그에게 신군부 쿠데타 세력에 의한 폭력적인 방송회사 찬탈은 용서할 수 없는 폭거였고, 언론계에 더 이상 몸담기 힘든 충격이었다.

동아일보에서 편집국장과 방송국장을 모두 역임한 사원은 최호가 유일하다. 그만큼 그는 뛰어난 「동아 맨」이자 탁월한 언론인이었다. 그 같은 인재를 신군부 정권이 언론계를 떠나게 한 것이다.

13. 언론을 통해 자유민주주의 수호에 헌신

언론인 최호는 고영(孤影)이라는 아호처럼 그림자 같은 일생을 살았다. 자신이 지연, 학연, 인맥이 없는 외톨이와 같다는 생각에서 그 같은 호를 지었으리라고 최준철은 해석했다. 그는 최호 국장의 집을 방문했을 때 방에 걸려 있는 「孤影」 액자를 본 기억이 있다.

"70년대 어느 해인가, 서울에서 서예전을 개최하러 온 중국인 서예 작가가 아버님의 아호를 친필로 써서 액자를 만들어 주셨어요."

며느리 김태옥의 말. 최호는 이 호를 평생 대외적으로 사용한 일이 없다.

"아버님은 평소에 집에서도 말이 없으셨어요. 그저 생활 속의 행동으로 당신의 뜻을 가르치셨지요."

차남 민권(民權· 계명대 건축학과 명예교수)은 "생전에 아버지에게 「공기총」을 모아서 책으로 펴내면 어떻겠냐?"고 제안했다. "아버님은, '무슨 소리를 하는 거야' 하시면서 한마디로 제 말을 막으셨어요."

그의 대쪽 같은 성격이 말해주듯이 최호는 겸허하고 청렴한 일생을 살아왔다. 「正道」를 걸어온 언론인들의 삶이 청렴하고 외로웠듯이 최호 역시 퇴직 후에는 고고한 생애를 지냈다.

"아버님이 물려주신 건 책과 바둑판뿐이었어요."(최민권).

뇌종양으로 입원 중이던 부인이 97년 타계. 부인의 영정을 안고 장지로 가는 운구차의 조수석에 앉은 채 몇 번이고 되뇌었다. "내가 너무 고생을 시켰소…"

최호는 부인을 먼저 보낸 후에 함께 지내던 일산의 아파트에서 가족

▲ 1996년 7월 부인 오정숙 여사와 함께

의 돌봄 속에 여생을 보냈다.

젊어서 일제 강점기의 식민지통치를 겪고 해방 직후의 북한 공산치하를 탈출하여 자유대한에 정착한 최호의 일생은 우리 민족의 수난사 그대로이다. 또한 격동의 한국 언론사의 현장에서 독재와 권위주의에 항거하여 자유민주주의를 지키고자 헌신해온 현대 한국 언론사의 산 증인이다. 최호 그는, 2005년 4월 17일 파란만장한 일생을 일산병원에서 마감하고 천안 공원묘원의 부인 곁에 조용히 잠들었다.

2010년 제24회 仁村賞 언론부문 수상자로 선정된 90세의 이명동은 동아일보에 언론상 발표가 보도된 날 아침, 최호의 장남 준권 집을 찾아가 이렇게 말했다.

"오늘 내가 인촌상을 받게 된 것은 아버지(최호) 덕분일세. 그 분이 오늘날의 내가 있게 가르쳐주고 만들어 주셨네. 최 국장은 우리나라의 보도 저널리즘을 실재화 하는데 크게 기여한 「참 언론인」일세!"

이명동은 최호가 생전에 자신에게 깨우쳐 준 「언론인의 길」을 새삼되새겼다고 필자와의 생전 인터뷰에서도 담담하게 말했다.

고영 최호는 「공기총」으로 신문단평의 새로운 영역을 개척함과 동시에 한국의 자유민주주의 정착과정에서 언론을 통하여 치열하게 싸워옴으로써 큰 발자취를 남긴 언론인으로 후학들에게 오랫동안 기억될 것이다.

필자 정 구 종

前 동아일보 사회부장
前 동경지사장
前 편집국장(이사)
동아닷컴 대표이사 사장을 지냄
前 동서대 석좌교수
現 동서대 일본연구센터 고문

불굴의 이강현(李綱鉉)

1925~1977년

'일급 필봉'의 사회부 기자
특유의 필치로 부정 밝혀내

글 : 박기병(대한언론인회 회장, 6·25참전언론인회 회장)

〈이강현 약력〉

충남 보령 출생

동국대학교 재학생으로 서울신문 기자
경향신문 사회부 기자
한국일보 사회부 기자
동아일보 지방부 차장·출판부장
한국기자협회 초대~2대 회장
중앙일보 편집부국장~논설위원
중앙일보 판매국장
중앙일보 퇴사

〈수상〉
한국기자협회 공로패

불굴의 이강현(李綱鉉) 행적

8

한국기자협회 초대·2대 회장
불굴의 이강현(李綱鉉)

1. 정치적 사건 다룬 민완기자

이강현은 태생적으로 전형적인 사회부 기자로 필봉을 떨쳤다. 돌발적 사건을 전달하는 기자가 아니라 복잡한 정치적 사건을 쉽게 풀어주는 사회부 기자였다. 여당인 자유당 독재를 비판했고 4·19학생혁명의 도화선이 된 마산의 김주열 군 살해사건을 폭로했다.

당시 김주열은 마산상고(현 마산용마고) 1학년으로 1960년 3·15부정선거 규탄시위에 참여했다가 실종된 뒤 마산 앞바다에서 눈에 최루탄이 박혀 숨진 채로 발견되면서 4·19혁명의 도화선이 됐다. 그의 눈에는 경찰이 시위대에게 발사한 총탄 자국이 남아 있었다.

3·15부정선거에 항거한 마산항쟁과 김주열 학생 사망으로 인한 국민적 분노가 4·19학생혁명으로 이어지고, 이로써 대한민국을 건국한 초대 대통령 이승만은 1960년 하야(下野), 경무대(지금의 청와대)를 떠나게 된 것이다.

그는 전형적 농촌인 충남 보령 출생으로 동국대학교 국문과 재학(46학번) 중에 1948년 7월 서울신문사에 입사하여 법조계 출입기자로 언론인의 길을 걷기 시작했다. 그 때는 대학 재학 중에 언론사에 입사하는 사례가 더러 있었다. 당시 동국대 국문학과에는 양주동 박사 등 최고의 교수진 밑에 우수한 학생들이 모여들어 전국적으로 이름을 드날렸다.

이강현이 대학생 시절에 함께 수학한 동기생 중에는 뒷날 학계의 권위자가 된 동문이 여러 명인데, 그 가운데 고(故) 이병주 동국대 대학원장, 이동림 동국대 교수, 정익섭 전남대 대학원장, 현평효 제주대 총장, 박항식 원광대 대학원장, 김이수 충남대 교수 등이 바로 그들이다.

그는 6·25전쟁이 치열하던 시절에 서울신문에 근무하다가 휴전으로 전쟁이 멈춘 뒤인 1954년 2월 경향신문으로 옮겼다. 기자경력 5년차 무렵이었던 1953년에 나온 오소백의 〈신문기자가 되려면〉이라는 책에 이강현을 이렇게 기술했다.

"특히 법조 출입기자로 눈부신 활동을 하고 있다. 취재도 정확하고 붓도 잘 듣는다. 매우 앞날이 기대되는 유능한 기자다."

오소백의 평가처럼 그는 한국일보를 창간한 장기영 사장의 스카우트 제의를 받아들여 경향신문을 떠나 1954년 3월 한국일보로 옮겼다. 당시는 일선 기자를 포함하여 부장, 심지어 편집국장까지 신문사를 옮겨 다니는 일이 빈번했다. 그로부터 2년 뒤인 1956년 4월에는 자유당 정권과 싸우던 동아일보사로 전직했다.

동아일보로 직장을 옮긴 이강현은 사회부 기자로서의 자질을 유감 없이 보여주면서 취재력과 필력을 발휘했다. 각지에서 자행되고 있는 3·15부정선거를 파헤치는 선봉이 되었다.

▲ 기자시절의 이강현

신익희는 1956년 제3대 대통령 선거를 앞두고 민주당의 대통령 후보로 선출되었다. 4월부터 5월까지 신익희는 열차와 고속버스 편으로 전국 순회 선거유세를 다녔다. 그때 비서 유치송과, 종손이자 비서인 신창현 등이 너무 무리하지 마시라고 건의했으나, 그는 "염려하지 말라. 괜찮다"며 순회유세를 강행했다.

또 민주당 동료이자 의사 출신인 조영규 국회의원 역시 신익희가 과로로 피로한 모습을 보고 염려하였으나, 그는 "아버지 이상 선조들이 조선시대에 60세 이상 장수했다"고 자랑하며 자신의 건강에는 이상이 없다고 강조했다. 바로 조영규 의원이 신익희의 호남 열차유세를 수행하겠다고 자청했으나 신익희는 이를 만류했다.

5월 2일 30만 인파가 운집한 한강 백사장에서 장시간의 선거 유세를 했다. 신익희는 이렇게 말했다.

"민주국가에서 대통령을 무어라고 그러는지 여러분은 잘 알고 계실 것입니다. 하인이라고 불러요. 프레지던트(president)라는 말은 심부름꾼이 되는 하인이라는 말입니다. 그런데 대통령은 하인인데 장관 차관 지사 경찰국장 시장 군수 서장이니 또 무엇이니 하는 사람들은 무엇일까요, 하인 중에서도 자질구레한 새끼파리들이라 이 말이에요. 만약 내가 대통령에 당선된다면 일본 지도자들과 회담할 용의가 있어요. 한일 양국 정부는 무엇보다 먼저 부당한 감정을 청산해야 합니다."

신익희는 한강 인도교 아래 백사장 유세 때에 30만 인파가 몰려들어 환호한데 대해 크게 고무되었다. 이 환호에 고무된 그는 한강 백사장 선거 연설을 마치고 효자동 자택으로 귀가한 뒤에도 연설 도중 군중이 보인 엄청난 열기에 좀처럼 흥분이 가라앉지 않았다. 그러나 신익희는 피로한 모습을 보였고, 주변에서는 당분간 지방유세를 중지해야 되지 않느냐는 의견이 제시되었다. 민주당 최고위원회의에서는 신익희의 호남 유세를 결정했고, 그는 이를 기꺼이 수락했다.

한강 백사장 유세 이후 이승만과 자유당은 신익희를 친일분자로 비난하였다. 이승만은 5월 3일 논산훈련소에서 수만 장병이 도열한 가운데 행한 연설에서 "일본과 회동하여 국가의 독립과 자유를 발전케 하겠다는 것은 다시 국권을 일본에게 빼앗겨도 좋다는 것"이라고 주장하였던 것이다.

1956년 5월 5일 새벽 5시경, 부통령 후보 장면과 함께 호남선 열차를 타고 자유당의 이승만과 맞서 호남지방으로 유세를 위해 전북 이리로 향하던 중 열차 안에서 뇌일혈로 졸도했다. 수행원들이 인공호흡을 시도하며 기차 안에서 의사를 찾았지만 열차 승객 중에 의사는 한 사람도 없었다. 신익희가 졸도한 후 45분 만에 열차는 이리역에 도착하여 역에서 가까운 호남병원으로 후송되었지만 끝내 숨졌다.

이강현은 동아일보 기자시절 지프를 타고 여러 곳을 누비며 취재하던 중에 자동차 사고로 부상하는 일도 여러 번 겪었다. 1956년 가을에는 대통령 후보였던 해공 신익희(海公 申翼熙)가 작고하자 그의 선거구였던 경기도 광주군에서 보궐선거가 있었는데 이강현은 이 선거를 취재하러 지프를 타고 가다가 자동차 사고로 이마에 상처를 입었다. 그때 당한 교통사고로 이마에 반창고를 붙인 채 자신의 결혼식을 올려 화제가 되었다.

2. 자유당의 부정선거 폭로 인기

이강현은 4·19혁명을 전후하여 용기 있는 '민완기자'로 이름을 날렸다. 그는 1960년 3월 1일 동아일보의 지방순회 취재반장이 되어 영호남과 충남일대를 돌며 자유당의 부정 선거운동 사례들을 취재하고 3월 6일자부터 '3·15선거 카르테'라는 제목으로 선거 전날까지 날마다 동아일보에 연재했다.

자유당 후보에 찍어야 한다는 유령편지 보내기, 공무원마다 번호표 10장씩 확보하는 운동, 3인조 9인조 조직, 민주당 선거위원의 협박에 의한 사퇴, 공개투표의 연습, 야당집회에 가는 학생들의 졸업취소, 낡은 사건 들춰 협박하기, 탈당강요, 대리투표 및 무더기 투표 조작, 더구나 '대통령'이라는 제목으로 국민학교(현 초등학교) 어린이들에게 작문을 쓰게 하는 방법에 이르기까지 다양한 부정수법을 낱낱이 파헤쳤다.

그의 이러한 폭로기사는 자유당 정권의 말로를 재촉하는 것이었는데도 자유당 정권은 이를 무시하듯 이어갔다. 그런 상황에서 마침내 마산에서 김주열(金朱烈) 군이 경찰 최루탄에 맞아 살해당하는 사건이 일어나자 이강현은 즉시 현장으로 달려갔다.

그는 그곳의 사태를 사실 그대로 취재하여 동아일보 지면에 실었다. 그 때 마산에서는 3부 합동수사위원회가 진상조사를 실시하고 있었는데 이강현은 대검의 사건 담당검사를 단독 면담하여 마산에 집결한 여러 내외 기자들보다 훨씬 생생하고 핵심을 파헤치는 특종 기사를 동아일보에 실어 지면을 빛냈다.

이강현이 특종 보도한 김주열 사건은 4·19의 직접적인 도화선이 되었고, 뒷날 4·19혁명 이후 '민주혁명의 발자취'를 편술하는 바탕이 되었다.

행정안전부 국가기록원이 작성한 3·15부정선거 사건기록은 "1960년 3월 15일 정·부통령 선거에서 자유당 정권이 집권연장을 위해 획책한 사건으로, 3·15부정선거의 시작부터 4·19학생혁명을 거쳐 5·16쿠데타 재판기록까지 서울지방검찰청, 특별검찰부, 혁명검찰부 등의 수사·공판 기록 일체가 5만여 쪽에 담겨있다.

〈3·15부정선거와 4·19혁명〉이라는 제목으로 된 이 기록은 3·15부정선거 기획 및 실행과정, 정치깡패의 선거개입, 4·18 고려대학생 습격사건, 4·19 부산시위사건의 전모를 파악할 수 있는 형사사건기록 127권, 판결문 12권에 이르는 방대한 분량이다.

특히 주목되는 기록은 부정선거를 기획, 실행한 '부정선거 비밀지시사항', '경찰 선거대책 기본요령', '선거비용 내용 및 배부내역' 등이다. '부정선거 비밀지시사항'은 선거대책 기본요강, 투표구 단위 조 편성, 유

▲ 김주열 사건을 계기로 4월 19일 시위가 확산되고 경찰의 진압 가운데 많은 학생들이 희생된다.
이때 비로소 이승만 대통령은 전국 방송을 통해 "국민이 원하면 하야한다"라고 말한다.

령유권자, 자연기권자 등 투표자의 40% 선 확보를 통한 투표용지 사전
투입 등 다양한 부정선거 사례를 기술하고 있다.

'정치깡패' 사건기록은 이른 바 '동대문사단'이라 불렸던 이정재, 임
화수, 유지광 등의 정치깡패와 정치세력의 관계가 기술되어 있고, 이정
재의 조사 기록에는 자유당 정권 시기 야당 정치지도자를 암살하려는
시도와 4·18 고려대학생 습격사건이 대한반공청년단과 화랑동지회의
주도 하에 계획적으로 이루어졌음을 밝혀놓았다.

4·19학생혁명 및 5·16군사정변 직후 특별법에 의해 만들어진 특별검
찰부와 혁명검찰부의 부정선거 관련 수사 및 공판기록은 특별검찰부와
혁명검찰부의 수사·재판기록은 정치·사회적 상황에 따라 부정선거 인식
의 변화를 볼 수 있는 것이라 눈길을 끄는 대목이다.

특별검찰부 등은 부정선거를 '국헌문란(國憲紊亂)' 행위로 간주하고
일반 선거법이 아닌 '부정선거관련자처벌법'을 제정하여 관련자들을 수

사·재판하였다. 해당 사건기록에는 주요 피의자 신문조서(訊問調書), 공소장, 공판기록 등 사건의 전모를 파악할 수 있는 기록들로 구성되어 있다.

이런 기록들은 "그동안 단편적으로 공개되었던 기록과 달리 특별검찰부, 혁명검찰부 및 재판소에서 진행한 일련의 수사·재판 기록을 포괄하고 있어 3·15부정선거에 대한 상세한 상황과 정치·사회적 변화에 따른 부정선거 인식의 변화를 확인할 수 있는 귀중한 현대사 사료로 높이 평가된다.

3. 초대 記協회장으로 기틀 마련

1963년 12월 17일 제3공화국이 발족되고 박정희가 군복을 벗고 대통령에 취임하여 형식상으로는 민정이양을 보여준 셈인데, 여전히 5·16군사세력이 주축이었다.

이듬해 2월 제6대 국회에서 야당인 민주당이 이른바 '3분(三粉) 폭리'의 진상을 폭로했다. 이는 국민생활, 경제 건설의 필수품이었던 설탕, 밀가루, 시멘트를 유통하던 재벌기업이 독과점적인 지위를 이용하여 세금포탈 및 엄청난 폭리를 취했고, 이를 눈감아준 민주공화당 정권이 그 대가로 거액의 정치자금을 챙긴 사건이다.

3월 들어 한일굴욕외교를 반대하는 대학생들의 데모가 전국적으로 파급되어 정국은 걷잡을 수 없이 어수선했다.

대학생들이 격렬한 가두데모 끝에 일부 파출소를 점거하고 파괴하

1964년 8월 10일 전국 500여 언론인들은 악법 철폐를 위한 전국언론인대회를 열고 투쟁을 다짐했다. 그리고 일주일 후(8월 17일) 같은 구호가 적힌 현수막 아래서 '한국기자협회' 창립총회를 가졌다.

▲ 전국언론인대회 개최와 한국기자협회 창립

는 극단적인 행동으로 나오자 정부는 서울 일원에 비상계엄령을 선포했다. 이른바 6·3사태였다. 박정희는 6·3사태가 "일부 정치인의 무책임한 언동, 일부 언론의 무분별한 선동, 일부 학생들의 불법적인 행동, 그리고 정부의 지나친 관용에 그 원인이 있다"고 말한 뒤에 언론규제 입법을 들고 나왔다.

그러자 언론계는 이 법의 폐기를 위해 공동보조를 취했고, 각 부처 출입기자단은 이 법을 반대하여 '기자단 공동투쟁협의회'를 결성했다가 발전적인 구심체를 만들어야 한다며 일어섰다. 이와 더불어 7월 28일 공화당 정부는 언론규제를 목적으로 한 '언론윤리위원회법'과 '학원보호법'을 국회에 제출했다. 언론윤리위원회법은 6·3사태 이후 일어난 박정희 정권의 언론통제에 목적을 둔 것이었다.

각 부처 출입기자단은 1964년 8월 17일 신문회관 3층 강당에서 공동투쟁협의회를 해체하고 역사적인 '한국기자협회'를 창립한 뒤, 초대 회장에 동아일보 사회부 차장 이강현을 만장일치로 선출했다.

당시 각 언론사 기자들은 "오랜 숙원이었던 기자협회의 초대 회장으로 이강현이 최선의 적임자"라고 지목하고 그를 초대 회장으로 추대했다. 그런 이유는 "기자협회의 창립준비가 사실상 정치부 기자들이 중심이 되었기 때문에 기자협회 창립 후의 집행부는 정치부 기자가 아닌 다른 부서의 기자가 맡아 언론계 전반을 공정하게 운영되도록 해야 한다"는 여론이 크게 작용했다.

그런 흐름을 타고 자유당 시절부터 사회부 기자로서 독재정권에 저항한 그의 경력이나 정치부 기자보다 더 정확하고도 예리하게 정치적 사건을 취재 보도한 그의 탁월한 기자정신과 취재 발굴능력, 원만한 대인관계와 포용력으로 보아 기자협회의 기틀을 다지는데 가장 적절한 인물이라는데 의견이 일치했기 때문이다.

한자를 주로 작성된 '한국기자협회 창립선언문'과 '한국기자협회 강령'을 그대로 싣는다.

韓國記者協會 創立宣言文

우리들 全國의 新聞·通信·放送의 一線記者들은 오늘 韓國記者協會를 創立한다.

半世紀間의 言論史를 通해 우리들은 抗日과 反獨裁의 第一線에서 싸워왔지만 서로의 紐帶와 團結을 爲한 恒久的인 組織體를 가져보지는 못했다.

모래알처럼 흩어진 우리들은 스스로 지니고 있는 力量을 效果的으로 發揮해보지를 못했으며 社會에 대한 우리들의 責任 그리고 우리들 自體內의 倫理的인 規制에 대해서도 결코 完璧을 期했다고는 보지 않는 바이다.

抗日과 反獨裁의 피나는 鬪爭史를 거쳐 이제 우리는 言論自由의 守護와 祖國이 要求하는 民主主義의 發展에 우리의 勇氣와 智慧를 集中하려는 것이다. 그리고 우리들 자신의 人間的인 資質向上과 權益옹호를 위해서 힘을 모을 것이다. 이와 같은 우리의 決意는 現實的인 要請이요 歷史的인 必然이다.

正義와 責任에 바탕을 둔 우리들의 團結된 힘은 어떠한 權力, 어떠한 威力에도 屈치 않을 것임을 宣言한다.

韓國記者協會 綱領

1. 우리는 祖國의 民主發展과 言論人의 資質向上을 위해 힘쓴다.
1. 우리는 言論自由를 侵害하는 如何한 壓制에도 뭉쳐 싸운다.
1. 우리는 서로의 親睦과 權益擁護를 위해 힘을 합친다.
1. 우리는 祖國의 平和統一과 民族同質性 回復을 위해 努力한다.
1. 우리는 國際言論人과의 紐帶를 强化하고 서로 돕는다.

이강현은 한국기자협회 초대 회장에 취임한 뒤에 당면과제였던 '악법철폐 투쟁'을 벌이는 한편 기자협회의 조직을 전국적으로 확대하는 작업을 병행하여 나아갔다. 창립 초기의 기자협회는 할 일이 너무도 많았다. 창립 당시의 선언문과 결의문이 밝힌 방침에 따라 언론인의 권익옹호와 자질향상, 국제교류를 위한 토대를 구축했고 언론계의 자체정화를 위해 사이비 기자를 일소하는 캠페인을 과감하게 펼쳤다.

초대 회장 이강현을 중심으로 시작한 사업들과 사이비 기자의 일소 캠페인은 기자협회의 성격을 규정하는 장기사업으로 뿌리를 내려 오늘날까지 꾸준히 지속되고 있다.

언론자유수호, 기자 자질향상, 기자권익옹호, 조국의 평화통일, 국제교류 강화 등 5대강령을 내걸고 출범된 한국기자협회는 당시 군사정권이 추진하던 비민주적 악법인 언론윤리위원회법 저지를 위한 투쟁의 구심체로 창립되었다.

이강현은 이러한 사업들과 함께 대내적으로는 경영주들에게 기자들의 급료인상을 요구하고 대외적으로는 언론자유 수호를 위한 투쟁에 앞장섰다.

한국기자협회는 기자들의 자질향상, 권익옹호, 자정운동, 언론개혁, 뉴미디어 시대의 저널리즘 발전을 위해 나아가고 있다. 주요활동 및 사업 ①언론자유수호 및 언론민주화운동 ②〈한국기자상〉과 매월 〈이달의 기자상〉 시상 ③기자포럼 및 세미나 ④〈기자협회보〉 발행 ⑤국제교류 및 남북기자교류 ⑥복지후생 및 친목 ⑦연수교육 등을 줄기차게 펴고 있다.

필자도 부산일보 정치부 차장 시절인 1973년 기자협회 제10대 회장에 선출되어 직무를 수행했고, 1978년에도 제17대 회장으로 재선출 되어 두 차례 기자협회 회장직을 성실하게 수행한 일이 있어, 지금 생각해도 매우 보람 있는 일이었고 생생한 추억으로 떠오른다.

4. 데스크보다 현장 파고든 일선기자

기자협회가 창립 20일 후인 1964년 9월 7일 언론계 대표들과 박정희 대통령과의 유성회담을 통해 언론윤리위원회법의 시행을 일단 보류시켰고, 전국에 걸친 기자협회의 조직도 완료하는 발판을 구축했다. 이듬해 4월 1일 기자협회는 제2차 전국대의원대회에서 이강현을 제2대 회장에 다시 선출했다.

한국기자협회 편집실장을 역임했던 언론학자 정진석 박사(한국외국어대학교 명예 교수, 대한언론인회 명예회우)는 이강현 초대 기자협회장의 면모를 다음과 같이 기술하였다.

"이강현은 1956년 4월 자유당정권과 싸우던 동아일보사로 발탁되어갔다. 사건이 돌발할 때마다, 특히 부정선거와 관련된 사건에는 동아일보의 이미지를 대표하는 현장기자로서 명성이 높았다. 3·15정부통령부정선거 때에는 마산을 비롯한 전국의 부정선거의 현장취재반장으로 활동, 특유의 필치로 부정을 캐내는 '일급필봉'의 기자였다. 사회부 차장을 거쳐 1960년 한 때 퇴사한 일이 있으나 바로 복귀하여 1965년 7월까지 10년 가까이 봉직하였다. 그동안 지방부 차장·출판부장도 잠시 거쳤다.

1965년 7월 동아일보 근무 중에 중앙일보가 창간되면서 초대 사회부장으로 자리를 옮겼다. 그 뒤 중앙일보 지방부장·편집부국장·판매부국장·논설위원 등을 거치고, 1967년에는 편집국장석 기자(編輯局長席 記者)라는 우리나라에서는 처음 생긴 새 직제에 앉았다. 말하자면 취재에 뛰어난 대기자(大記者)를 위한 직제로 평가된다.

언론탄압에도 꺾일 줄 모르는 강골 기질이 신문기자사회에서 으뜸으로 손꼽혔다. 건강악화로 1973년 4월 한창 일할 나이인 48세로 중앙일보를 퇴사했다. 퇴직 후에 투병 중 건강이 더욱 악화되어 회복하지 못하고 1977년 52세를 일기로 타계했다. 곧은 성격에 호주(好酒) 애주가 형으로, 당대의 사건문필가로 평가받을 만하였다.

1977년 2월 그가 사망하자, 한국기자협회는 처음으로 '한국기자협회장(葬)'으로 장례를 치르고 그의 공적을 기렸다. 장지는 경기도 양주군 장흥면 일영리 신세계 공원묘지, 그의 딸 정옥은 연세대학교 불문학과를 나와 KBS 기자로 활약하였다."

5. 기사로 4·19혁명 완수한 기자

부전여전(父傳女傳)으로 언론인의 길을 걸은 이강현 기자의 딸 이정옥(前 KBS 글로벌본부장)은 "아버지는 신문 지면으로 4·19혁명을 완수한 기자, 강직하고, 용기 있는 분이었다"라고 회고했다.

"아버지 길을 걸으며 아버지 정신을 닮으려고 노력했어요. 아버지는 법원 검찰에서 발표하는 보도문을 다른 기자들과 달리 묵묵히 듣고만 있었다고 하셔요. 숫자만 수첩에 기록할 정도였지요. 그런데 신문을 보면 한 줄도 빼먹지 않고 중요 대목을 그대로 기사화했답니다. '두뇌 녹음기'가 있었던 셈이죠. 그러니 완벽하게 보도했다고 해요." 그러면서 "나 역시 한국사회에서 보기 드문 부녀(父女) 기자의 이력을 갖고 있다"고 덧붙였다.

그녀는 1999년 코소보 전쟁 현장을 누비며 참상을 취재했다. 코소보, 이라크전 등 전쟁지역 취재와 예멘의 서기관 가족 납치사건, 터키 지진 현장 등 세계의 분쟁지역을 찾아 생생하게 전했다. 세르비아가 알바니아인들을 산 채로 파묻은 인종학살 무덤을 취재한 일은 언론계에서 널리 회자되고 있다. 이런 현장 중심의 취재 보도는 역시 아버지의 현장 취재 열정의 DNA가 작동된 결과였을 것이다.

이정옥은 KBS 사장 공모에 응모했으나 양승동 사장에게 밀린 바 있다. 그러나 '30여년 경력의 베테랑 방송기자', '현장통 방송기자' '최초 여성 파리특파원'이라는 이름을 간직한 채 퇴직했는데, 이는 "아버지의 피를 물려받은 '유전적 훈장' 같다"고 밝힌 일화가 전한다.

이강현에게는 "마산 고교생 김주열 시신 기사로 전 국민적 분노를 촉발시킨 기자, 박정희 대통령의 지방순회 헬기 동승 제의를 거절한 기자, 한국기자협회 초대 및 2대 회장을 연임한 기자, 신문지면으로 이승만 독재정권에 결정타를 날린 언론인" 등의 수식어가 붙어 있다.

5·16군사쿠데타 이후 박정희 정권은 군부정권에 비판적인 이강현을 여러 모로 회유하려고 노력했다. 한국기자협회장직을 맡고 있을 때 어느 날 박정희 대통령의 비서진이 그에게 지방 순회에 나서는 헬기를 같

이 타고 가자고 제의했다. 이 무렵 박 정권은 신문윤리위원회법을 강제로 통과시켜 언론에 재갈을 물리려고 하던 때였다. 그러나 그는 한 마디로 사절했던 것이다.

그는 1960년 4월 11일 경남 마산(오늘의 창원시) 앞바다에서 눈에 최루탄이 박힌 채 떠오른 김주열 군(마산상고 1년)의 시신을 참혹한 사진과 함께 현장 고발 기사를 써서 4월 14일자 동아일보 1면에 대대적으로 특종보도한 주인공이다.

4·19학생혁명의 서막은 2월 28일 대구에서 피어올랐지만, 동아일보의 김주열 군 시신 사진과 현장 고발기사로 전 국민적 분노를 촉발시켰다. 그 때 이강현은 35세의 혈기 왕성한 사회부 명기자였다. 그는 자유당의 3·15부정선거를 고발하기 위해 전국을 순회하며 부정선거 실태를 현장 르포기사로 고발하는 일에 앞장섰다.

부정선거를 규탄하는 시위 군중을 폭력적으로 제압하는 경찰의 만행과 노골적으로 부정선거를 벌인 사례들을 하나하나 취재하고 보도했다. 기사는 특히 공무원들이 투표용지 번호표를 확인해 공개투표를 강요하고, 투표자 수보다 2배가 많은 유령 유권자, 3인조, 6인조, 9인조 등의 투표와 도깨비 표, 박쥐 표, 올빼미 표, 나일론 표, 피아노 표 등 희한한 방식의 투개표 부정을 숨김없이 고발했다. 투표용지를 개표장 뒷마당에서 불태워 없애고 새로 투표용지를 투표함에 투입한 현장도 놓치지 않았다.

이런 상황 속에서 행방불명이 된 김주열 군이 바다에서 참담한 모습으로 떠오르자 이강현은 즉시 현장으로 달려가 시신 사진과 함께 얼굴에 최루탄이 박힌 각도까지 그린 도면을 신문 1면에 크게 보도했다. 이

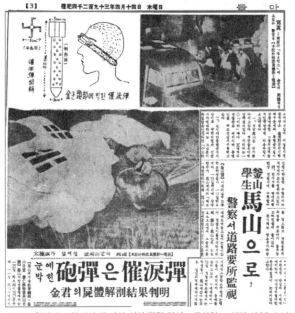
▲ 4·19혁명의 도화선이 된 마산 의거 관련 기사 – 동아일보, 단기 4293.4.14

▲ 고향 남원시의 김주열 열사 묘

보도가 나가자 전국의 대학생과 시민은 물론 어머니들까지 분노해 거리로 나섰다. 뉴욕타임스, 타임지 등 외신도 이를 크게 인용 보도, 세계에 알렸다.

사건기자답게 평소 잠바 차림을 고집한 이강현은 동아일보 출근부에 도장을 찍은 적이 거의 없는 기록도 지녔다. 그 때문에 어떤 달에는 신문사에 출근한 날이 없다하여 월급이 나오지 않았다. 그는 곧바로 경리부로 달려가 "사회부 기자가 어떻게 출근부에 날마다 도장을 찍느냐? 사회부 기자는 24시간 현장 근무한다"고 따져 월급을 받아냈다는 일화도 전한다.

6. 영친왕과 마사코의 결혼식 취재

영친왕과 마사코의 결혼식을 동아일보는 1920년 4월 28일 보도했다. 그러나 남동생 집에서 근근이 생활하던 민갑완의 수절소식이 전해진 것은 1958년 6월이었다. 동아일보 이강현 특파원이 그녀를 찾아 미주알고주알 그동안의 삶을 고스란히 취재하여 6월 29일 동아일보에 그 사연을 실었다. 다음은 그 줄거리이다.

〈황태자 정혼녀의 마지막 자존심〉

민갑완은 상하이 망명 시절 몇몇 남자의 유혹을 받기도 했다. 그러나 그 때마다 가문을 생각하곤 했다. '참아라. 너 하나로 가문을 더럽히고 만다면 그 누명은 자손만대까지 지속될 것이다. 청춘의 고뇌를 참아라.'

젊고 여린 여성이 가문은 물론 대한제국 황실의 명예까지도 생각하느라 평생 수절의 길을 택한 것이다. 1945년 해방이 됐지만 민갑완은 귀국할 생각이 없었다. 고국 땅을 디딘다면 슬프고 가슴 아팠던 과거가 지워지지 않고 더욱 생생하게 되살아날 것이라는 생각이 들었다.

그러나 동생의 간청과 김구·이시영 선생의 권유로 1946년 귀국을 단행한다. 하지만 귀국한 그녀를 돌볼 형편이 되는 일가친척들은 없었다. 여관을 전전하고 친척집에서 동가숙서가식 했다.

그러다 고종의 5번째 아들인 의친왕(이강·1877~1955)의 처소였던 종로 관훈동 의친왕 사저인 의친왕궁에 머무르기도 했다. 한국전쟁

▲ 영친왕-마사코의 결혼식 보도와 함께 그 아래 민갑완의 눈물겨운 삶을 스케치한 동아일보
1920년 4월 28일자 신문

이 일어나자 민갑완과 남동생 민천식 씨 가족은 부산으로 피란을 떠
났다.

〈조선의 마지막 절개〉

'500년 이조왕실 최후의 계승자 이은(영친왕) 세자와 약혼했던 규
수'라는 제목의 기사를 실었다. 동아일보 사회면 중 3분의 2 정도를
할애한 특종기사의 부제는 '살아있는 한국여성의 절개'였다. 기사는
'일제의 탄압으로 파혼 당했으며, 약혼예물을 빼앗겼고 50여 년 간
망명과 빈곤의 삶을 눈물로 감내하며 살았다'고 했다.

이 보도 이후 민갑완 규수를 돕겠다는 독지가가 이어졌다. 그러나 1년도 가지 못했다. 당시 어떤 교수가 나서 민 규수의 평생 숙원이던 교육사업을 함께 하겠다는 기사가 실리기도 했다. 하지만 그 조차 1년 여 만에 무산되고 말았다. 그녀는 구황실 재산관리국의 호의로 해운대의 채석장을 임대받기도 했다. 그러나 이 역시 현장책임자들의 사기에 넘어가 거액의 빚을 졌다. 1963년 그의 삶을 그린 영화 〈백년한〉의 대본료 45만원을 제때 받지 못했다.

양가의 규수로 태어나 평생 수절했던 한 여인이 감내하기엔 세상 인심이 너무도 각박했던 것이다. 고혈압과 기관지염, 심장병 등 갖가지 지병에도 생활고 때문에 약값도 제대로 대지 못했다는 아픈 사연도 전해진다. 만년에는 후두암까지 겹쳐 고생하다가 1968년 만 70살의 나이로 한 많은 세상을 떠났다.

〈그래도 기다렸던 약혼남〉

그보다 5년 전인 1963년 12월 한때의 약혼자였던 영친왕과 이방자 부부가 귀국했다. 영친왕은 고혈압과 뇌일혈로 혼수상태에 빠진 채 돌아온 것이다. 민갑완은 "그 분이나 나나 이조말엽의 인간제물이 아니었냐?"고 반문하면서 의연한 모습을 보였다. 하지만 혹시나 하는 마음에 부산의 허름한 집을 수리했단다. 60여 년 기다림의 실마리가 여전히 남아있었던 것이다. 그녀는 또 죽는 그 날까지 영친왕과 이방자(마사코)를 원망하거나 미워하지 않았다.

"하늘을 두고 맹세해도 난 두렵지 않을 정도로 그 분(영친왕)을 저주하거나 미워한 적이 없었다. 운명은 어디까지나 국운과 정략이

▲ 상해 망명시절 동생 민천식 가족과 민갑완(왼쪽 2번째)

깃들어 있기 때문에…"

민갑완 규수는 이방자 여사의 처지도 이해했단다.

"방자 여사도 불행했으리라 생각한다.… 원수처럼 첩첩이 쌓인 양국 간 감정의 틈바구니 속에 끼여 있는 심정 얼마나 괴로울까 생각하면 인간적인 면에서 동정도 간다."

〈또 한 사람의 슬픈 운명, 이방자〉

이방자 여사 역시 민갑완 규수의 처지를 이해했다. 그 역시 정략결혼의 희생양이었으니까….

"조선·일본 융화의 대역이라니… 불안과 두려움 속에…아무도 모르게 나도 모르는 사이에 죽어버렸으면 할 때가 한 두 번이 아니었다. 그러나 초상집 같은 슬픔과 우울함에 쌓여있을 집안을 생각하면…"

(이방자의 〈나는 대한제국의 마지막 황태자비 이 마사코입니다〉)

이방자 여사는 생전에 민갑완 규수를 꼭 한 번 만나고 싶다고 회고했다.

"나는 민 규수의 얘기를 들을 때마다 그 분의 슬픈 운명이 마치 내 죄인 듯하고 언젠가 기회가 오면 꼭 민 규수를 만나 손을 잡고 위로해야겠다고 마음먹었다."

대한제국 마지막 황태자의 정혼녀 민갑완 규수가 생전에 이런 유언들을 남겼다고 한다.

"나는 처녀인 만큼 절대 남의 집에서 죽게 하지 말고 수의는 옛날 선비처럼 남복을 입혀주세요. …운명은 고독해도 나는 싫네. 남복을 입혀 화장하고…"

마지막까지 가문과 황실을 지키고자 했던 여인의 유언이었다. 그의 유해는 부산 실로암공원 납골묘에 안치돼 있다.

7. 동아일보가 이승만을 배척한 이유

'동아일보 대해부' 2권 '소련=신탁' 동아일보가 만든 뒤틀린 역사의 줄거리이다.

일제 해방의 환희는 곧 분단이라는 비극으로 바뀠다. 반만년 이상 이어진 민족사에서 가장 비극적 사건으로 기록되는 민족분단은 동아일보 보도에서 비롯됐다.

1945년 12월 28일 미국, 소련, 영국의 외상들이 소련 수도 모스크바에서 한국의 신탁통치에 대한 결정을 발표하기 하루 전, 동아일보는 1면 머리기사에서 '미국은 조선의 즉각 독립을, 소련은 신탁통치를 원한다'는 내용을 보도했다.

동아일보 보도로 즉각적인 독립을 원했던 조선 사람들은 좌우를 막론하고 반탁운동을 전개했다. 동시에 반공 여론도 강해졌다. 하지만 이 기사는 명백한 오보였다.

우선 기사의 출처가 불명확했다. 당시 통신사인 합동통신이 워싱턴에서 보낸 것으로 돼 있는데 이 뉴스를 제공한 외국 통신사 이름이 나와 있지 않았다.

"그 당시부터 국제적 모략이라는 주장이 제기됐고, 이후 일부 연구자들은 배후가 있었거나 최소한 당시 언론기관을 통제했던 미국의 고의적인 '방조'가 동아·조선 친일파 신문의 엉뚱한 '아국의 비분강개'를 추동했던 것이라고 분석했다"고 지적했다.

"동아일보가 반탁운동에 불을 지피던 1946년 1월, 사주 김성수가 동아일보 사장 겸 한국민주당(한민당) 수석총무로 취임하는, 언론인이면서 정치도 하는 기이한 일이 벌어졌다. '남한 단독 정부'을 주장한 이승만을 한민당이 지지했으니, 사실상 이승만과 동아일보는 한 몸처럼 움직였고, 동아일보는 한민당의 기관지나 다름없었다. 결국 한반도는 이승만과 한민당, 동아일보의 뜻대로 분단의 수순을 밟아갔다.

1948년 국회를 구성하는 남한 단독선거가 열렸다. 동아일보는 선거 전부터 연이어 사설 〈총선거에 궐기하라〉, 〈기권 없는 선거로 독립정부 수립하자〉 등으로 '선거 캠페인'을 벌었다. 하지만 관권개입과 탈법행위, 폭력으로 얼룩진 선거에 대해서는 단 하나의 기사도 싣지 않았다.

이승만과 동아일보 사이가 멀어지게 된 계기는 내각 구성이었다. 국회에서 간접선거로 초대 대통령으로 선출된 이승만이 발표한 초대 내각 명단에서 한민당 사람이라고 할 수 있는 사람은 김도연 한 명밖에 없었던 것이다.

이승만은 왜 한민당을 멀리했을까? 이승만의 측근이었던 로버트 T. 올리버에 따르면 이승만은 "김성수에 대해선 '내가 함께 일하고 싶은 인물이지만 그의 가까운 사람들이 맹랑한 정책을 중심으로 한데 뭉치고 있고'라고 말했다"고 한다.

물론 동아일보 주장은 다르다. 동아일보는 〈동아일보사사〉에서 "대통령으로 당선돼 일단 권력을 장악하자 민주정부의 기본이 되는 행정부를 도저히 납득할 수 없는 진용으로 구성했다. … 이 나라 민주주의의 앞날에 깊은 암영을 본 본보는 비로소 이승만 노선과 손을 끊고 그의 작태에 정면으로 도전하기 시작했다"고 밝혔다.

1951년 한민당의 영수나 다름없는 김성수가 부통령으로 취임했지만 김성수와 동아일보의 '반이승만' 기류는 여전했다.

"부통령 관저에까지 몰려와서 국회 해산을 외치는 불량배들의 난동 속에 대노한 김성수 고문은 부통령 사임서를 국회에 송치해 이승만을 준열히 규탄하고 그 자리에서 물러났다. 동 사임서는 계엄 하의 검열로 신문에는 게재되지 못했으나…."

이때부터 동아일보는 본격적인 '야당지'로 변모했다.

이 시기 이승만이 종신 집권을 위해 희대의 코미디가 된 사사오입 방식으로 초대 대통령 중임 제한 철폐를 위한 개헌안을 통과시켰고, 그 다음해인 1955년 김성수는 65세의 나이로 세상을 떠났다.

4선을 노리던 이승만은 선거대책을 세우기 위해 '6인위원회'를 구성했고, 민주당은 이승만 정권의 '선거방법 지령'을 폭로했다. 유령선거인 명부를 작성하고 자연기권, 권유기권으로 총 유권자의 40%를 사전 투표시키고, 60%은 상호 감시투표를 진행해 자유당 정부통령 후보가 적어도 85%의 득표율을 올리도록 한다는 것이었다.

이때 동아일보는 이강현 기자를 영호남과 충남 일대에 보내 은밀히 진행되는 부정선거 준비작업을 취재하도록 했다. 관련 기사는 3월 6일부터 3·15 선거 전날까지 날마다 연재됐다. 동아일보는 3월 11일 사설 〈천인이 공노할 만행〉에서 "이와 같은 사람들(이승만 및 자유당)에 의한 정치 지배를 되도록 조속한 시일 내에 벗어나기 위하여 가능한 모든 투쟁을 전 국민의 이름으로 전개하지 않으면 안 될 것을 새삼스레 느낀다."고 강력한 반정부투쟁을 예고했다.

8. 한국기자협회 60년 굴곡의 연륜

한국기자협회는 1964년 8월 창립한 뒤, 그해 11월 〈기자협회보〉를 창간하여 언론자유의 수호와 일선 기자의 대변지 역할을 수행하는데 주력했다.

1971년에 '자유언론 수호를 위한 행동강령' 제정을 시작으로 1973년 '언론자유 수호결의', 1974년 '자유언론 실천선언'을 잇따라 채택하였고, 1980년에는 신군부의 언론통제에 맞서 비상계엄 해제, 사전검열 철폐 운동을 펼쳤다. 특히 신군부 때는 정권의 언론 탄압에 분연히 맞서 싸우는 과정에서 제20대 김태홍 회장 구속, 사무국장 수배 등을 비롯하여, 많은 언론인들이 고초를 겪었으며, 기자협회보가 두 번째 폐간 당하는 아픈 역사를 거쳐 왔다.

권력의 탄압과 자본의 회유에 맞서 언론자유를 수호하는데 앞장서 온 한국기자협회는 지금 전국 199개 언론사인 신문·방송·통신사 소속 현직 기자들 1만 1000여 명이 회원으로 활동하고 있는 대한민국 최대의 언론단체로 발전했다.

한국기자협회는 2024년 창립 60주년을 맞는다. 사람으로 여기면 환갑 6순이다. 창립 50주년 때엔 당시 정의화 국회의장, 정홍원 국무총리, 김무성 새누리당 대표, 박영선 새정치민주연합 비대위원장, 이완구 새누리당 원내대표, 설훈 국회 교육문화체육관광위원장, 윤상직 산업자원부장관, 신제윤 금융위원장, 김종 문화체육관광부 제2차관, 남경필 경기지사 등 정·관계, 재계, 학계, 언론계 인사 500여명이 참석, "국민의 사랑·신뢰 받아온 존재"라며 축하를 보냈다.

▲ 3대 기자협회장을 지낸 김영수 고문(사진 왼쪽)이 1·2대 기자협회장을 지낸 고(故) 이강현 고문의 장녀 이정옥 한국지상파디지털방송추진협회(DTV 코리아) 사무총장에게 '이강현 공로패'를 전달하고 있다.

이때 기념식에서는 한국기자협회 50년 발자취가 담긴 영상물을 상영하고, 한국기자협회 초대 회장인 고(故) 이강현에게 공로패를 전달했다. 그 밖에도 한국기자협회 활동을 지원하고 언론발전에 기여한 김관용 경북지사, 박준영 전 전남지사, 김병호 한국언론진흥재단 이사장, 변추석 한국관광공사 사장, 신항균 서울교육대학교 총장, 김인수 한국 SGI 이사장에게도 감사패를 전달, 축제를 이루었다.

창립 60주년을 앞둔 한국기자협회는 새로운 비전을 준비하며 앞으로의 100년 향해 힘차게 나설 채비를 준비하고 있다.

제47대 김동훈 기자협회장은 "우리 협회는 이강현 초대 회장이 초석을 다졌고 역대 선배 회장단의 탁월한 지혜와 노력을 발판으로 줄기찬 발전을 거듭했다. 언론은 국민의 알권리 충족에 부응하면서 권력을 감시 비판해왔고 따뜻한 가슴으로 사회적 약자를 보듬는데 더욱 헌신할 것이다. 60주년을 앞두고 국민의 사랑과 신뢰를 받는 한국기자협회로 거듭 날 것을 다시 천명한다"고 밝혔다.

스마트 폰으로 언제 어디서나 뉴스를 만나는 글로벌 시대, 언론과 기자의 사회적 역할과 책임은 어느 때보다 중요해지고 있다. 정확한 사실과 진실에 입각한 취재와 공정보도로 국민에게 신뢰를 받고 국가발전과 국민 행복의 견인차가 되는 언론이 되어야 한다는 것이 시대적 소명이다.

한국기자협회의 지난 반세기는 한국 언론의 자유와 발전을 상징적으로 보여주는 살아있는 역사이며, 굴곡 많은 우리 현대사의 고비마다 언론계의 든든한 버팀목이 되어왔고, 언론자유와 민주주의를 꽃 피우는데 주축이 되어 왔다. 국익의 최전선에서, 또 한편으로는 온갖 희생을 무릅쓴 채 민주주의를 위해 헌신해 왔다. 따라서 한국의 민주주의는 한국기자협회와 국민이 함께 이뤄 낸 역사적인 업적이라고 해도 지나침이 없을 것이다.

〈참고 문헌〉

- 동아일보, 1920년 4월 28일자
- '동아일보 대해부', 1945년 12월 28일자
- 조선일보, 1945년 12월 28일자
- 서울신문. 1948년 7월 10일자
- 국가기록원, 〈3·15부정선거와 4·19혁명〉 기록
- 동아일보, 1960년 4월 14일자
- 동아·조선일보, 1964년 8월 17일자
- 한국기자협회보, 1964년 8월 창간호
- 한국기자협회 30년사, 1994년
- 인물한국언론사 정진석 나남 146P
- 한국언론인사화(韓國言論人史話) 대한언론인회 1992년
- 한국기자협회, 2014년 창립 60주년 기념호

필자 박 기 병

現 대한언론인회 회장

現 6·25참전언론인회 회장

前 한국기자협회 회장

前 강원민방 사장

前 춘천 MBC 사장

신문문장 혁신한 31세 편집국장
홍승면(洪承勉)

1927~1983년

'화이부동(和而不同)' '백미백상(百味百想)'
명 시평 남긴 칼럼니스트

글 : 맹태균 (前 한국편집기자협회 회장·前 청주대 겸임교수)

<홍승면 약력>

서울 출생
경기중학 졸업
합동통신 기자
6·25전쟁으로 육군 입대~대위 제대
서울대 문리대 사회학과 졸업

한국일보 편집국장, 논설위원
동아일보 논설위원, 편집국장
신동아 주간, 이사 논설 주간
IPI한국위원회 사무국장
아시아 신문재단 사무국장
덕성여대 교수

〈상훈〉
막사이사이상 수상
대한민국 금관문화훈장

〈저서〉
《프라하의 가을》
《백미백상(百味百想)》
《잃어버린 혁명》
《화이부동(和而不同)》

화이부동(和而不同) 홍승면(洪承勉) 행적

9

신문문장 혁신한 31세 편집국장

화이부동(和而不同) 홍승면(洪承勉)

1. 언론계의 패러다임을 바꾸다

"1958년, 한국일보에서 31세에 편집국장이 된 언론인,

당대 제일의 명 칼럼니스트로 재(才)와 학(學)과 식(識)을 과시했던
언론인,

자유언론의 투사로 막사이사이상을 탔을 뿐만 아니라 화이부동
(和而不同),

즉 '화합은 하되 뇌동(雷同)은 하지 말라'고 외치던 언론인.

한국 신문 문장의 현대화를 이끈 선구자로 평가받는 언론인…"

홍승면(洪承勉 : 1927~1983) 선생을 두고 하는 말이다.

우리시대의 '언관사관(言官史官) 천관우(千寬宇)'는 "홍승면은 20세기
후반기 한국 언론사(言論史)가 꼭 몇 줄은 쓰고 넘어가야할 언론인"이
라고 했다.

지금 위기에 있는 한국 언론을 생각하며 그를 회억(回憶)한다.

전쟁의 포성이 아직 귀에 쟁쟁하던 1950년대 중반, 갓 태어난 한국일보 1면을 보면 낯선 칼럼 하나를 만난다. 젊은 기자 홍승면이 미국 스탠퍼드대 유학중에 보낸 연재물 「미국통신」이다. 처음으로 외국의 문물을 몸소 만끽한 글이다. 신선하게 다가온다. 반세기 전 글인데도 낡았다는 느낌을 거의 주지 않는다.

이때는 아직 우리나라 신문들이 구태의연한 논조와 안목으로 구각(舊殼)을 벗지 못하던 시기였다. 그의 신선하고 섬세한 감각이 독자들의 눈에 돋보이기 시작한다. 특히 두드러진 현대감각의 그의 글을 접한 대학생들 가슴에 물결이 일었다. 1950년대까지도 대체로 권위적이고 상투적인 한문 투의 부드럽지 못한 신문 문장들 속에서 홍승면의 깔끔한 현대성 문장이 눈 밝은 젊은 독자들에게 어필한 것이다.

대학가 등에서 한국일보의 기백이 입소문을 탔다. 젊은 세대들이 한국일보에 환호를 보내는 것은 어쩌면 당연했다. 한국일보는 청년신문이라는 평을 받았다. 수습기자 모집에 각 대학의 수재들이 몰려들었다.

현대감각의 신선한 느낌은 글만이 아니었다. 지면의 파격이었다. 도식적으로 만들고 있던 매너리즘에 젊은 기자의 칼럼을 대담하게 1면에 실은 한국일보의 그 파격적 혜안이 돋보였다. 종래의 고정관념을 깬 것이다. '기자 홍승면'을 알아 본 '언론계의 전설' 장기영(張基榮) 사장이 아니면 할 수 없는 용기였다. 한국일보는 이 같은 파격, 아니 혁신으로 이어졌다. 언론계의 패러다임(paradigm)을 바꾸어 놓는다.

첫 스타트. 젊은 신문 한국일보는 젊은 국장을 내세운다. 그가 바로 '31세의 홍승면'이다. 평기자 나이에 기라성 같은 선배를 제치고 올라선 것이다. 홍승면 편집국장은 창간 불과 5년 남짓한 사이 동아일보, 조선일보, 경향신문 등 기존 일간신문의 아성에 도전하며 '녹색의 돌풍'[1]을 일으키는 젊은 신문 한국일보의 상징이었다.

1950년대에 신문기자 생활을 시작했던 적지 않은 사람들에게 있어서 홍승면은 이미 그의 나이 30대의 젊은 시절부터 지근거리에 있는 일상적인 '우상'이었다.

2. 홍승면 문장에 반한 장기영의 파격 발탁

홍승면이 어떻게 30대 초반에 편집국장으로 파격 발탁되었을까. 홍승면에 대한 일화가 한운사(韓雲史)의 『구름의 역사』에 보인다.

1955년, 한국일보에 근무하던 한운사가 홍승면을 신문사로 끌어들인 것이었다.

화신백화점 근처로 가는데 꾀죄죄한 차림의 홍승면을 만났다. 그는 말했다. "운사, 나 곧 제대하는데 직장 좀 마련해줘" (대학 재학 중이던 1949년 합동통신사 기자로 언론계에 뛰어든 그는 6·25전쟁 중 통역장교로 복무했다.)

한운사는 옛날의 그를 기억하고 있었다.

경기중학 시절엔 일제에 항거하는 '소요가(逍遙歌)'를 만들어 대소동을 일으켰던 친구이다. 그러고도 일본 히로시마(廣島) 고등학교에 합격

---

1) '녹색돌풍'의 녹색은 한국일보의 상징 색

한 수재였다. 서울대 시절엔 다리 하나가 부러진 안경을 실로 붙들어 매끼고 다녔다. 좌익이 세게 나올 때, 그 안경을 들어올리며 "그렇게 말하는 것은 정신적 테러가 아니냐?"면서 정연한 이론을 전개하던 친구였다.

그에게 기사 하나를 써오라고 했다. 그랬더니 그때 막 눈을 틔우기 시작한 통일교에 대한 비판기사를 써왔다. 기사가 나가자 연세대와 이화여대 학생들이 신문사 앞에서 연좌데모를 벌였다. 장기영 사장이 깜짝 놀라 어찌 된 일이냐고 물었다. 그리고는 그 친구를 한국일보에 취직시킨 것이다. 깡이 있는 친구라는 이유에서였다.

그래서 홍승면은 차장대우로 외신부에 들어왔다. 얼마 지나지 않아 그의 실력이 진가를 발휘했다. 부드러우면서도 정곡을 찌르는 칼럼을 쓴 것이다. 평기자였던 한운사와 함께 나란히 부장 진급을 했다. 그리고 얼마 후에 편집국장이 되었다고 했다. 문장에 욕심이 많은 장기영 사장이 그를 편집국장으로 발탁한 것은 그의 문장 때문으로 알고 있다. 한국일보 입사 후 불과 3년 만이다.

홍승면이 한국일보 편집국장이 된 것이 31세 때였으니, 그 시절 신문사 편집 책임자의 평균 연령이 지금보다 썩 낮았다는 점을 고려해도 파격이었던 셈이다.

그런데 훗날 한운사는 "승면이가 잡스러운 데가 조금 있었더라면…" 하고 그 점이 아쉽다고 했다. 그는 너무나도 모범적이고 담백했다. 잡스러움이란 주색잡기(酒色雜技)로 풀이되지만 그도 술에 있어선 애주가였다.

3. 한국의 신문 문장을 혁신하다

편집국장 홍승면은 칼럼니스트로서 더욱 빛이 난다. 편집국장 석에 있으면서도 그의 제1차적인 활동은 글을 쓰는 저널리스트였다. 그는 바쁜 신문제작 이외에도 연일 매섭고 감동적인 칼럼을 썼고 때로는 몸소 시(詩)까지 써서 싣기도 했다. 날마다 글을 쓴다는 점에 있어 홍승면은 국장석에서도 일선 기자였고 그런 의미에서 또 행동하는 지식인이었다.

1950년대의 후반이 4·19의거를 향해서 눈이 먼 장님행진을 하고 있을 때 매일매일 집필하는 홍승면의 단평 칼럼은 젊은이들에게 눈이 어두운 시대의 밝은 눈이었다.

자유당 정권이 그 최후를 향해서 저돌(猪突)했던 1960년의 3·15선거를 전후해서는 칼럼 집필로서도 다하지 못한 울분을 '독고수(獨孤樹)' 이던가? 하는 가명(假名)으로 몇 편의 시를 써서 신문에 실은 일이 있었다.

홍승면은 한국일보 일요판에 1956년 초부터 매주 〈모노클〉 (Monocle 외눈 안경)이란 이름의 칼럼을 쓰기 시작했다. 전후의 미국 사회학(社會學)의 세례를 받은 시각으로 당시의 한국 세태를 해부한 첫 신문 칼럼이다. 그의 칼럼니스트로서의 데뷔였다고 기억되고 있다. '勉' 이라는 이니시얼이 들어간 이 〈모노클〉은 당시로서는 비교적 생소한 외국의 시사성 있는 인사이드 스토리를 소재로 흥미진진한 글이었다. 그 관점이, 그 문체가 짜릿짜릿 할이 만큼 신선했었다.

〈모노클〉에 이어 그는 한국일보 고정 칼럼 〈지평선〉과 〈메아리〉에 쓴 글 등 날카로운 필치의 평론으로 '당대 최고의 칼럼니스트'라는 찬사를 듣는다. 바로 홍승면의 칼럼이 한국 신문 문장을 혁신했다는 것이다.

언론학자 최정호(崔禎鎬)는 "홍승면과 함께 신문 문장에 '누벨바그'가, 한글세대에 맞는 '뉴저널리즘'의 물결이 시작되었다."고 평가한다. (최정호 교수는 한국일보 수습2기로 홍승면 편집국장 밑에서 일했으며 무척 존경했다.)

'문어(文語)의 글'이 아직도 신문 문장을 지배하고 있을 때 홍승면은 우리들이 일상적으로 주고받는 말만으로, 온전히 '구어(口語)의 글', '말의 글'로 신문 칼럼을 썼다는 것이 최정호의 견해다.

물론 우리나라 언론계에는 홍승면 이전에도, 그리고 홍승면 이외에도 훌륭한 칼럼니스트가 적지 않았다. 홍승면과는 또 다른 미문·명문(美文·名文)을 쓰는 분도 있었다. 그러나 그런 분들의 글의 대부분은 어느 구석엔가 아직도 한문장(漢文章)에서 오는 미문·명문의 뒷맛이 가시지 않았던 것처럼 당시 젊은이들은 느끼고 있었던 것이다. 비록 우리말로 적기는 했으나 어딘지 권위주의적인 한문 문장의 문체, 독백(獨白)의 문체, 문어의 문체의 뒷맛이….

바로 그러한 '문어의 글'이 아직도 우리나라 신문문장을 지배하고 있을 때 온전히 우리들이 일상 지껄이고 주고받는 말만으로, '구어의 글' '말의 글'로 신문의 칼럼을 처음 쓴 사람이 바로 홍승면이었다.

1950년대 말부터 70년대 중반까지의 한국일보 〈지평선〉 〈메아리〉 칼럼과 동아일보 〈횡설수설〉 칼럼에는 홍승면의 그 누벨바그와 뉴저널리즘의 문장들이 점점이 박혀 있다. (고종석의 「홍승면 발자국」)

「홍승면 문장소묘」에서 김중배(金重培) 전 MBC 사장은 그의 글에 대해 이렇게 얘기하고 있다.

"부질없는 현학(衒學)도 없으며 이제껏 꼬리를 이어오는 한문 투의 냄새도 없다. 공격적인 호령조는 이미 그와는 무관하며 그의 문장에 깊이 이어졌던 것은 우리가 일상적으로 나누는 우리의 말이었을 뿐이다.… 추구의 과녁은 언제나 자유 그것이었으며 엮어내는 문장은 언제나 오순도순한 우리의 구어였다."

(홍승면 평론집 『화이부동(和而不同)』)

홍승면은 당시 언론들 사이에서 권위적이고 상투적인 한문 투의 부드럽지 못한 신문 문장들이 판칠 때 이런 글들과는 판이하게 다른, 현대 감각이 두드러진 깔끔한 구어체 중심의 문장을 구사했던 것이다. 한국 언론사상 온전한 '구어의 글', '말의 글'로 신문 문장을 쓰기 시작한 것은 바로 그부터였다고 해도 과언이 아니다. 그러기에 그의 개성과 뛰어난 지적 작업이 담겨 있는 당시의 칼럼들은 한국 신문사에 길이 남을 역작으로 꼽히고 있다.

홍승면은 명칼럼니스트로 일세를 풍미한 언론인이었을 뿐만 아니라, 한국 언론사에서 딱딱하고 고답적인 문어체의 신문 문장을 부드럽고 평이한 구어체 문장으로 바꾼 선구자라는 평가도 받는다.

또한 칼럼을 쓰면서 종래 딱딱하고 고답적인 신문문장의 문어체 글을 탈피, 부드럽고 평이하면서 짜임새 있는 구어체 글을 구사함으로써 인구의 압도적 다수를 차지하게 된 한글세대를 맞아 새로운 저널리즘의 물꼬를 트는데 큰 몫을 했다.

4. '소요가(逍遙歌)' 사건에 싹튼 투혼

천부의 언론인이요, 문필인 홍승면은 1927년 7월 27일 풍산(豊山) 홍(洪) 씨 호완(祜完) 선생과 안동 김 씨 연순(然順) 여사의 세 아들 중 차남으로 서울에서 태어났다.

그는 서울사범부속국민학교를 거쳐 명문교 경기중학교에 진학했는데, 초등학교 다닐 때도 글재주가 뛰어나 작문상을 타기도 했다. 경기중학을 다닐 때 앞에서 말한 '소요가(逍遙歌)' 사건이라는 것이 있었다. 4학년말 겨울방학동안에 그는 이 소요가를 직접 작사 작곡, 그것을 프린트해 전교생에게 배포했다. 그 내용은 일제에 반항하는 민족정신을 교묘하게 고취시키는 구절을 담은 것으로 그 때문에 그는 정학처분을 받게 되었다.

소요가는 그의 자유정신 낭만성 그리고 민족정신을 이미 10대 때 표출시켰던 사건이었다고 하겠다. 그의 그러한 정신자세는 그가 언론계에 투신 한 후에도 연면히 이어졌다.

1945년 경기중학교를 졸업하고, 일본 히로시마 고등학교에 합격했으나 종전으로 입학은 안 하고 해방 후 경성대학 예과를 거쳐 1947년 9월 서울대학교 문리과대학 사회학과에 진학했다. 6·25전쟁으로 1954년 3월에야 졸업했다. 재학 중이던 1949년 합동통신사의 기자로 근무했다.

6·25전쟁 때는 미처 피란을 못해 숨어 다니는 고초를 겪다가 1950년 10월 육군 통역장교로 입대해 백령도의 미군 유격대에 참가했다. 최전선의 유격대 장교로 활약하고 1954년 11월 대위로 제대했다. 1955

년 6월 한국일보에 입사해 1958년 3월 편집국장, 1962년 7월 논설위원이 되었다. 1958년 10월에는 아시아재단 후원으로 미국 스탠퍼드대학교에 유학을 다녀왔다. 귀국 후 1960년 10월 경희대학교 강사를 맡았다가 1962년 7월 한국일보사 논설위원으로 언론계에 복귀했다.

5. 『신동아』 주간(主幹) 시절 필화(筆禍)로 구속

1962년 9월 동아일보의 논설위원으로 자리를 옮겼다. 당시 한국일보 장기영 사장이 무척 아쉬워했다고 한다.

이어 1965년 5월 동아일보 논설위원 겸 『신동아(新東亞)』 주간(主幹)이 되었다. 『신동아』는 원래 동아일보가 일제 강점기에 발행하던 월간지였는데, 1964년 복간된 것이다. 복간 이후 『신동아』는 현실문제에 대한 심층보도와 논픽션에 중점을 두면서 새로운 잡지 저널리즘을 추구해 우리나라 잡지 저널리즘의 수준을 한 단계 끌어 올린 잡지였다.

홍승면이 이 새로운 차원의 월간 종합잡지 주간을 맡아 활약 한 것이다. 그런데 1968년 12월호 『신동아』에 실린 기사가 문제가 되었다. 제3공화국 박정희 정부는 3선 개헌을 앞두고 언론 통제를 강화했다. 당시 정부는 정부에 가장 비판적이었던 동아일보를 굴복시키기 위해 1968년 11월 『신동아』의 기사를 트집 잡았다. 중앙정보부는 12월호 '차관(借款)' 특집기사로 주간 홍승면을 비롯한 공동 필자인 편집국 정치부 김진배 기자와 경제부 박창래 기자, 신동아 부장 손세일 등 편집진 구성원들을 차례로 연행해서 조사했다.

이 기사는 당시 논란이 되던 차관 망국론을 진지하게 다룬 심층보도였다. 1959년 1월부터 그때까지 9년간에 도입된 12억 8100만 달러의 내역은 물론 당시로서는 엄청난 규모의 외국 빚이 우리 경제건설에 끼친 공과 과를 면밀히 분석 검토한 기사이다. 말하자면 차관의 백서(白書)라고 볼 수 있다. 대부분 국회에서 공개된 자료에 의한 것이었지만 특히 이목을 끈 것은 차관과 정치자금에 관련된 부분들이었다. 그 무렵 박정희 정권이 한일 국교 정상화 후 일본으로부터 도입하는 상업차관 일부가 정치자금화 한다는 풍설이 나돌았다.

그러나 당국은 이 기사를 아무리 따져도 별 문제가 없자 이를 덮어두고 그 대신 이미 시판된 10월호에 실린 「북괴와 중소분쟁」기사를 걸고 넘어갔다. 그 글은 미국 미주리(Missouri) 대학교 조순승(趙淳昇) 교수가 쓴 것이다. 내용 가운데 김일성을 남만주 빨치산 운동의 지도자라고 표현한 부분이 문제였다.

영어 원문이 partisan leader이므로 번역이 잘못된 것은 아니었지만, 『신동아』는 10월호 발행 이후, 11월호에 "빨치산 지도자라고 번역한 것은 공비의 두목이라는 말의 오역 이었다"는 정정 기사를 냈다. 그런데 10월호 발간 당시는 별 문제가 없다가, 뒤늦게 이 글을 트집 잡아 홍승면과 손세일을 반공법 위반 혐의로 구속한 것이다.

동아일보는 1968년 12월 7일 신문에도 1면 사고로 사과문을 싣고 나서, 구속 3일 만에 두 사람은 석방되었다. 그러나 '신동아 사건'의 부당성을 사설로 반박한 주필 천관우와 함께 홍승면, 손세일이 결국 동아일보에서 물러나게 되었다. 또한 발행인 겸 부사장인 김상만이 발행인직을 내놓았다.

▲ 필화사건의 발단이 된 『신동아』 1968년 12월호 기사 〈차관〉

'신동아 사건'은 동아일보를 제외하고는 그 어느 매체에서도 보도되지 않았다. 이 사건은 정치문제화 되어 국회에서 한바탕 논란이 벌어졌지만 이 또한 제대로 보도되지 않았다. 적어도 이 사건이 일어나기 전까지는 필화사건이 일어났을 경우 언론계의 그 사실만큼은 신속하게 보도했었다. 이처럼 모든 언론이 '신동아 사건'에 대해 침묵을 지켰다는 사실은 한국 언론계 전체가 권력의 언론탄압에 '백기'를 든 것이나 마찬가지였다.

'신동아 사건'은 1969년의 3선 개헌을 관철하기 위해서 권력이 언론의 마지막 저항의 보루를 격파한 의도적 사건으로 볼 수 있다. 이 사건은 한국의 언론 사주들이 동아일보를 마지막으로 완전하게 권력에 굴복했음을 알리는 사건이었다. 또한 이 사건을 계기로 신문의 편집·제작권이

기자들의 손으로부터 경영자의 손으로 넘어가게 됐다.

이것을 지켜보던 당시 신문편집인협회 회장 최석채는 1968년 12월 27일자 「기자협회보」에 "신문은 편집인의 손에서 떠났다"는 글을 남긴 것으로 유명하다.

6. 군사정권 재등장에 실망…학계로

홍승면은 1969년 2월 동아일보사에 복직되어 편집국장으로 있다가, IPI(국제신문협회) 한국위원회 사무국장을 역임했던 그는 1971년 4월 아시아신문재단 사무국장으로 필리핀 마닐라에 주재하면서 동아일보 특파원직을 겸했다.

홍승면은 국제신문협회 한국위원회 사무국장·아시아신문재단 사무국장 등의 경력에서 보듯 한국 신문의 국제적인 감각이나 시야의 확대를 위하여 노력하였고, 외신기사에서 우리가 타산지석으로 삼을 수 있는 것이 무엇인가를 찾아내는 형안을 가지고 있었다.

1972년 4월 동아일보 수석 논설위원, 1974년 9월 동아일보 이사 겸 논설주간이 되었다. 1975년 2월에 동아일보 광고사태가 터지자 이에 대한 책임을 지고 평생 몸담았던 언론계를 떠났다. 동아일보 광고 사태는 박정희 유신 정권의 언론 탄압으로 동아일보에 광고를 내기로 했던 회사들이 무더기로 해약하고, 그 결과로 동아일보에서는 광고를 채우지 못한 부분을 백지로 내보내거나 아예 전 지면을 기사로 채워버린 사태를 말한다.

▲ 마닐라에서 개최된 아시아신문재단총회에 참석 후 김포공항에 내린 동아일보 사장 고재욱과 홍승면 논설위원(오른쪽) -1971. 9.19

그 뒤 동아일보 기자들이 언론자유 수호를 선언하며 농성에 들어가 대량 해고의 불행한 사태가 벌어지게 되었다. 그는 퇴직 이후에도 경향신문의 〈정동탑(貞洞塔)〉을 비롯해 신문 잡지 등에 계속 기고를 했다.

홍승면은 1979년 10·26사건에 이어 12·12사태로 또 다시 군부가 정권을 잡게 되는 상황에 크나큰 실망과 충격을 받고, 다음해인 1980년 3월 덕성여대 교수로 초빙되어 언론계에서 학계로 몸을 옮기게 된다.

시종 언론인을 자부한 그는 신문사를 떠난 후도 직업을 반드시 언론인이라고 썼다. 대학에 있을 때도 원고에 직업을 표시할 때 어느 대학교수라고 안 쓰고 꼭 언론인이라고 썼기 때문에 대학 측에선 좀 섭섭해하기도 했다고 한다.

그는 이 땅의 많은 지성인들이 그랬듯이 말년을 시련 속에 지내면서 후학들을 가르치다 불행히도 병을 얻어 1983년 5월 26일 세상을 떠났다. 향년 57세.

국사(國師) 언론인 이관구(李寬求) 당시 대한언론인회 초대회장은 조사에서 "그대는 품격이 높고 견식이 풍부하여 근대적인 직업 언론인으로서의 조건을 갖춘 대기자였으며… 민주언론의 용감한 투사였다. 소리는 잔잔한 채 메아리는 우렁차고, 태는 느슨한 채 정은 불같이 뜨거워 말로 글로 이것이 고르고 멋있게 옮겨지매 듣고 보는 사람의 심금을 울리는 논단의 거백 이었다"고 평했다.

홍승면이 별세한 1983년, 그해는 당대의 대표적인 지식인을 잃은 해였다. 최정호는 20세기 프랑스를 대표하는 지식인 레이몽 아롱과 함께 홍승면을 회억(回憶)한다.

그는 "참으로 '사색하는 행동인 이며 행동하는 사색인'의 모범을 가장 높은 수준에서 보여준 지식인이었다." (최정호 에세이 「世情春秋」-경향신문 1983.12.10.)

지식인에게 있어 '행동 한다'는 것은 무엇일까?

자유주의자 아롱은 대독(對獨)전쟁에 있어선 레지스탕스 운동에 참여했다. 그러나 평화의 시대에 있어서는 언론인으로서 대중을 향해서 발언을 하는 것이 지식인의 '행동'이라고 나름대로 해석한다.

홍승면은 한창 일할 나이에 애석하게도 타계했지만 그가 만약 건재했더라면 그동안 그 주옥같은 좋은 글이 우리에게 더 많은 울림을 주었을 것이다.

7. 홍승면의 저널리즘 – "계몽이 아니라 봉사"

"신문기자를 '무관의 제왕'이라고도 부르는데 나는 이 말을 싫어 한다. 이 말에는 어떤 권세나 위세의 냄새가 난다. 주권재민의 원칙 아래서는 국민이 무관의 제왕이다. 신문기자는 무관의 제왕인 국민 에게 봉사하는 지적인 참모에 지나지 않는다.

이런 봉사가 신문기자의 사명이고 책임이다. 언론의 자유는 이런 책임을 다하기 위해서 필요한 것이다."

홍승면은 뚜렷한 직업관과 언론관을 가진 언론인이었다. 신문 제작 과정에서 늘 "독자의 지식을 과소평가 말고, 독자의 정보를 과대평가 말라"고 말하곤 했다. 독자의 지식은 높지만 독자의 정보는 적으니 그 런 점을 명심하고 정확하고 친절한 기사를 쓰라는 뜻이다.

또, 기자는 계몽이 아닌 봉사로 종사해야한다는 주장도 펼쳤다. 그 는 국민과 신문 기자와의 관계를 사령관과 참모들과의 관계로 비유하 면서 사령관을 계몽하는 것이 아니라 사령관이 옳은 결정을 내리도록 봉사하는 것이 기자의 직업이고 사명이고 책임이라고 강조했던 것이다.

홍승면은 직업으로서의 기자와 철저한 훈련을 강조하며 현대적인 저 널리즘을 도입한 인물이었다. 그는 후배 기자가 묻고 선배 기자가 답하 는 형식으로 쓴 「신문문장 문답」이라는 글에서 이러한 자신의 생각을 다음과 같이 설명했다.

"어떤 신문문장이라도 독자들이 이해할 수 있게 의미가 명쾌해야

해. 그것을 신문의 친절이라고 누가 그러더군. 나는 한 걸음 더 나아가서 그것이 신문의 의무라고 생각해요."

"독자들에게 명쾌하게 커뮤니케이트 되어야 한다는 데 신문문장의 생명이 있지. 신문문장은 퀴즈가 아냐. 기술론으로서의 신문문장론도 어떻게 하면 독자들에게 명쾌하게 커뮤니케이트 하느냐 하는 기술론 아냐?"

"신문은 국민을 교도하거나 조직하거나 하는 것이 아니라 국민에게 봉사하는 것이라고 생각해요. '계몽적'이라는 말이 나는 싫어. 무지 '몽매'한 국민을 '계발'한다는 말인가. 국민(독자)의 지성을 과소평가해서는 안 돼요. 그러나 한편 국민(독자)의 정보를 과대평가해서는 안 되지. 따라서 우리는 친절하게 기사를 써야 한다는 거야. 그것이 계몽이 아니라 봉사란 말이야. 국민(독자)의 지성과 국민(독자)의 정보를 구별해서 생각해야 해."

또한 지난 1976년 7월 『신문평론』에 실은 「직업으로서의 신문기자-기자의 참모기능론을 생각해 본다」라는 글에는 홍승면의 기자정신이 그대로 투영돼 있다.
그는 이 글에서, 국민과 신문기자의 관계를 사령관과 참모의 관계에 비유하기도 했다.

"주권이 국민에게 있고 모든 권력이 국민에서 나오는 것을 원칙으로 삼는 시대에는 신문 또는 신문기자의 사명-직업윤리는 결국 국민에 대한 봉사에 귀착되는 것이라고 나는 믿는다. 비유가 적절하지 않을는지 모른다고 망설이기도 했지만 일단 국민과 신문기자와의 관계를 사령관과 참모들과의 관계로 비유해 본다. 참모들은 사실을 정확하게 보고해야 하고 사태전망을 적절하게 판단해야 하고 현명한 행동을 건의해야 한다. 그것은 사령관을 계몽하는 것이 아니라 사령관이 옳은 결정을 내리도록 봉사하는 것이다."

이와 같이 홍승면은 독자에 대해 겸손한 자세를 보였다. 개화기와 일제강점기 언론인들이 국민(독자)을 계몽하고, 가르쳐야 하는 대상으로 간주하던 인식과 비교가 된다.

동아일보를 그만두기 직전 유신체제에 대한 찬반을 묻는 국민투표를 다룬 1975년 1월 23일자 〈횡설수설〉의 '러버 스탬프 리퍼렌덤'은 이러한 그의 시각이 잘 드러나는 글이다.

러버 스탬프 리퍼렌덤이라고 하면 내용을 충분히 검토하지 않은 채로 덮어놓고 찬성하는 국민투표를 말한다. 왜 이번 국민투표가 그런 국민투표가 될 걱정이 있느냐 하면 현행 국민투표법의 제한 규정이 너무 많고 너무 까다롭기 때문이다.

예를 들면 찬반의 연설을 하지 못한다. 방송이나 신문 잡지가 찬반의 의견을 표시하지 못한다. 마이크나 녹음기로 찬반의 의견을 말해서도 안 된다. 비라도, 벽보도, 현수막도, 간판도, 광고판도 모두 안된다. 이렇게 찬반의 토론이 엄중하게 제한되어 있으니 일반 국민은 국민투표 내용을 충분히 검토할 길이 없는 것이다.

집필한지 거의 반세기가 흘렀는데도 글이 명쾌하고, 이해하기 쉽다. 그러면서도 국민투표법의 불합리한 점이 차분하게 설명되어 있다. 그의 문장과 문제를 제기하는 형식이 바로 이랬다.

김창열(金昌悅) 전 한국일보 사장이 평가하듯이 그는 이처럼 잘못된 것을 지적하고 비판하되, 손수 목소리를 높이고 팔을 걷어붙이고 행동하는 체질이 아니라 지식과 인격을 가지고 저항하는 스타일이었다.

8. 현장에서 써내려간 '아, 슬프다 4월 19일'

홍승면의 칼럼들은 대체로 이런 세속적이고 실용적인 신문문장론과 기자의 참모기능론 위에서 그 단정한 기품을 드러내고 있다. 그러나 수십 년 전에 쓰여진 홍승면의 신문 글들이 지금도 읽을 만한 것은 그 문체의 힘 때문만이 아니다. 홍승면 글의 진정한 매력은 바로 그 칼럼들이 쓰여지던 상황을 응시하는 필자의 정직과 양식의 힘에 있다.

제1공화국 끝머리에 칼럼니스트가 된 홍승면은 민주주의의 개화를 보지 못하고 떠났다. 다시 말해 그는 현직 언론인으로서든 객원 칼럼니스트로서든, 양식을 지니고서는 자신의 글에서 정치적 긴장을 제거할 수 없는 처지에 놓여 있었다.

그는 그 정치적 긴장을 감내했다. 예컨대 4·19 당시 〈지평선〉 칼럼에 쓴 「아, 슬프다 4월 19일」이 "눈물이 앞서고 손은 떨려서 무슨 말을 써야 좋을는지 모르겠다"는 말을 거듭하며 홍승면 글로서는 드물게 격한 정서를 드러내고 있거니와, 그의 칼럼들은 한국 민주주의의 가장 어두운 순간들에 이성의 빛을 들이대며 궁핍한 시대의 양식이 무엇인지를 보여주었다.

홍승면은 젊어서나 나이 들어서나 당대 제도언론이 수용할 수 있는 양식의 첨단을 견지했다. 그것은 온건하지만 어기찬 보수적 자유주의자의 양식이었다. 4·19 및 5·16과 같은 격변기와 군정기, 민정이양 초기에 쓴 사설이나 논평은 이 땅의 민주주의의 위협에 대한 준열한 고발장이며, 민주주의에 대한 그의 항심(恒心 : 떳떳한 마음)의 발로라는 평가를 받았다.

4·19직후에 아이젠하워 미국대통령이 방한했을 때 그는 사진기자 최경덕(崔慶德)과 함께 한국의 언론계를 대표하여 오키나와까지 마중 가서 함께 탑승을 하고 돌아왔다. 그것은 그의 영어 실력 때문이 아니라 4·19를 전후한 그의 분투와 노고를 치하한다는 한국 언론계의 뜻 때문이었다.

4·19 다음날인 1960년 4월 20일 한국일보 〈지평선〉에 격정적인 감정을 억누르면서 써내려 간 칼럼이며, 그의 대표작 중 하나로 꼽히는 명칼럼 '아 슬프다 4월 19일'을 감상해 본다.

▲ 4·19 당시의 교수들 시위

원고지 5~7매의 짧은 분량의 글임에도 4·19 현장에서 불의에 항거하고 정의를 외치는 목소리를 서슴없이 담은 기개와 60년대 당시 후진국형 부패가 판치는 세류를 고발하며 일갈하던 목소리('사바사바' 칼럼)가 지금도 들리는 듯하다.

아, 슬프다. 4월 19일!

눈물이 앞서고 손은 떨려서 무슨 말부터 써야 좋을는지 모르겠다. 궁금한 것은 학생의 인명 피해가 과연 얼마나 되는가 하는 것이다. 한 사람이라도 덜 죽고 한 사람이라도 덜 다쳤으면 하는 마음으로 안절부절 몸을 둘 곳을 모를 지경이다. 그러나 멀리서 아직도 때때로 총성이 들린다. 아, 슬프다. 4월 19일!

비상계엄령은 선포되었다. 계엄법에 의거하여 신문은 검열을 받게 되었다. 아, 4월 19일! 서울시민은 수만의 남녀 학생들이 '데모'를 하는 것을 보았다. 서울신문사와 반공회관(反共靑年團本部)이 학생들의 손으로 불타는 것도 보았다. 수많은 학생들이 총탄에 쓰러지는 것도 보았다. 이 무슨 사태인가. 아, 4월 19일!

지금 속속 군대가 서울로 들어오고 있다. 야간 통행금지가 계엄사령관 포고로 하오 7시부터 실시된 고요한 밤거리에 어디서인지 육군부대가 들어오고 있는 중이다. 자동차 엔진 소리도 요란하다. 전차 같은 차량 소리도 들린다. 질서는 군대 출동으로 회복될 것 같은데 정치적 사태 해결은 계엄사령관이나 출동한 군대의 책무가 아니다.

그러면 근본적으로 정치적 사태 해결은 누가 해야 하는 것인가.

아, 슬프다. 4월 19일!

민족적 비극의 날이다. 꽃다운 청춘이 어째서 이렇게 죽어야 하고 전선을 수호해야할 장병이 어째서 후방 질서 유지를 위하여 서울까지 나와야만 하는 것일까. 젊은 경찰들이 몸부림칠 필요가 없도록 만사를 명랑하게 해주지 못한 것은 어른들의 책임이겠고 일선 장병들이 후고(後顧)의 우려 없이 오직 대공방비에만 전념토록 해주지 못한 것은 후방 사람들의 책임이라고 말할 수 있을 것 같다.

아, 4월 19일!

눈물은 앞서고 손은 떨려서 무슨 말을 써야 좋을는지 정말 알 수가 없다. 그러나 국가가 이 모양 이 꼴로 이대로 나가다가 결국 어떻게 될 것인지 근심스럽다. 더 이상 사람이 죽어서는 안 되겠다. 이미 너무 많은 고귀한 생명들이 꽃잎처럼 떨어졌다. 아, 슬프다. 이 날. 4월 19일!

9. 문장의 도(道) – '화이부동의 언론인'

홍승면은 문장의 도(道)로서 술이부작(述而不作)을 곧잘 말하곤 했다. 논어의 술이(述而) 편에 나오는 말로 '서술하되 학술은 함부로 만들지 않는다'는 뜻이지만 홍승면은 그것을 문장론에 썼다. 진술하되 함부로 지어내지 않는 객관적인 정신을 강조한 표현이다. 그의 인품이 그대로 문장에 반영되었다.

그래서 남시욱(南時旭) 전 문화일보 사장은 '술이부작의 표상'으로 기억한다. 그의 글은 쉽고 명료해 읽기가 쉽고 군더더기가 없었다. 재(才)가 넘치면서도 교(驕)가 없었다. 과시적인 인용과 독자 훈계도 없었다, 표현의 절제와 균형 잡힌 사고가 멋이었다. 생기와 재기발랄한 서술로 독자에게 조금도 따분한 감을 주지 않았다.

홍승면은 '화이부동(和而不同)의 언론인'이었다는 평가도 받고 있다. '화이부동'이란 논어(論語) 자로(子路) 편에 나오는 '군자화이부동, 소인동이불화'(君子和而不同, 小人同而不和)란 공자(孔子)의 말씀으로, 군자는 화목을 하되 부화뇌동(附和雷同)은 하지 않는다는 뜻이다. 그의 각종 글들은 담담히 흘러내리는 듯한 문체지만 화이부동하는 인간성이 그대로 나타나 있다.

그래서 그는 월간지 『신동아』에 〈화이부동〉이라는 고정 칼럼을 가지고 달마다 글을 쓰기도 하였다.

후배 언론인 김진현(金鎭炫) 전 과기처장관은 그를 "겸손하면서도 겸손한 티 안내고, 정의를 추구하면서도 정의를 추구한다고 소리를 지르지 않고, 재능이 월등하면서도 표시 안 내고" "천재적인 분인데다 노력하는" 언론인, "관리자로서의 포용력", 인격적 성숙미와 조화미를 지닌 인물이었다고 회고했다.

또한 그는 그전 언론인들에게서는 보기 어려운 보편적, 세계적인 이성과 지성에 도달한 인물이며, 인권, 진보, 평화와 같은 본질적인 것에 관심을 갖는 현대적인 감각을 지닌 언론인으로 평가된 인물이었다. 고인이 평생을 간직한 좌우명인 화이부동은 오늘날 우리 언론인들에게 한 번 자신을 살펴 볼 기회를 주는 교훈적인 말이 되기도 한다.

10. 진한 감동을 주는 그의 저서들

홍승면은 부단한 독서로 동서고금의 다양하고 해박한 지식을 축적해가면서 거기에 예리하고 이성적인 시대감각과 타고난 문장력으로 새로운 스타일의 친근감 있고 순화된 그러면서도 정곡을 찌르는 격조 높은 글들을 남겼다.

냉정하게 시대를 꿰뚫는 홍승면의 글들은 오랜 시간이 지난 뒤에도 읽는 이의 마음을 움직이는 힘이 있다. 또 칼럼이면서도 마치 짧은 수필 한 편을 읽는 듯 잔잔한 감동을 주는 것도 그의 글이 가진 매력이다.

홍승면은 에세이집 『프라하의 가을』(1977), 맛 에세이 『백미백상(百味百想)』(1984)의 저서를 남겼지만 그가 작고한지 5년 만인 1988년 1월에 그의 친지 언론계 동료들이 뜻을 모아 그가 생전에 남긴 생생한 글들을 두 권의 책으로 엮어냈다. 『잃어버린 혁명』과 『화이부동(和而不同)』.

상권인 『잃어버린 혁명』은 평생을 언론인으로 살며 인간적 체취를 물씬 풍겼던 홍승면이 뜨거운 열정으로 기록한 한국 역사 현장의 증언집이다. 〈지평선〉〈메아리〉〈횡설수설〉〈정동탑〉 등에 실렸던 칼럼이다. 때로는 비수 같은 독설로, 때로는 해학적으로 생생하게 묘사 한, 4·19를 전후한 60년대와 70년대 유신시대의 모습은 우리에게 많은 것

▲ 음식 에세이집 『백미백상』　　　▲ 시사평론집 『화이부동』

을 시사하여 주는 바가 있다.

하권인 『화이부동(和而不同)』에는 저자의 타고난 저널리스트로서의 감각과 예지가 번뜩이는 시사평론집이다. 상권 『잃어버린 혁명』의 감동을 더욱 구체화시켜 준다. 『신동아』에 '화이부동'이라는 제목으로 연재됐던 칼럼과 자유민주주의 언론자유 등을 주장하며 쓴 사설 시평 등이 들어있다.

냉철하게 시대를 꿰뚫는 그의 글들은, 개인의 문집으로서 뿐만 아니라, 이 시대 역사의 증언으로 삼기에 손색이 없다.

이 두 권의 책엔 그가 20여 년 동안 쓴 2천 1백여 편의 글 중에서 주로 '4·19' '5·16' '유신(維新)' 등의 상황과 관련된 것과 그의 개성이 잘 나타난 6백여 편의 글이 수록되었다.

그래서 이 책을 읽는 것은 1950년대 말부터 1970년까지의 세태를 읽는 것이고, 그 연대의 미시 사회사(微視 社會史)를 읽는 것이기도 하다. 그 글들을 읽다보면, 정치적 자유 획득과 경제성장이라는 그간의 큰 변화에도 불구하고, 한국 사회를 움직이는 원리는 거의 변하지 않은 것 같기도 하다. 독자는 문득 문득 기시감(既視感)으로 어질어질할 것이다.

그 책들이 나온 지 스무 해 가까이 되고 거기 실린 글 가운덴 반세기 전 것도 있지만, '잃어버린 혁명'과 '화이부동'은 지금도 읽을 만하다. 언어학 박사 고종석의 평가이다. (『말들의 풍경-고종석의 한국어 산책』)

'하루살이 글'이라는 신문기자들의 자조(自嘲)에서도 드러나듯, 신문기사의 생명력은 길지 않다. 흔히 스트레이트 기사라 부르는 보도기사만이 아니라, 사설이나 칼럼이나 해설 같은 논평기사도 한 가지다. 어떤 형식의 기사든 거기엔 시의성(時宜性)이 담겨 있게 마련이고, 글에 생채(生彩)를 주는 그 시의성이라는 원기소가 글의 수명을 줄이는 독소이기도 하기 때문이다.

기사는 쓰여지는 순간에는 다른 어떤 장르보다 뜨거운 글이지만, 일단 쓰여지고 나서는 훨씬 빨리 식어버리는 글이다. 그래서, 신문에서 읽을 땐 매혹적으로 보였던 칼럼도 나중에 책으로 묶인 뒤 읽어보면 밍밍해 보이기 십상이다. 시간의 더께로 흐릿해지다 못해 부식된 기사들을 꼼꼼히 읽는 독자는 역사학자들뿐일 것이다.

그래도, 낡아버리는 속도에서 모든 기사들이 똑같은 것은 아니다. 단정한 문체와 곧은 논리로 당대 현실을 정직하게 응시한 기사들은 얼마쯤의 세월이 흐른 뒤 읽어도 낡은 느낌이 덜하다. 홍승면의 기사들이 그 예다. 그가 작고하고 다섯 해 뒤에 나온 『잃어버린 혁명』과 『화이부동(和而不同)』은 거기 묶인 기사들이 쓰여졌을 때의 온기를 꽤 보존하고 있다.

두 권의 평론집은 2003년 20주기를 맞아 홍승면 추모위원회에 의해 한 권의 책, 홍승면 평론집 『화이부동(和而不同)』으로 다시 간행되었다. 그는 한문 어투가 완전히 가시지 않았던 한국 신문의 사설과 칼럼을 일상의 말투로 탈바꿈시킨 문장 혁명가답게, 이 책에 실린 주옥같은 글은 거의 반세기 전의 것도 낡은 느낌이 없고, 개성과 품위를 간직하고 있다.

책 말미에는 이정석 당시 대한언론인회 회장, 김창열 전 한국일보 사장, 김진현 전 동아일보 논설주간, 남시욱 세종대 석좌교수, 정진석 한국외국어대 교수 등 홍승면과 직간접으로 함께 일했던 인사들이 그의 일생을 되돌아보는 좌담문도 실려 있다.

수필집 『프라하의 가을』은 홍승면이 생전에 낸 유일한 저서로, 이 책의 글 몇 편은 『화이부동』에 옮겨졌다.

11. 외유내강의 참 언론인의 모습

홍승면은 '신사'로 불릴 정도로 차분하면서도 당대의 논객으로 불리던 명칼럼니스트였다. 누가 보아도 무골호인같이 보이고 사실 누구에게나 감정을 상하게 하는 언행을 하지 않았다. 그렇지만 늘 자기의 원칙만은 지키는 즉 균형속의 뚜렷한 개성을 견지한 외유내강(外柔內剛)의 참 언론인의 모습을 잃지 않았다.

그는 그렇게 부드럽고 무르기만 한 듯 같이 보이지만 그러나 경우를 따질 때는 시비를 분명하게 가리는 놀라울 정도로 추상같은 때가 있다.

가령 1961년 5·16당일 쓴 칼럼에서는 "일선에서 국민을 지킬 군대가 어째서 후방에 밀려나와 정권을 행사토록 나라꼴이 엉망진창이 되었을까"라고 절규했다.

쿠데타군의 검열로 군데군데 삭제된 〈메아리〉 칼럼에서 그는 "동기가 수단을 정당화하지는 않는다. 시민들이 쿠데타의 동기를 이해할 수 있으면서도 쿠데타에 박수를 보내지 않는다는 데 법치국가 시민들의 양식이 있고 쿠데타 지도자가 곰곰이 생각할 문제

▲ 외유내강의 참 언론인 홍승면

점이 있는 것 같다"고 썼다. 공포 분위기에서 치러진 1975년 유신체제 찬반 국민투표를 앞두고는 〈횡설수설〉 칼럼에서 "현행 국민투표법은 국민의 진정한 의사를 정확하게 반영케 하기 에는 독소 조항들이 너무나 많다"고 지적했다. 오늘날, 소위 보수 진영에서는 이 정도의 양식을 지닌 저널리스트를 찾기 어렵다.

홍승면의 칼럼들이 죄다 정치를 소재로 삼은 것은 아니다. 지금부터 60년 전에 이미 유행했던 '노랑머리'에 대한 단상에서부터 사모님 호칭의 인플레, 실업과 자살, 폭력 교사, 재수생, 가짜 양주병 등 다양한 사회문제와 현상에도 관심을 보였다.

12. 음식의 맛, 인생의 맛, 글의 맛

"음악연주로 친다면 신선로(神仙爐)는 어떤 악기의 독주가 아니라 교향악이다.

어떤 악기의 뚜렷한 특성을 즐기는 것과는 달리 이것은 교향악의 앙상블을 즐기는 요리다. 스칸디나비아의 '스뫼르고즈부드'는 신선로와는 다른 의미로 음식의 교향악이다. 어떤 것들을 골라 먹을까 하고 수십 종류나 되는 음식을 살피는 것은 즐겁다."

− 『백미백상(百味百想)』 '신선로와 스뫼르고즈부드' 중

홍승면은 『백미백상(百味百想)』이라는 책을 남길 정도로 음식에도 일가견이 있었다. '맛의 고향, 맛의 내력'이라는 부제를 단 『백미백상』은 그가 언론계를 떠난 뒤 『주부생활』에 연재한, 음식에 관한 칼럼을 모은 책이다.

혀와 요리의 기술을 넘어 시정(詩情) 넘치는 미각(味覺) 에세이의 진수를 보여주는 명칼럼니스트의 유저(遺著). 부드럽고 진솔한 그의 글에서 우리는 음식의 맛과 함께 인생의 맛, 글(文章)의 맛을 맛보게 된다.

음식을 철별로 나누어 한 챕터씩 묶은 이 책의 글들은 그 편편이, 그 문장 문장이 독자의 식욕을 자극해 입맛을 다시게 한다.

『백미백상』의 맛은 그 음식들의 맛이기도 하고 홍승면 문장의 맛이기도

하다. 아니, 독자로 하여금 침을 꿀꺽 삼키게 하는 것은 그 두 맛의 어우러짐이다.

이 책은 그밖에 사라진 먹거리에 대한 향수, 남획과 대량생산, 인스턴트 음식에 대한 자성 등 맛을 이야기할 때 한번은 짚고 넘어가야할 주제들을 다루고 있다.

『백미백상』은 그의 20주기(2003년)를 맞아 새롭게 두 권의 단행본으로 묶여 나왔다.

1권 『대밭에서 초여름을 씹다』는 우리민족이 계절마다 즐겨온 '시절음식(時食)'을, 2권 『꿈을 끼운 샌드위치』는 동서양의 대표음식을 각각 소개했다.

맛을 소개하는 것을 넘어 인생의 단면(斷面)을 그려내며 겨레와 사회, 인간과 인생에 대한 애정이 동서고금을 뛰어넘는 그의 해박한 지식을 토대로 무궁무진하게 전개된다.

이 글은 그가 언론계를 떠난 1975년 이후에 쓴 것이다. 신문 지면을 떠난 그는 칼럼 대신 수필을 썼다. 마치 "수필은 이렇게 쓰는 것"이라는 것을 보여주듯 자유자재의 글재주를 발휘했다. 때로는 설명체로, 때로는 대화체로 풀어나간 글 속에는 맵고, 짜고, 시고, 단 갖가지 맛이 배어있다. 그리고 그 바탕에는 자산어보(玆山魚譜), 해동역사(海東繹史), 동국여지승람(東國輿地勝覽) 등 고서를 줄줄 꿰는 지식과, 프랑스, 미국, 필리핀, 베트남 등을 오가는 경험이 있다.

대학교수였던 그의 오랜 친구 박찬웅이 그를 "문재에 뛰어나고 박학다식한 풍류객"으로 평가한 것은, 이런 그의 일면을 말한 것이었다. 칼럼 가운데 하나인 「꿈을 끼운 샌드위치」 마지막 부분이 인상적이다.

어떤 샌드위치가 맛이 있을까. 빵과 빵에 끼우는 재료에 좌우되고 보면, 결국 사람의 개인적인 미각에 달린 문제라고 할 수 밖에 없다. 다만 맛이 아니라, 서민의 멋이 담긴 샌드위치 이야기를 소개하겠다.

비토리오 데시카, 지나 롤로브리지다가 주연했던 영화 「빵과 사랑과 꿈」-산골 경찰서장(데시카)이, 길에 쭈그려 앉아 빵을 먹고 있는 가난한 늙은 품팔이꾼에게 묻는다. "뭔가 끼워서 먹고 있나요?" 노인은 빵을 두 조각으로 쪼개서 지서장에게 보인다. 아무 것도 들어 있지 않은 것이다. "그럼요 나으리, 꿈이랍니다." 아, 꿈을 끼운 샌드위치!

13. "나의 전공은 인간입니다"

홍승면은 서울대 사회학과를 졸업했으나 학부에 진입할 때는 심리학과 학생이었고 그 전에는 문학과 철학에도 뜻을 두었다. 또 언론계에 들어간 뒤의 짧은 미국 유학 동안에는 신문학(新聞學)을 공부했고 언론계 생활 후반에는 국제 문제에 관심을 쏟았다.

이런 사연들을 털어놓은 「자유인이고자 걸어온 도정」이라는 글에서 홍승면은 이렇게 말했다.

"누가 나에게 전공이 무엇이냐고 물으면 '나는 저널리스트입니다' 라고 대답해 왔지만, 내 마음 한 구석에는 '나의 전공은 인간입니다' 라고 대답하고 싶은 충동이 도사려 있다."

이런 그였기에 그의 묘비명에도 그와 같은 글이 적혀 있다.

그러니까 자유주의자 홍승면의 저널리즘은 인간학이고 휴머니즘이었다. 그의 생각으론 저널리즘이야말로 인문 정신의 집적이었다.

57세 길지 않은 생애였지만 평생을 붓 한 자루로 자칫 불화와 시비를 빚기 쉬운 신문의 논설이나 시평을 써 오면서도 많은 사람들에게 오히려 화해를 느끼게 했던 논객 홍승면~!

왜 그토록 일찍 떠나가셨던가.

〈참고 문헌〉

- 홍승면 평론집 『화이부동(和而不同)』 2003
- 홍승면 『百味百想 -맛의 고향, 맛의 내력』 1983
- 한운사 회고록 『구름의 역사』 2006.
- 『말들의 풍경 -고종석의 한국어 산책』 2012
- 『한국언론인물사화 - 8·15후편 (하)』 1993
- 김영희·박용규 『한국 현대 언론인 열전』 2011
- 홍병기 『뉴스 동서남북 -한국 언론 명인 명문 열전』 2018
- 최정호 에세이 「世情春秋」 -경향신문 1983.

필자 맹 태 균

前 조선일보 편집부 차장
前 경향신문 편집부장· 편집위원
前 한국편집기자협회 회장
前 충북일보 편집인
前 청주대학교 겸임 교수
현 미디어피알 시니어직능클럽 대표

탁월한 女기자의 롤 모델

여걸 정광모(鄭光謨)

1929~2013년

'최초'라는 수식어 부자(富者)
소비자운동 대모, 사통팔달 사회활동

글 : 이향숙(언론인·前 대한언론인회 상임이사 겸 사무총장)

<정광모 약력>

경기 수원 출생
이화여중고~이화여대 정치외교학과 졸업
미국 워싱턴의 아메리칸 대학 신문학과 연수

평화신문~서울신문~연합신문 사회부 기자
한국일보 사회부 기자~정치부장 대우~논설위원
여기자클럽 회장
가톨릭저널리스트클럽 회장
한국소비자연맹을 창립. 부회장 및 회장
한국소비자단체협의회 회장 4회 연임
경원대(현 가천대) 이사장 및 겸임교수
경원대 명예 경영학박사
언론중재위원회 중재위원
서울 YWCA 회장

<수상>
대한민국 국민훈장 모란장
여성지도자상 수상

<저서>
《青瓦臺》
《한국소비자운동》
《華麗한 孤獨》등

여걸 정광모(鄭光謨) 행적

탁월한 女기자의 롤 모델
여걸 정광모(鄭光謨)

1. '최초'라는 수식어 부자(富者)

요즘 신문 방송 여기자들은 전 세계를 종횡무진 누비며 특파원으로
서 소식을 전하고, 국내에서도 여기자들이 언론사 사장, 편집국장. 보
도국장 등 전 부서의 간부로도 자리 잡고 있음을 본다.

격세지감을 느낌과 동시에 부러움을 느끼게 된다.

내가 1969년에 기자로 입사할 때도 여기자가 여럿 있긴 했지만 부서
배치에 차별을 받고 내근 부서나 문화부, 주간지 부서에 배치된 게 보통
이었다.

한국 女기자의 역사도 어언 102년, 한 세기가 넘었지만 그 동안은 남
존여비 사상에 젖은 시대라서 선배 여기자들은 많은 어려움을 겪었고
얼마 못가서 자리를 떠나야했다.

우리나라 최초의 선구적인 여기자는 1920년 이각경(李珏璟 1897~
1936년)이다. 일반적으로는 조선일보에 근무했던 최은희(崔恩喜)가 최

초의 여기자로 알려져 왔으나 2008년 8월 13일 여성가족부가 발간한 〈해방 60년사〉와, 언론학자인 정진석 교수가 저술한 〈한국의 여성기자 100년〉에 모두 이각경으로 기술되어 있다.

1920년 9월부터 8개월간 근무한 이각경은, 조선, 동아가 창간 3개월 후, 유일한 한글신문이자 총독부 기관지였던 '매일신보'가 그 두 유력 민간지를 이기는 차별화 정책을 펴고자 공채로 선발한 '여기자 1호'였다. 매일신보는 영국인 베델과 한국인 양기탁 등이 1904년 창간한 항일 민족언론지인 대한매일신보를 1910년 총독부가 사들여 제호를 바꾸어 발행한 기관지로, 1945년 광복 이후에는 서울신문으로 개명했다.

이각경은 기혼의 교사 출신 신여성으로 남녀차별 타파와 여성 계몽 기사로 장안의 화제를 모았으나 가정불화로 고민하며 여러 번 음독했고, 9개월 만에 기사작성이 멈췄다가 1936년 의문사로 발견됐다.

결국 여성이라는 한계를 못 넘은 불행한 결과였다. 이각경과 한성여학교 동기동창인 허영숙(춘원 이광수 부인)도 의사이면서 나중에 허정숙 다음으로 잠시 동아일보 기자로 근무했다.

그 다음 여기자 2호가 너무나 잘 알려진 조선일보 출신 최은희(1904~1984년)이다. 한일합방 직후 동경유학 시절 최은희는 우리 유학생들과 함께 독립만세운동을 하다 투옥되기도 했다. 해방 후 귀국해서 조선일보 기자로 잠시 근무하면서 여성 계몽과 여권 관련 기사를 썼다. 1984년 별세하면서 조선일보에 당시로는 꽤 큰 거금 5,000만원을 기탁, 여기자상 기금으로 돌려져 매년 뛰어난 여기자에 시상하고 있다.

여기자 3호는 허정숙(1902~1991년). 1925년 1월 동아일보에 입사,

첫 남편인 동료와 부부 기자가 되었다. 그러나 4개월 후 퇴직해 잡지 발행과 좌익 사회운동에 매진했다. 해방 후 월북해 북한에서 문화선전상, 법무상을 지냈다.

이후에도 최초의 대구지역 여성 종군기자 장덕조(1914~2003년)가 뛰어난 여기자로 알려져 있다, 경향신문 문화부와 연합신문 논설위원이던 정충량(1916~1999년), 시인 노천명(1911~1957년) 등이 해방 전후 기자 생활을 잠시 했었다. 이중 장덕조는 6·25 당시 37세, 소설가이며 7남매 엄마인데 홀연히 용감하게도 전쟁터에 나가서 전쟁 취재를 했고 특히 휴전협정을 현장에서 생생히 기록한 최초의 여성 종군기자로 기록된다.

전쟁 후에는 정광모, 조경희. 이영희 등이 맹활약했다. 과감하게 남녀평등, 여성 해방과 계몽을 부르짖으며 6·25 무렵까지 언론계에 투신했던 그 선구적 여기자들이 대부분 오랜 동안 기자로 활동을 하지 못한 건 안타까운 일이다.

여성이라는 이유로 원죄 아닌 원죄를 짊어지고 척박한 땅에서 맨몸으로 헤딩하며 남자들보다 3배 이상 힘들게 일해야 했던 그 시대에 과감히 그 편견의 틀을 깨면서 우뚝 섰던 여기자의 롤 모델은 단연 정광모다. 그래서 그는 이름 앞에 '최초'라는 수식어가 많이 붙는다. 최초의 사회부 여기자, 최초의 정치부 여기자. 최초의 법조계 출입여기자, 최초의 청와대 출입여기자, 최초의 여성 논설위원, 최초의 대통령 해외 순방 동행 여기자, 최초의 여성 소비자운동가 등등….

그리고 평생을 '화려한 고독'이라며 미혼으로 살면서 일만 했던 여기자다.

내가 정광모를 처음 만난 것은 1969년 한국일보에 수습기자로 입사한 때로서, 그때 40세의 정광모는 정치부 차장으로 근무한 대선배였다. 까마득한 대선배라 대화를 나눈 일은 별로 없지만 편집국에서 가끔 들리는 그의 말소리나 모습은 몹시 인상적이었다. 그렇게 그가 한국일보, 그리고 언론계를 떠난 1980년까지의 정광모는 내 기자생활에서 본보기, 롤 모델이 됐었다. 기자 30년간 정광모는 탁월한 기자였다. 주부도, 다른 부업이나 문인도 아니고 오직 기사만 쓴 유능한 기자였고 탁월한 사회운동가였다.

무엇이 그녀를 독야청청 우뚝 서게 했을까. 대한언론인회가 근현대사의 언론사적 기념비로 세 차례 발간한 〈언론계 거목들〉에는 지난 3년간 남자 기자 25명(1권 5명, 2~3권 10명씩)의 일대기를 실었다. 여기자 탄생 102주년인 올해까지도 남자 중심의 언론사나 대한언론인회가 여기자들을 조명하지 않았다. 이 역시 남녀차별 의식 탓이라 생각된다. 이번엔 여기자 1명이 선정되었으니 바로 언론일로(言論一路)의 여걸 정광모(鄭光謨)다.

2. 걸출한 '梨花우먼'의 꿈 많은 시절

정광모는 1929년 11월 25일 경기도 수원에서 태어났다. 이름이 남자 이름 같아서 출생신고 할 때 호적담당 직원이 성별을 남자로 적었는데, 훗날 초등학교 입학할 때 비로소 잘못 된 걸 발견하고 약식 재판을 해서 정정하는 번거로움을 겪었다는 일화가 있다.

▲ 이화여고 시절 달리기 대회 우승컵을 받아든 정광모 (앞줄 가운데). 그 주변은 교사와 학생들.

이화여중고와 이화여대 정치외교학과를 졸업했다. 필자는 이화여중
고 동기 박봉식 씨가 지난 1970년에 어디엔가 쓴 글을 온라인에서 읽
었다. 그 글에는 "49년 졸업한 후 처음 정광모를 만났는데 금방 알아봤
다. 정광모는 한국일보 기자가 되어 이름을 날리고 있었다. 중학생 때
송구(핸드볼)부 부장을 했었다."고 했다. 또 그 학창시절에는 정광모는
송구 외에 달리기 선수로도 뛰어나서 교내 대회 우승을 하기도 했다.
동문들에 따르면 정광모는 여고시절 학생회장도 했다. 성적도 우수했
는데 운동까지 고루 잘하고 리더십과 친화력도 상당히 좋았다고 한다.
키가 170cm는 될 것 같은 큰 키에 딱 벌어진 어깨, 심신이 건강하고 반
듯한 몸매는 어린 시절부터 그렇게 꾸준히 여러 운동으로 다져진 덕분
인지도 모른다.

정광모가 여고 졸업 후 이화여대 정치외교학과에 진학한 것도 당시 여성으로서는 파격적인 행보였다. 지금 남자들도 정외과에 입학하는 것은 특별한 꿈을 가진 선택이라고 생각한다. 더구나 여성이 과거나 현재나 정외과를 선택하는 건 상당히 이색적이다. 그 당시에는 여자가 대학에 진학하는 일 자체가 드물었다. 고졸 후 좋은 남자 만나서 결혼 잘하는 게 딸 가진 부모들의 로망이고 딸들은 당연히 순종하는 게 대세였다.

더구나 해방의 소용돌이로 나라 경제가 어려웠던 그 시대에 여성들이 졸업 후 돈벌이와는 거리가 먼 정외과에 진학한 것은 정광모가 이해심이 많은 좋은 부모와 부유한 가정환경을 가진 증거라고 생각한다.

그 당시 이화여중고교나 이화여대는 상류사회 부잣집 딸들만 다니는 것으로 여겨진 선망의 명문 사립학교였다. 일제 말기에 미국인 선교사들이 설립한 최초의 미션스쿨로서 사립학교는 등록금도 너무 비쌌지만 그런 사립학교 중에서도 최고로 비싼 등록금에다 한걸음 더 나아가서 교복(校服) 없이 사복(私服)을 입는 유일한 학교였다. 사복을 입으니까 서로 비싸고 좋은 옷을 입는 경쟁이 벌어지고 해서 가난한 집 딸은 아무리 공부를 잘해도 이화 학생이 될 수 없다는 일화까지 나돌았다.

그래서 이화 출신은 학벌과 돈을 따질 필요가 없는 0순위 신붓감으로 꼽혔다. 남성우위 봉건주의에서 벗어난 개화기의 숱한 신여성을 배출한 명문사학 이화 학교에 딸을 입학시킨 정광모의 집안은 상당히 개명하고 부유한 계층인 건 분명하다.

3. 공군 준사관으로 복무한 여장부

1949년에 이화대학에 입학한 정광모는 그 이듬해 2학년 때 6·25전쟁을 만나 부산으로 피란을 내려갔다. 그 시절의 일화이다. 공군 참모총장은 이화여대 김활란 총장에게 업무를 도와줄 똑똑한 학생 10명을 보내달라고 요청했다. 김 총장은 그 청을 들어주었는데 그 10명 중 한 명이 바로 정광모였다. 그렇게 정광모는 공군 부대에 들어가 정식 공군도, 조종사도 아닌 유능한 민간인 준사관으로 공군에 복무했다.

전쟁 중인 1951년 대학 재학생으로 평화신문 기자로 입사해 사회부에서 기자로 첫 발을 디뎠다. 그는 "과거 여기자들처럼 자신도 문화부로 배치될 것으로 예상했으나 뜻밖에 사회부로 발령을 받았다"고 훗날 동료들에게 말했다. 그 때부터 정광모는 지프차를 운전하고 다녀 더 주목을 끌었다. 그 당시에는 여성 운전자가 없었고, 사회부 여기자도 없던 때라 운전하는 젊고 아름다운 여기자는 당연히 호기심과 선망의 대상으로 화제의 중심인물로 등장했다. 그 차는 미군들이 버린 낡은 차여서 툭하면 고장 나기 일쑤였다. 그 차를 버리고 자신의 힘으로 새 차를 산 건 훗날 한국일보 기자로 옮긴 후였다.

평화신문에 1년 근무한 후 서울신문 사회부 기자로 옮겼다. 서울신문에서도 최초의 사회부였고, 연합신문 사회부에서도 최초 여기자의 기록을 지켰다. 한국일보 장기영 사주는 최초의 정치부 법조계 출입 여기자로 정광모를 1962년에 스카우트 했다. 이로써 정광모는 여기자로서의 전성시대를 누렸다.

서울신문 사회부에서 정광모는 법조계 출입을 했다. 김병로 초대 대

법원장 재임기(1948~1957년)에 기자실에서 근무한 여직원은 훗날 회고 글에서 이렇게 밝혔다.

"기자들은 다 거친 줄 알고 있었지만 정광모는 홍일점으로 출입하는데 폭스바겐 차를 운전하는데다 어느 때는 사무실 문을 발로 차고 들어오고, 큰소리로 야한 얘기도 해서 당돌함에 몹시 놀랐다."고 했다. 낯선 남성 기자들 틈에 끼어서도 정광모는 수줍고 주눅 들지 않고 당당한 여장부 같았다는 것이다.

4. 대망의 여기자 일편단심

정광모는 항상 빨간 상의에 눈처럼 흰 백발, 쩌렁쩌렁한 목소리. 큰 키에 몸을 좌우로 흔들며 걷는 특이한 걸음걸이, 항상 웃는 얼굴. 편집국에서 빨간 옷을 입는 여기자는 정광모 뿐이었다. 속과 겉모습이 모두 멋쟁이인 정광모는 경무대(청와대) 출입하는 정치부 차장이었다. 청와대 출입기자 중에서 정광모는 홍일점이고 최초의 여기자였다. 그때는 박정희 대통령 시절이고 정광모는 특히 영부인 육영수 여사와 아주 가깝게 지냈다.

1967년 박 대통령은 두 번째 해외 순방으로 서독을 방문했다. 청와대 출입 기자들은 당연히 동행했는데 정광모는 영광스럽게도 남자 중심 현실에서 홍일점으로 발탁됐다. 대통령 해외 순방에 동행 취재한 사상 최초의 여기자였다. 그 동행으로 정광모는 박 대통령은 물론 그 가족들 모두와 더욱 친해지고 그 후에도 잘 어울렸다.

정광모는 청와대 출입기자 시절을 회고하며 저서 〈국정 1번지 - 청와대〉를 후에 출판했다.

정광모의 역저 〈국정 1번지 - 청와대〉를 다시 떠올리면서 그 안에 기술한 청와대 관련 내용 일부를 간추려본다.

"…해방정국의 미군정 시기에는 하지 중장이 반도호텔 숙소에서 나와 이곳으로 옮겨와 경무대라고 불리었다. 하지는 일본식 가마솥을 떼어내고 샤워시설만 갖춰 다다미식 옛 건물 그대로 사용했다.

1948년 8월 15일, 대한민국 정부가 수립된 후 초대 이승만 대통령이 집권했을 때도 계속 경무대로 불리다가 1960년 4·19학생혁명으로 민주당이 집권하자 윤보선 대통령이 독재권부의 이미지 탈색을 위해 청와대(靑瓦臺)로 개칭하여 오늘에 이른다.

이때도 논란이 적지 않았다. 사학자 이병도 박사, 소설가 박종화 씨, 한글학자 최현배 씨 등은 '경무대'라는 명칭에 역사성이 깃들어 있으니 그대로 사용하자고 주장했다. 반면에 언론인 최석채 씨는 경화대(景和臺), 논객 신상초 씨는 청화대(靑和臺)로 작명하자고 주장했고, 시인 이은상 씨는 북악(北岳)의 기상 아래이니 백악관(白岳館)으로 이름 짓자고 주장했었다고 한다. 이런저런 논란에도 윤 대통령의 청와대 개칭이 '푸른 기와집'이라는 뜻으로 옛 경무대 시절의 강성 이미지를 개선한 의미가 있었다.

현재의 청와대 건물은 6공화국 노태우 대통령 시절에 완공, 김영삼 민주화 대통령 권부로 출발하여 전임 전두환, 노태우 대통령도 청와대에서 통치했지만, 두 사람은 퇴임 후 5·18 소급법으로 구속 처리했다. 김영삼 대통령은 옛 총독부 관저를 일부 보존해야 한다는 주장을 꺾고 불도저로 밀어붙여 흔적도 없이 정리했다. 현 청와대 건물을 시공했던 정주영 현대건설 창업주는 자신이 주인이 되어보고자 대선에 출마했지만 실패했고, 2세인 정몽준 전 의원도 도전하려다 실패하고 말았다.

이곳 경무대에서 청와대까지 거의 모든 최고 권력자들의 말년 불행을 회고하면 권부(權府)의 터가 명당이 아닌 흉터 요소를 안고 있지 않느냐는 생각을 갖게 된다…."

그 당시 박 대통령 최측근 박종규 경호실장은 "정광모는 웬만한 남자 기자들보다 낫다."고 다른 기자들에게 칭찬했었다. 정광모는 청와대에서 모르는 이가 없을 만큼 지명도가 높았다.

이름과 주인이 여러 번 바뀐 청와대가 올해 (2022년) 5월 10일 윤석열 대통령 취임과 동시에 온 국민들에게 공원으로 개방됐다. 최고 권력의 상징 청와대를 윤석열 정부는 대통령 집무실로 삼지 않고 용산으로 이전하면서 74년 만에 국민 품으로 개방한 것이다.

역대 대통령들이 머물면서 통치하던 권부의 면면을 보고 싶은 국민들이 개방 첫날부터 몰려 하루에 평균 3만 9천명이 예약제로 관람하는 진풍경이 벌어졌다. 아방궁 같은 그 규모에 들어가 본 국민들은 경악하고 있다. 만약 정광모가 생전에 침실만 80평인 호화 관저를 봤다면 어떤 기분이었을까.

5. 삼총사 가운데 홍일점

정광모와 같은 정치부 기자로 근무하며 특히 가깝게 지낸 한참 후배인 故 이수정(李秀正. 전 문화부 장관)과 이성춘(83. 전 한국일보 이사, 전 고려대 석좌교수)는 정광모와의 많은 추억을 지녔다. 삼총사로 불렸던 그들은 정광모 주도로 자주 회식을 하고 어울렸는데 이 장관이 60세에 암으로 세상을 떠났고, 이젠 정광모도 저 세상 사람이 됐다.

필자는 정광모 이야기를 쓰면서 삼총사 중에 홀로 남은 이성춘(李成春) 교수에게 자문을 구했더니 "몸이 불편한 탓으로 직접 만나기가 어렵다"며 전화 통화로 1시간 넘게 통화했다. 이 선배는 정광모가 2013년 2월 세상 떠나기 8개월 전까지 가까이 지낸 모습을 떠올리며 75분 동안 많은 추억 보따리를 풀어주셨다.

그는 4·19 직후 이승만 대통령이 하와이로 망명하고, 최측근 이기붕 국회의장의 아들 이강석이 가족들과 함께 총으로 자살한 비극의 가족사를 훗날 언젠가 정광모와 함께 취재해서 신동아에 게재했는데 그 취재 노트를 아직도 갖고 있다고 밝혔다. 그 정도로 이 교수는 정광모 선배를 깍듯이 모셨고 사사건건 생생하게 기억하고 있다.

"남자 이상의 카리스마가 있고 성격이 강직하고 곧았지. 고지식하고 당당하고 활기차고 자신감 넘치는 선배였어. 그러면서도 한 편으로는 다정다감하고 여성다운 섬세함이 넘치는 여걸이야."

경복궁 정문인 광화문에서 동편 도로로 좌회전하여 삼청동 총리공

▲ 2008년 언론인 60년 특별사진전에서 감사패를 받은 정광모. 그 오른쪽부터 장대화 신문협회장, 함께 수상한 고 임학수. 고 이혜복 기자.

관으로 향하는 입구 동십자각 건너편에 있던 한국일보는 청와대와 지척이라, 정광모는 청와대 기자실에 나가 근무하다가 점심시간이면 편집국으로 가끔 전화를 걸었다. 이성춘 후배가 받으면 남자 같은 말투의 큰 소리로 "야! 지금 나와. 점심 먹으러 가자"라고 말했다. 나가면 덕수궁 오른 쪽 성공회로 가는 입구의 양식당에 가서 맛있는 점심을 사줬다. 정광모는 술은 한 모금도 못 마시고 한식 보다는 양식을 즐겼다.

그 시절 정광모는 장충동 강원룡 목사의 경동교회 뒤에 살았다. 이성춘 후배는 가까운 약수동에 살았다.

그는 어느 날 "정 선배 집을 보고 싶어요." 하고 가볍게 말했다가 강한 호통을 들었다.

"야! 안 돼"

"야"라는 남성적인 말버릇과 강직함 때문에 정광모를 싫어하는 사람도 많았다. 그를 처음 대한 사람 10명 중 6명은 싫어하지만 차츰차츰 격의 없고 솔직하고 의외로 세심한 성격을 알고 좋아하게 된 경우가 많았다.

정광모의 화통한 성격과 관련된 믿기 어려운 소문도 편집국에 가끔 나돌았다. 그 단적인 사례 하나 — 사회부 기자 시절 버스 회사 실태를 취재하러 가서 남자 기사들 합숙소에서 같이 잠을 자면서 취재를 했다는 소문이 있었다. 믿기 어렵지만 그럴 수도 있다고 믿을 만큼 정광모는 아주 담대했다.

청와대 출입 10여년 후 부장대우로 승진한 정광모는 내근 데스크로 자리를 지키게 됐다. 승진은 여자라고 프리미엄을 붙인 게 아니고 정광모의 적극적인 취재 능력과 유능한 기사 작성에 대한 당연한 보상이었다. 그러나 오랜 청와대 출입의 노하우가 있고 내근하는 동안에도 정치권 돌아가는 사정은 꿰뚫고 있어서 후배 기자들이 좀 실수하면 가차 없이 무섭게 야단 쳤다.

"야! 네가 남자냐? 기자냐?"

그래도 곧 마음을 풀어주는 다정한 선배였다. 여성다운 부드럽고 섬세한 인품이 느껴졌다.

평소 데이트 낌새는 없어 보였고 후배 동료들에게만 점심 잘 사주고 다정한 정광모가 며칠 동안 전보다 일찍 출근하고 그 뒤에 나이든 한 남자가 따라 들어온 때가 있었다. 그들은 곧 밖으로 함께 나가서 차를 마시고 오곤 했다. 둘 사이가 궁금해서 동료가 물었다.

"저분은 누구세요? 매일 오시는데…"

돌아온 답은 냉정했다.

"야! 몰라도 돼. 관심 꺼."

오랜 시일이 지난 후에야 그 개인사를 조금 알게 됐다. 정광모 부친은 많은 부동산을 갖고 있었고, 인천에서 창고대여업을 했다. 아버지의 사업을 관리하는 그가 정광모에게 업무상 모습을 드러낸 것이었다. 정광모의 부친 관련 사실과 남동생 한 명, 여동생 한 명 등 두 동생이 있다는 사실도 같이 근무한 몇 년 후 그렇게 우연히 알려졌다.

그 동안 후배 동료들이 개인적인 일을 물으면 "야! 그런 건 묻지 마." 하며 큰 소리로 단칼에 막았다. 개인사나 친구 관계 등 사생활에 대해 철벽을 쌓고 지냈다. 스스로 사적 일은 말하거나 물음에 대답한 일은 한 번도 없다.

정광모는 성격이 남성적이지만 술 담배를 안 했는데 가까이에서 누가 담배를 피우면 아연질색하고 야단 쳤다.

"야! 담배 피지 마."

흡연에 대해 혐오할 정도였는데 그 성격으로 훗날 금연 운동가로도 활동했다.

6. 박정희 대통령 시대를 풍미한 대기자

정광모는 사내에서나 밖의 출입처에서나 스타일이 한결 같았다. 남자 못지않게 카리스마가 넘치는 여기자, 항상 어느 곳에 있든 독특한 스타일로 주변사람들 눈에 먼저 띄는 여기자였다.

남자 기자도 겁먹고 안 쓴 기사를 32세 정광모가 쓴 대담성으로 감방 갈 뻔했지만 오히려 전화위복으로 특종하고 이름을 날린 유명한 에피소드가 있다.

1961년 5월 16일 박정희 육군소장이 5·16군사혁명을 일으키고 국가재건최고회의를 조직했을 때 정광모는 연합신문 사회부에서 법조계 출입 기자였다.

5·16 직후 혁명재판소(혁명검찰)가 만들어졌다. 박창암 대령이 재판소장이다. 눈매가 날카롭고 체격이 훤칠하고 자세가 흐트러지지 않는 40세의 군인이었다. 혁명검찰에 서울지검 검사들이 파견되어 그 도움을 받아 운영하는 군법재판소였다. 필동 한 건물에 혁명검찰본부가 있었다.

혁검엔 일이 많았다. 4·19때 문제 있던 사람들을 5·16때 되받아서 들여보내고 내보내고, 4·19 부정선거한 사람들도 다 잡혀 들어왔다. 혁명검찰에서 매일 재판을 해서 기사가 많이 나왔다. 발포 책임자, 부정선거 책임자가 잡혀와 높은 층에서 푹 떨어져 죽기도 하고, 피고들이 사형되나 안 되나 하는 게 최대 관심 끄는 기사거리였다.

7. "정광모 바꿔라" 협박 전화

하루는 박창암 재판소장이 머리를 박박 깎고 전투복 같은 것 입고 가슴에 수류탄을 줄줄이 매달고 권총차고 사무실에 나왔다. 기자들이 막 뛰어 들어와 "야, 박창암이 완전무장하고 나왔다. 핀만 빼면 수류탄 터진다. 난리 나려나 보다"하고 수근 거리는 모습을 잘 관찰하고 신문사에 돌아가 곧 1면 정치면에 '혁명재판소의 삼엄한 분위기, 뭐가 일어날 것 같은 공포 분위기, 삭발의 결의' 내용을 기사화했다.

다음날 낮에 박창암이 그 기사를 보았다. 곧 파견 검사에게 그 기사에 대해 추궁했다. 문인구 부장검사는 정광모가 쓴 것을 뻔히 알고도 "기사 잘 썼는데요, 소장님을 막 치켜 올렸네요." 라고 했다. 그리고 몰래 정광모에게 "너는 죽었다. 왜 그런 것 썼냐?"고 겁을 줬다.

그날 오후 편집국에 "정광모 바꿔라" 는 전화가 왔다. "어딥니까?" "혁명재판소다." 사람들이 부들부들 떨면서 바꿔줬다. 정광모도 떨었다. 전화에서는 다짜고짜 "곧 잡아넣을 테니 기다려"라고 윽박질렀다. 편집국장은 "야, 광모야, 잠깐 기다려. 내가 속옷 사올 게"(감옥 가면 갈아입을 속내의)했다.

겁먹은 정광모는 같이 출입하는 신 기자에게 동행하자고 했다. 연합신문사 앞에 지프차가 와 닿고 군인이 오더니 척 경례를 붙이면서 차문열어주는데 박창암이 뒷자리에 앉아 있다가 "타!"라고 명령했다. 편집국 모든 기자들이 다 나와 마지막 모습일지 모른다는 심정으로 정광모를 배웅했다. 차는 명동 시공관(현 명동 예술극장) 옆 골목의 '명석'이란 일식집 앞으로 갔다.

"올라가!"

2층에 예약된 방으로 둘은 얼굴이 노랗게 질린 모습으로 따라 들어갔다. 박창암은 이것저것 다 풀어놓고 무장해제 하더니 "먹읍시다. 칭찬인지 욕인지 모르겠는데 많은 사람들이 좋은 기사라니까 믿기로 했어. 그러니 마음 푹 놓고 먹으라고!"

정광모는 "먹는 것 고만두고 그냥 돌려보내주면 좋겠다"는 생각뿐이었다. 그러나 "오뎅이 아주 맛있어서 에라 모르겠다 배나 채우자"하고 잘 먹었다.

다 먹고 나니 차에 태우고 회사로 데려다 줬다. "들어가쇼!" 박창암은 퉁명스럽게 던졌다. 정광모는 안도의 숨을 쉬며 돌아가는 자동차 뒤에다 대고 절했다.

그간 기자실에서는 "정광모가 이젠 때들어 간다(감방 간다)", "아니다." 별 소문이 다 났다. 다음날 정광모가 어깨를 으쓱대며 들어가니 문인구 부장검사가 "너 죽었다 살아났지?"하고 물었다. 그러나 정광모는 태연히 "왜, 네가 알아봤어?" 하고 반문했다.

그러면서 정광모는 박창암 재판소장 방에 들어가 "어제 잘 먹었습니다."라고 웃으며 인사를 건넸다. 그 후 박창암에게 치도곤 안 맞았다는 것을 증명할 겸 남들이 모두 두려워하는 그 방을 거의 매일 겁 없이 출입하여 정치나 업무와 무관한 문화, 역사 얘기를 주로 하며 친해지고 그 덕에 특종도 많이 따냈다. 다른 기자들이 경탄하고 부러워하기에 이르렀다. 정광모는 그 직후(1962년) 한국일보 정치부 법원 출입기자로 스카우트 됐다. 정광모 전성시대의 서막이다.

정광모 얘기에 따르면 "박창암은 실제로 6·25전쟁 중에 제일 많이 전투를 치른 뛰어난 군인이었다. 그는 5·16혁명 주체세력이면서 누구처럼 부(富)를 모으지도 않았다. 화랑무공훈장은 주어졌지만 그런 사람에게 예편 후 군인 연금이 나오지 않았고 아무 보상도 없었다. 철저하고 목숨을 건 대단한 게릴라전의 상징이었다."

그런데 한국일보 정치부로 옮긴 후 비행장에서 내리는 반혁명사건 관련자들을 헌병들이 잡아 집어넣는 장면을 목격하고 정광모가 특종을 건졌다. 혁명 유공자 박창암이 아이러니하게도 박정희 대통령이 제거한 그 중 한 명이었다. 정광모는 박창암의 혐의를 끝까지 믿지 못했다.

정광모가 청와대 출입기자 시절, 같은 시기에 경향신문 기자로 함께 기자실에 출입했던 정재호(93, 鄭在虎. 전 국회의원) 민족중흥회 회장은 정광모를 눈앞의 그림처럼 생생히 묘사했다.

"항상 빨간 상의에 눈처럼 새하얀 은발, 목에 두른 빨간 스카프를 팔랑거리고 한 손에는 자동차 키를 살랑살랑 흔들고 다녔어. 기자들 중 홍일점이라 눈에 띄는 건 당연한데 멋쟁이 차림새로도 시선을 끌었지요."

이승만 대통령 시절에는 기자실도, 기자단도 없었다고 한다. 기자들이 각자 필요한 정보를 얻었다. 박정희 소장이 5·16혁명으로 국가재건최고회의를 이끌다가 1966년 민정으로 이양하면서 대통령에 당선되고 취임한 후에 보도할 내용이 있으면 모이라고 연락을 했다. 그렇게 몇 번 모인 단골 기자들이 모임을 정식으로 만들게 됐다.

그때 창립 기자단 멤버는 9명인데 종합일간지 기자 6명, 통신사 기자 3명. 그 중 홍일점이 한국일보 정광모다. 그 9명 중 현재 생존자는 정 회장과 다른 한 분인데 다른 분은 건강이 나빠 바깥출입을 못하는 형편. 그러나 정재호 회장은 아직도 독야청청 건강하게 매일 광화문 사무실에 정상 출퇴근하며 '민족중흥'이라는 박정희 대통령의 정신을 추종하고 널리 선양하는 일에 매진하고 있다. 90대 답지 않게 건강을 지키는 그는 정광모를 생생히 기억하고 들려주었다.

"기자단 행사나 단체 취재 때도 정광모는 선두에 나서서 리드했
지. 박 대통령이 지방에 가면 그 차 뒤에 기자 9명이 같이 탄 차가 따
라갔어요. 도착하면 모두들 대통령을 바라만 보고 말없이 취재하는
데 정광모 기자는 혼자 대통령에게 다가가서 용감하게 질문하고 취
재했죠. 너무 적극적이고 에너지 넘치는 기자였습니다."

리더십도 강하고 분위기를 잘 이끄는 분위기 메이커였다.

다른 남자 기자가 새 옷을 입고 오면 반드시 "야, 멋있는데… 오늘 내
가 밥 살게." 라고 말했다. 그리고 정말 점심을 대접했다. 그 외에도 수
시로 기자단에 밥을 잘 샀다. 멋쟁이에다 통 크고 똑똑한 정광모를 싫
어한 사람이 없고 인기가 대단했다.

그 때 기자단 회원 9명 중 남자들은 아무도 자가용이 없었다. 여성인
정광모가 유일하게 오너드라이버였다. 모든 게 독특하고 신선했다.

한국일보 장기영(張基榮) 사주는 가끔 정광모를 초대해서 한국일보
옆 골목, 지금은 없어진 아담한 한정식 집 '명성'에서 점심을 사주었다.
그만큼 장 사주도 정광모를 아꼈다.

정광모는 기발한 아이디어도 잘 내는 수재였다. 미워할 수 없는 꾀쟁
이였다. 기자단이 대통령을 수행해서 지방에 가면 그날 밤에는 잠은 안
자고 고스톱을 치는 게 예사다. 여성인 정광모는 고스톱을 못 치니까
홀로 무료한데다 밤을 새면 다음날 취재에 장애가 오기 때문에 꾀를 냈
다. 남자 기자들이 마시려고 옆에 둔 물주전자 속에 수면제를 몰래 타

두었다. 고스톱에 정신이 팔려서 그 사실을 모른 남자 기자들은 물을 마시면서 차례로 잠에 빠졌다.

어느 분야에서나 거침없고 막힘없는 정광모는 오직 한 가지, 자기 신상에 대해서만 철저하게 침묵했다. 자랄 때 어떤 집안이었는지, 가족 관계나 평소 사는 얘기에는 언제나 함구였다. 그래서 기자실 동료들은 농담처럼 "너 간첩이냐?"고 물었다. 그래도 돌아오는 답은 없었다. 정광모에 대해 알려진 건 당시 한남동 호텔 수준의 고급 주택가 유엔 빌리지 옆에 살았다는 것, 독신이라는 것 뿐이다.

정광모는 80년대 여성의 정계 진출 길이 활발히 열리고 있던 때에 전국구 비례대표 국회의원 후보로 올랐었다. 그러나 본인은 한 눈 팔지 않고 사양했다.

정광모는 1977년 4월 장기영 사주가 별세한 몇 달 후 논설위원으로 전보 발령되고 청와대 출입을 10년 만에 끝냈다. 논설위원실에도 이성춘 교수는 가끔 갔는데 갈 때마다 같은 부서에 근무할 때처럼 반갑고 다정하게 맞아주었다. 그러다 1980년 소비자운동에 전념하고 싶다며 사표를 냈다. 기자생활 30년 만이다.

그렇게 멋있고 똑똑하고 유능한데 왜 독신으로 살았는지? 대부분 지인들은 의아해 한다. 정광모는 단 한 번의 로맨스가 있었다고 한국일보 사내에서나 출입처 기자실에서나 소문처럼 전한다. 수필가 겸 기자였던 사내 동료와 연애를 했었다지만 왜 헤어진 건지는 의문이다.

이 대목에서 필자 역시 여기자라는 관점에서 추리해보면 정광모는 가정이라는 울타리 안에 살기에는 너무 큰 그릇이었다. 일이냐 가정이냐 선택의 기로에서 일을 택한 것이라고 짐작한다. 지금의 후배 여기자들은 요순시대 같은 그 시대 상황이 상상이 안 될지도 모른다. 그러나 정광모는 비료도 없는 그런 척박하고 열악한 언론 토양에서 누구보다 강하게 뚫고 올라와서 당당히 남자들과 함께 어깨를 겨루며 우뚝 선 여기자, 대기자다.

8. 소비자운동의 개척자 대모(代母)

1968년 여기자클럽 회장 정광모와 회원 몇 명은 일본에 가서 일본 여성운동을 알아봤는데 그때 소비자운동이란 걸 처음 알고 놀랐다. 대추에서 벌레가 나왔다는 기사가 보도되고 여성단체들이 그 불량식품을 문제 삼아 해결하도록 나선 것이었다.

당시 우리나라에서는 불량, 부정 식품이나 상품을 구입해도 보상 받지 못했고 고발할 기관도 없었다. 소비자라는 단어도 쓰지 않았고 소비자 보호라는 의식도 없었다.

귀국 후 서울YWCA 산하에 소비자모임을 결성, 소비자운동을 시작했다. 1970년 3월 한국소비자연맹을 창립, 남자 회장을 돕는 부회장을 맡았다. 1979년부터 34년 동안 한국소비자연맹 회장을 역임했다. 한국소비자단체협의회 회장도 4번 맡았다.

소비자보호운동이 점차 여성들의 호응을 받자 기존의 몇몇 여성단체들도 소비자보호 업무를 추가로 시작했다. 그 때 소비자운동 내용은 주로 여성인 소비자들이 구매한 상품이나 식당에서 먹은 음식이 불량품이라는 고발을 접수하고 단체는 제조업체나 판매자에게 연락해서 환불

▲ 2004년 한국YWCA가 수여한 여성 지도자 상 수상 후 인사말

이나 교환을 해주는 지극히 소극적인 방식이었다. 그러나 이 자체도 명예 실추를 우려한 제조사의 거센 항의를 받았다. 제조업체나 판매자는 갑이고 소비자는 을이었다. 그래서 단체의 해결 담당자들도 거센 저항을 받았다.

80년대 초에 나는 한 여성단체에 고발 접수된 내용을 기사로 썼다. 커피 물을 끓이는 파이렉스 주전자라고 해서 어느 다방이 샀는데 끓이는 도중 폭발해서 종업원이 화상을 입었다는 내용이다. 그 유리는 요즘 같은 내열성이 아니고 일반 얇은 유리였다.

나는 그 기사를 쓰기 전에 그 커피포트에 적힌 업체의 관할지인 서울시청 담당자에게 전화했는데 서울엔 그런 업체가 없다고 했다. 다시 그

회사 번호로 전화하니 그냥 빈 창고라고 했다.

나는 무허가 업체의 불량상품으로 판단하고 기사를 썼는데 다음 날 두 남자가 와서 칼을 꺼내 들고 "기사가 가짜"라며 나한테 대들어서 동료들이 막아주어 위기를 면했다.

정광모도 이런 위험과 협박을 수없이 받았을 거라고 추측한다. 그럼에도 43년간 소비자운동에 매달린 그 집념과 용기는 참으로 대단하다. 위험을 무릅쓸 만큼 강단 있으며, 고집 세고 카리스마 넘치는 올곧은 그 성격으로만 가능한 일이다.

정광모는 고발 접수 후 환불, 교환하는 소극적 해결 뿐 아니라 직접 상품을 다수 구입해서 불량 부정 여부를 소비자연맹의 자체 실험실에서 직접 판정하는 적극적 운동가였다. 일반 여성 단체들이 하지 않는 부분이다. 정광모가 직접 재래시장이나 백화점에 나타나서 상품을 살피면 "빨간 옷 떴다, 흰 머리 떴다."고 상인들이 떠들며 물건을 감추느라 바빴다고 한다.

그만큼 불량품 업자들에게 정광모는 공포의 저승사자였다. 한국소비자연맹은 소비자보호법과 소비자피해보상 규정 등 소비자권익 보호 조치를 이끌어냈다. 한국소비자연맹은 현재도 상품 모니터링과 소비자 피해 구제 활동에 주력하고 있다.

내가 당한 때와는 격세지감이 든다. 겁 없이 도전하는 기개는 정광모만이 가능했다. 그런 공로로 정광모는 1980년 국회에서 소비자보호법이 제정되도록 기초를 제공했고 1996년 국민훈장 모란장을 받았다. 그 법에 따라서 국가기관으로 소비자보호원도 설립됐다.

9. 사통팔달 사회 활동

기자 생활과 소비자운동 틈틈이 정광모는 다방면에서 적극적인 사회활동을 폈다. 김대중 전 대통령 부인 이희호 여사가 정광모의 여고와 대학 선배다. 이화여전 후 서울대 편입했던 이 여사는 미국 유학에서 1958년 귀국한 후 여성운동에 나서서 김 대통령과 결혼한 1962년 전까지 서울 YWCA 총무 등 여성단체 지도자로 활동했다. 정광모도 이 여사와 함께 서울 YWCA에서 활동하다 뒤를 이어 총무, 그리고 1985년에는 회장을 지냈다.

인간관계도 마당발이었다.

배우 김지미는 2019년 미국에서 일시 귀국했을 때 인터넷 사이트 〈인터뷰365〉에서 "생존한 사람들 중에 평생 잊을 수 없는 사람이라면 어떤 분들이 먼저 떠오르는가?" 라는 기자의 질문에 거침없이 대답했다.

> "영화계 밖의 인물로는 언론인 출신으로 소비자단체를 이끌며 사회활동을 하시다가 별세한 정광모 선생부터 생각난다. 내게 10살 연상이라 언니 같은 분인데 내가 어려울 때마다 멘토가 되어 인생의 지혜와 지침, 철학을 전해주셨다. 이화여고를 나온 우리 둘째언니의 선배가 되기도 해서 나를 친동생처럼 아껴주셨다. 나의 정신적 지주가 되어 마음으로 의지하며 살던 분이었다."

금연운동과 에이즈 퇴치운동에도 앞장서서 대한에이즈예방협회 회

▲ 1970년대 중반 당시 가톨릭저널리스트클럽 회장단과 함께 한 모습. 왼쪽부터 김현 회장, 김몽은 지도신부, 김수환 추기경, 정광모, 봉두완 씨.

장과 한국에이즈예방재단 이사장, 아시아·태평양금연협의회(APACT) 회장 등도 역임했다.

각종 수상도 많다. 2002년 5월에는 에이즈 예방 공로를 인정받아 한국여의대상 길의료봉사상을 수상했다. 2004년에는 한국 여성지도 자상을 받았고 2009년에는 이화여고 동창에게 주는 최고 영예상인 '이화기장' 수상자로 선정됐다.

세상을 떠나기 11년 전인 2002년 성남 경원대(현 가천대) 이사장을 맡았다. 그해 인문대 겸임교수로 강의도 했다. 정광모는 "대학 졸업한지 오래됐는데 대학에서 일하게 돼 기분이 새롭다"며 즐거워했다. 2010년 경원대에서 명예경영학 박사학위를 받았다.

이외에도 천주교 신자로서 가톨릭저널리스트클럽 회장, 언론중재위원, 여기자클럽 회장 등 다방면에서 활동했다.

한 생을 순간순간 열심히 기자로서, 소비자운동가로서 빛나고 치열하게 살았던 정광모는 2013년 2월 12일 한남동 소비자연맹 건물 4층 자택에서 84세를 일기로 눈을 감았다. 장례는 소비자단체협의회 주관으로, 독실한 천주교 신자로서 평소 어려운 이웃을 늘 생각하던 고인의 뜻을 따라 천주교식으로 거행된 후 충북 음성꽃동네 묘지에 안장됐다.

정광모는 기자 생활 30년, 기자시절부터 소비자운동을 43년 했으나 그 소비자운동도 따지고 보면 기자생활의 연장선으로 생각된다.

기자 정신은 파사현정(破邪顯正)이다. 잘못된 것은 파괴하고 올바른 것을 이룬다는 뜻이다. 생산자의 잘못된 상품을 지적해서 결과적으로 수정하는 풍토를 이룩한 일이 바로 기자정신 파사현정이라 생각한다. 당하는 국민들을 보호하고 기업의 발전을 채찍질한 공신이었다.

펜으로만 주장하는 소극적 태도에서 벗어나 실질적으로 행동으로 실천한 사람, 기자에서 한 걸음 더 나아가 의인이고, 애국자로 큰 족적을 남긴 여걸이었다.

필자 이 향 숙 (李享淑)

前 한국일보 문화부 차장, 일간스포츠 문화부 차장
前 헤럴드경제(전 내외경제) 문화체육부 부장 대우
前 대한언론인회 상임이사 겸 사무총장
국민투데이 논설위원(인터넷신문)
수필가

투철한 언론정신과 진솔한 삶으로
사회에 귀감이 되고 위대한 발자취를 끼친

『언론계 거목들』

제 1 집

대한언론, 편집인협회 초대 회장 **이관구**
언론자유 수호와 국토사랑 대기자 **홍종인**
한국일보 신화창조한 백상 **장기영**
곧은 절개의 언론인 무향 **최석채**
이 시대 사학계의 거목 후관 **천관우**

제 2 집

평생 언론탄압과 싸운 언론인 **고재욱**
통신언론의 거장 **김성곤**
포성 속의 신문기자 **박권상**
전천우 언론인 **방우영**
자유언론의 표상 **선우휘**
언론계의 영원한 신사 **신우식**
영원한 사회부장 **오소백**
프랑스 유학 인텔리 **이정섭**
탁월한 TV방송설계자 **최창봉**

제 3 집

언론학 가르친 교육자 **설의식**
해박한 '글의 선비' **오종식**
기자양성과 언론학 연구의 선구자 **곽복산**
한국 진보 언론계의 거인 **송지영**
언론의 외길 지킨 거목 **이동욱**
통신사 여명기의 개척자 **원경수**
老當益壯 언론인의 표상 **이혜복**
풍운의 신문 경영인 **장기봉**
'신화창조' **정진기**
'기록의 달인' **김은구**

제 4 집

언론의 높은 봉우리 하몽 **이상협**
변신의 귀재 종석 **유광렬**
정론직필의 언론인 나절로 **우승규**
현장 취재의 개척자 동명 **김을한**
시대에 굴복 않은 기자 겸 시인 **이목우**
최초 칼럼니스트로 명필 수탑 **심연섭**
한국 언론 수난사의 산 증인 **최호**
군사정권 규탄한 강골 언론인 **이강현**
'화이부동'의 名 칼럼니스트 **홍승면**
소비자 운동의 대모(代母) **정광모**

언론계 거목들 4

2022년 10월 25일 초판 인쇄 발행

편　　저 : (사)대한언론인회(회장 박기병)

大韓言論人會
Korea Journalists Club
서울 중구 세종대로 124(프레스센터 1405호)
Tel: (02)732-4297, 2001-7691
Fax: (02)730-1270

펴낸이 : 도서출판 정음서원
편　　집 : 유한준
디자인 : 박상영
주　　소 : 서울특별시 관악구 서원7길 24, 102호
전　　화 : 02-877-3038 팩스 : 02-6008-9469
등　　록 : 제 2010-000028 (2010.04.08)호

I S B N : 979-11-972499-8-3 93990
정　　가 : 25,000원

잘못된 책은 바꾸어 드립니다.

값 25000 원
93990

9 791197 249983
ISBN 979-11-972499-8-3

※ 이 책은 한국언론진흥재단의 출판사업 지원금으로 제작하였습니다.